相互行為の人類学

「心」と「文化」が出会う場所

高田 明

新曜社

はしがき

　南部アフリカの真ん中に大きく広がるカラハリ砂漠。日中はちりちりと熱いカラハリの砂は，夜になると冷気を吸い込んで心地よい。この砂の上で人生の大半を過ごすサンのもとで，私は1990年代後半から人類学的な調査をおこなってきた。
　サンは，南部アフリカの狩猟採集民として知られる。もっとも現在では，狩猟採集民というカテゴリーが彼ら・彼女らについて語るうえで適切かどうかが問われるようになっている。実際，サンはいくつもの地域・言語集団からなり，その多くは現状ではほとんど狩猟採集活動をおこなっていない。私が調査をおこなってきたグイ，ガナ，クン，アコエといった地域・言語集団の社会も，その内容や程度の違いはあれ，急速な変化や再編の渦中にあることは論を俟たない。さらに最近の人類学では，狩猟採集，牧畜，農耕といった生産モードの違いに依拠して人間性を語る議論にはすべて本質主義というレッテルを貼り，これを拒絶する動きが優勢である。
　だが，日本や欧米の街中に生きる私たちと比べたならば，サンの人々がいまも太陽の運行や月の満ち欠け，それとともに移ろう野生の動植物とはるかに密接に関わりながら過ごしていることは疑いない。サンの人々と暮らすなかで，私はこの関係の内実に思いをめぐらすようになってきた。
　私が現在勤めているのは，京都大学のアジア・アフリカ地域研究研究科（ASAFAS）という大学院である。この大学院の前身（当時は人間・環境学研究科の一部だった）を修了し，2年間の研究員生活を経て，古巣に奉職するようになった。
　人類学に「転向」する前，私は心理学を専攻し，関西で発達相談員の見習いとして，乳幼児の発達の診断や療育に携わっていた。そのせいかサンのもとに赴きはじめると，まずサンと日本の乳幼児の違いに目が向いた。いま見直すとたいへん未熟な私の博士予備論文（修士論文に相当）には，次のような記述がある。(1)サンの乳児は首が座る，膝を崩さずに体重を支える，といった姿勢・運動発達を示す指標を達成する月齢が早い。(2)また，乳幼児は早くから子ども同士でさかんに身振りなどを用いた非言語性のコミュニケーションをおこなう。ひんぱんにおこなわれる踊りや密接な接触はこうしたコミュニケーションの場を提供している。(3)いっぽうで，幼い子どもたちは言語を理解するのに十分な年齢に達しても，日常生活ではそれほど多く言葉を発していないようにみえる。

(3)については，私の現地語についての理解の不足，それにともなうラポールのとり方のまずさの影響が疑われた。そこで乳幼児の言語に関わる調査は，より緊密な関係ができるまでやらないことにした。

それから約20年経ち，幸いにも，私はいまもほぼ毎年のように南部アフリカにフィールドワークに赴くことができている。おかげでサンの人々との関係はずいぶんと密になった。ところが，上述したような，領域に分けて発達を理解しようとするモチベーションは雲散してしまった。少し言葉を補おう。こうした議論では，子どもの側に属する「能力」の存在を前提としている。だが，現在の私はそうした個人主義的な能力観にさまざまな疑問をもっていて，そこから先に足を踏み出せないでいる。

代わって私は，サンの子どもとその周囲の人々が日常的におこなう行為の機微を丹念に分析していくことに魅了されるようになった。一つひとつの行為がどのような環境的・身体的・社会的な資源を利用しておこなわれ，どんな文脈を形づくるのかを，できるだけその相互行為に参加している人々の視点によりそいながら解きほぐしていくのである。本書で相互行為の人類学と呼んでいるアプローチだ。心理学の世界で繰り広げられている日進月歩の議論に貢献するためには迂遠な道だろう。そのいっぽうで，サンの子どもたちの日常生活においてリアリティを構成する「意味」の振る舞いをとらえ，さらには冒頭で述べたような，子どもたちの生活とそれをとりまくユニークな環境の関係を理解するためには，かなり有効な手法ではないか，とも思う。

本書は，このアプローチの特徴とおもしろさを，初学者にもわかりやすく伝えることをねらって執筆したものである。執筆にあたっては，コピーライトなどの都合もあって，執筆者自身のフィールドワークにもとづくデータを多用することになった。したがって，相互行為の人類学が報告してきた研究の成果を網羅的に示したものではない。しかしながら，地に足の着いた事例の丹念な分析は，凡百の抽象的な比較や考察を凌駕するというのが人類学のもっとも基本的な教えの一つである。また筆者自身のデータを用いることで，本書はいきおい，私の研究者としての曲がりくねった自己形成の変遷を反映するものになったと思う。本書のどの部分でもいい。同じような疾風怒濤の渦中にある方々が，まだはっきりしたかたちをとっていない「何か」を見つめ直すきっかけとなれば，これに勝る幸せはない。

ASAFASでは，5年一貫の博士課程のうち1〜2年間はアジアやアフリカのさまざまな地域でのフィールドワークについやす。したがって広義の「異文化」の研究は必須だ。研究科全体では150人ほどの大学院生が，それぞれのフィールド経験を理解し，人に伝えようと日々苦悶している。国や研究科の枠組みを超えた交流も盛

んである。たとえば，留学や訪問研究というかたちでASAFASと海外の研究機関を行き来する人の数はじつに多いし，文学研究科の板倉昭二さんや教育学研究科の明和政子さんと共同運営している赤ちゃん研究員制度〈https://www.bun.kyoto-u.ac.jp/~sitakura/infant_scientist.html〉は大きな成果をあげてきている。

　もっとも上述の大学院生のなかで，心と文化の関係にまつわる問題に取り組もうという者は，いまのところかなりの少数派である。研究分野が確立する歴史において，科学的な手続きを採用して「心」の内実を再定式化しようとする心理学と，いままさに生きている人々に注目して「文化」の全体を理解しようとする人類学や地域研究との間では，異なる問題系が発展し，住人の棲み分けがなされてきたことが影響しているのだろう。しかしながら，これらの研究分野の境界は，その成り立ちの初期にはいまほど確固たるものではなかった。自らの五感を総動員してこの高くそびえ立つ境界に向き合い，その両側をもっと自由に行き来できる道をつくりたい。まだ妄想の域を出られていない試みではあるが，一緒に取り組んでくれる人が増えてくれれば，と思う。

目　次

はしがき　i

第1章　相互行為の人類学への招待　1

第 1 節　はじめに　1
第 2 節　人類学と心理学の関わり　2
第 3 節　内容の概要　4
第 4 節　本書の成り立ちについて　6

第2章　理論と方法　10

第 1 節　人類学における 4 つのアプローチ　10
第 2 節　文化人類学・言語人類学の特徴　11
　1　社会・文化の研究を行う　12
　2　フィールドワークを通じた参与観察を主たる研究手法とする　13
　3　実践者の視点から社会・文化を理解することを目指す　15
第 3 節　相互行為の人類学の射程と手法　16
　1　特徴づけを正当化する 2 つの解決策　17
　2　相互行為の人類学で用いられる記号　19
　3　基本的な分析概念　21
第 4 節　まとめ　24
■第 2 章についてのQ&A　25

第3章　社会的認知　29

第 1 節　民俗分類　29
　1　分類は文化である　29
　2　東アフリカの牧畜民ボディの色・模様分類　33
第 2 節　在来知への相互行為論的アプローチ　37
　1　在来知をめぐる諸問題　37
　2　グイ／ガナの生活様式　38

　　　　3　グイ／ガナの道探索実践　41
　　　　4　ブッシュで道を見つける　46
　第3節　まとめ　47
　■第3章についてのQ&A　47

第4章　他者理解　52

　第1節　人類学者の懊悩：他者の理解は可能か？　53
　第2節　懐疑主義を超えて　54
　　　　1　カラハリ論争と先住民運動　54
　　　　2　大型類人猿と基本的人権　56
　　　　3　根本的経験論と相互行為論的アプローチ　57
　第3節　グイ／ガナの道案内における相互理解の達成　58
　　　　1　ランドマークとしての樹木　59
　　　　2　スタンス，同意，相互理解　64
　第4節　人‒チンパンジー間相互行為における相互理解の構成　65
　　　　1　チンパンジーの認知的能力，コミュニケーションの特徴　65
　　　　2　飼育下における人‒チンパンジー間相互行為　66
　　　　3　チンパンジーの社会再考　83
　第5節　まとめ　84
　■第4章についてのQ&A　85

第5章　発達と社会化　88

　第1節　養育者‒乳児間相互行為における社会システムの形成　89
　　　　1　リズムと調節の共有（誕生～）　90
　　　　2　注意の共有（2カ月ごろ～）　92
　　　　3　記憶の共有（8カ月ごろ～）　93
　　　　4　シンボルの共有（14カ月ごろ～）　95
　第2節　社会化に対する相互行為の人類学的アプローチ　96
　　　　1　行動の相互調整における文化的基盤　97
　　　　2　養育の複合的文脈　99
　　　　3　養育活動におけるリズムの共同的な創造　103
　　　　4　共同的音楽性と発話共同体　105

    5　養育者−子ども間相互行為における「文化」再考　110
  第3節　誕生前の言語的社会化　111
    1　妊娠をめぐる家族コミュニケーション　112
    2　家族コミュニケーションの資源としての妊婦の身体感覚　114
    3　妊娠期における家族関係の再編　118
  第4節　まとめ　120
  ■第5章についてのQ&A　123

第6章　言語とコミュニケーション　126

  第1節　文化相対主義の隆盛　126
  第2節　相互行為の人類学における言語とコミュニケーション　128
  第3節　米国における依存性ジレンマ（Ochs & Izquierdo 2009）　132
  第4節　「思いやり」の実践　135
    1　養育者による行為指示：直接−間接性の次元　137
    2　養育者の行為指示に対する子どもの応答　149
    3　日本の養育者−子ども間相互行為における文化的な特徴の再検討　154
  第5節　まとめ　157
  ■第6章についてのQ&A　158

第7章　感情　162

  第1節　小説における感情　162
  第2節　感情研究における4つのアプローチ　165
  第3節　間主観性（intersubjectivity）の基盤としての感情　168
    1　初期音声コミュニケーションの研究　169
    2　初期音声コミュニケーションにおける音楽性　171
    3　サオ・カム（"あやす方法"）　172
    4　IDSの詩化　179
    5　初期音声コミュニケーションと感情　186
  第4節　会話に用いられる感情語彙　188
    1　東アジアにおける「恥」の文化　189
    2　日本語のCCIにおける「恥ずかしい」　192
    3　「恥」の文化論再考　201

第5節　まとめ　202
　■第7章についてのQ&A　204

第8章　結論にかえて　207

　　第1節　各章のまとめ　207
　　第2節　心的カテゴリーの脱構築　209
　　第3節　文化的実践，慣習，社会制度　210
　　第4節　フィールドワークの魅惑　212
　　第5節　おわりに　214

引用文献　215
人名索引　231
事項索引　233

装幀：新曜社デザイン室
装画：高田　明

第1章　相互行為の人類学への招待

第1節　はじめに

　「心」と「文化」は，現代社会を考えるうえでもっとも基礎的かつ重要なキーワードだといえるだろう。テレビ，映画，小説といったメディアには，心や文化に関わる主題を扱うコンテンツがあふれている。もう少しお堅いイメージのある教育，行政，政治といった領域でさえ，もうずいぶん前から心および文化という言葉がひんぱんに登場するようになっている。しかしながら，心と文化はいずれもあらためて定義したり，その実体をとらえようとしたりすると，私たちの手からするりと逃げていってしまう。

　「心」を扱う人文社会科学の代表格は，いうまでもなく心理学である。主流派の心理学の根幹をなす見方は，デカルトにさかのぼるとされる心身二元論，および社会現象を個人の行動とその複合関係から説明しようとする方法論的個人主義に立脚して，「心」の働きの生理・物理的な基盤を科学的に明らかにしようとするものである。だがこうした見方は，哲学者のギルバート・ライル（Ryle 1949/1987）によって「機械のなかの幽霊」を探そうとするものだと喝破され，その後も心理学の周辺からは，心の誤った実体化に依拠するものだという厳しい批判にさらされてきた。

　いっぽう人類学，とくに社会と文化を扱う人類学は，もともとは一部の知識人しか用いることのなかった「文化」という概念を世の中に広めることに大きく貢献してきた。ところが皮肉なことに，人類学の関心や理論的立場が多様化するなかで，「文化」概念の輪郭はぼやけ，研究者間のコンセンサスを得ることは難しくなっていった。さらに「文化」概念は世論の支持を得たがゆえに研究者の当初の思惑を超えて実体化し，十分に定義されないままに社会を席巻するようになった。その結果，現在の文化人類学ではこれを安易に用いることに対する拒否感が強まっている。

　本書では，上記のいずれとも異なる視点から，日常的な相互行為の分析にもとづいて「心」と「文化」をとらえなおす。そのために，意味のやりとり（Bruner 1990/

1999)を通じて社会的リアリティが形づくられていく過程に注目する。こうした相互行為の分析では、以下のように考える。行為の意味は、身体の物質的な基盤、たとえば生理的な過程や脳内の神経過程によっては定まらない。それはむしろ、相互行為のなかで提案、交渉、構成されるものである。たとえば、ある人による「暑いね」という発話は、その聞き手が窓を開けることによって、提案あるいは依頼という意味を実現している。私たちの社会的リアリティは、こうした意味のやりとりの積み重ねによってなりたっている。そして「心」と「文化」はいずれも、そうした社会的リアリティの一側面をあらわす素朴な、あるいは民俗的な範疇（folk category）である。こうした視点をとれば、「心」と「文化」は日常的な相互行為において出会う。こうした主張をこれまでの文化人類学の関心に寄り添いながら具体的に展開しようとするのが、本書でいう「相互行為の人類学」である。相互行為の人類学は、(1)人類学における言語人類学、言語的社会化論（e.g., Duranti 1997; Duranti et al. 2012）から発展しつつあるアプローチで、(2)発達心理学や社会心理学における社会・文化的アプローチ（e.g., Bruner 1990/1999; Kaye 1982/1993; Rogoff 2003/2006)、(3)社会学におけるエスノメソドロジーと会話分析（e.g., Schegloff 2007; Sidnell & Stivers 2012)、(4)言語学における語用論（e.g., Levinson 1983/1990）などの研究分野と親和性をもつ。ただし、相互行為の人類学はそれぞれ、文化そのものを説明しようとする、文化的多様性に立脚した考察をおこなう、コミュニケーションにおける言語以外の要素も重視するといった点で上の(2)〜(4)の研究分野とは異なり、ユニークな分野を構成する。

第2節　人類学と心理学の関わり[1]

　日常的な相互行為の分析を通じて「心」と「文化」を結びつけるというアプローチは、心理学と人類学を架橋する試みでもある。じつは、心理学と人類学はそのそもそもの成り立ちにおいて深く関わっている。たとえば、近代心理学の創設者とみなされるヴント（Wundt, W.）は、感覚・知覚・判断などをあつかう実験心理学と人間の文化的産物などをあつかう民族心理学を補いあうものと考えていた。そして、フィールドワークにもとづく近代文化人類学を確立したマリノフスキー（Malinowski, B. K.）は、一時このヴントの下で学んでいた。だが、その後の長い研究史のなかで、心理学者と人類学者の協力は、ひかえめにいっても不十分なものであった。その最大の理由は、心理学で問題となるほとんどの論点において、その文

---

[1] この節は高田（2003a）の一部を本書のために大幅に改稿したものである。

化との関係を考えるための資料が不足していたことだろう。心理学の資料は、たいてい「先進国」の一部の層から得られており、それ以外の人々の姿はほとんど反映されてこなかったのだ。

　一般に、先進国とは経済や産業の近代化をいち早く成しとげた国々のことをさす。そして、研究者の間では近代化の特質とその意味をめぐってさかんな議論がある。たとえばギデンズ (e.g., Giddens 1990/1993) は、近代が生みだした生活様式は伝統的な社会の秩序をこれまでにないかたちで拭いさり、それにともなう変化は日々のあり方のもっとも私的な側面にもおよんだと考える。このように近代とそれ以前とを分けてとらえる議論にそくせば、さまざまな社会的行動について先進国でとられてきた解釈をそのままそれ以外にもあてはめることができるとは限らない。

　いっぽう、民族、国家、文化について研究してきた人類学は、それぞれの社会で人々が経験する環境の多様性を示してきた。こうした研究では、ある文化のものさし（あるいは諸概念）を発見し、それをもってその文化を記述することが勧められてきた。これは文化の全体をその内側から明らかにしていくためのアプローチであり、人類学とは前提を異にする心理学のさまざまな議論に対して有益な批判を提供してきた。それでも、人類学者が心理学者と共通の基盤に立って文化と心の関係についての議論を積み重ねていくことは難しかった。その最大の理由は、近年の人類学で影響力が大きかった理論が、社会を個人の集合に還元することはない、いいかえれば方法論的個人主義をとってこなかったという点ではほぼ共通していたことにある。このため、おもに個人に分析の焦点をあてた「心」の成り立ちや働きが議論の主題となることはあまりなかった。

　ただし、「文化とパーソナリティ論」といわれる立場は、人類学では少数派ではあったが一貫して「文化」と「パーソナリティの形成」の関係を扱ってきた。箕浦 (1984) のまとめによれば、この立場は精神分析学の影響を強く受けて誕生した。また1960年代ごろまでは諸文化を「大きく書かれたパーソナリティ」ととらえ、人は自分の文化の写しを社会化の過程で獲得すると考える傾向が強かった。しかし、こうした議論はそのころ精神分析学とは対立していた心理学の主流とはかみあわなかった。心理学者の多くには、精神分析学や文化とパーソナリティ論の研究は厳密なデータに基づいておらず、真偽のほどを確かめようがないと映ったのだろう。

　そして、心理学者と人類学者はお互いに疎遠になっていった。儀礼研究や認識人類学の発展に大きく寄与してきたブロック (Bloch 2005:1-19) は、「人類学者はどこへ行ってしまったのか？あるいは「人間の本質 (Human Nature)」の必要性」という印象的なタイトルのついたエッセイのなかで、心理学者が文化と人間の本質の関係を追究するために協働できる文化人類学者がみつかりにくい現況について述べて

いる。人類学はその発足当初，諸学問の知を結集してヒト／人間の特徴を総合的に明らかにしていくという目標を高らかに掲げた。そして文化人類学は，そのうち人間の精神能力のさまざまな集合的発現を研究する役割を担うとされた（Sperber 1982/1984:10[2]）。しかし，こうした総合的な考察を展開した人類学的な研究は，実際にはきわめて少ない（Bloch 2005:1-19; Sperber 1996/2001:27,72,95-97）[3]。またブロック（2005）によれば，文化人類学は，上記の目標との関連では期待された役割を十分に果たしてこなかったばかりではなく，さまざまな批判を経て，この目標に連なる試みをその研究の主流から放逐してしまった。

　もっとも，初期の人類学が掲げた目標の意義が失われたわけではない。実際には，人類学の隣接分野である霊長類学（e.g., 山極 2008），行動生態学（e.g., Hewlett & Lamb 2005），比較認知科学（e.g., 藤田 1998）などが，「人間の本質」を追究するために種間・文化間を比較するフィールド研究をおこなってきた。その結果，現在ではこれに関わる新たな知見が急速に蓄積されつつある。さらに，大きな物語としての「進化」が復権を遂げている。ただし，この場合の力点は人間社会の進化ではなく，霊長類におけるホミニゼーション（ヒト化）を視野に入れた「人類社会」の進化である。こうした状況で人類学者は，上記の隣接分野の同僚たちと協働しつつ，独自の観点から上記の目標に貢献をおこなっていくことが可能だと思われる（Takada 2016a）。個人と社会を結ぶ相互行為論的な見方からこれをおこなおうとする相互行為の人類学は，そのなかの有力なアプローチである。

第3節　内容の概要

　本書では，相互行為の人類学の魅力を初学者に伝える，概略的であるとともに凝集された内容を目指している。そのために，それぞれの章では人類学や心理学における代表的な研究領域を選び，その領域について相互行為の人類学のおもしろい研究成果を紹介する。とりあげる研究の多くは，筆者自身のフィールドワークにもとづくもの，あるいはその領域の代表的なものである。さらに第2～7章の末尾には，読者の興味に応えるために，筆者のこれまでの講義で得られた質疑などを反映させたQ&A欄を設けた。

---

[2] 原著と訳書の刊行年が併記されていて引用ページがあげられている場合は，とくに指定のない限り訳書のページを示している。
[3] この点でクロード・レヴィ＝ストロース（Claude Lévi-Strauss）は，現在の文化人類学におけるその論考内容の評価や影響はどうあれ，まれな例外である。レヴィ＝ストロースは，具体的で変化に富む現れとしての文化的多様性の底には，それを支配する抽象的かつ等質的構造としての人間本性が横たわっていることを示そうと努力を傾けた（Sperber 1982/1984:139）。

全体の構成案は，次のとおりである。
　第1章「相互行為の人類学への招待」(本章)では，本書の主旨および相互行為の人類学の概要について記す。具体的には，歴史的にみると心理学と人類学は深く関わって成立したこと，しかし現在では両者の協働は十分でないこと，そうした協働を可能にするアプローチとして相互行為の人類学が関心を集めていることなどを論じる。
　第2章「理論と方法」では，相互行為の人類学を基礎づけている理論的な考え方およびその研究方法について解説する。本章でも述べたように，相互行為の人類学では，「文化」と「心」の相互構成過程を明らかにするために，相互行為がどのように組織化されているのかについて経験的な分析を行う。これによって，(1)「心」に関わる現象を文化的な次元から見直し，再評価すること，および(2)文化的文脈を解体することが可能になる。
　第3章「社会的認知」では，認識と文化の関わりについて論じる。前半では，福井(1991)などの民族誌的な報告にもとづいて，時に西欧の科学を凌駕する複雑な体系をもち，さらに社会生活の全体を統合するようなシステマティックな認識体系の例を紹介する。後半では，歴史・文化的に形成された複雑な意味体系を背景にもつ在来の知識が，文化的な実践のなかでどのように組織化されて用いられるのかについて，南部アフリカの狩猟採集民・先住民として知られているサンの民族誌的な事例をあげながら検討する。
　近年の人類学では，他者を理解したと主張するという，人類学においては根源的ともいえる営みに対する強い懐疑が広まっている。第4章「他者理解」では，こうした懐疑主義を超えて，相互理解の間主観的な基盤を明らかにしていくような研究の例として，(1)サンにおける，道案内に関する行為のやりとりを通じた相互理解の達成，(2)人とチンパンジーという種間の相互行為のなかで相互理解を達成しようとする事例(もしくはそれに失敗した事例)の分析を紹介する。これによって，文脈が行為を生み，行為が文脈を作る過程について考察する。
　第5章「発達と社会化」は，子どもが文化的実践への参加を通じて，その社会・文化における適切な振る舞いに習熟するようになる過程について論じる。(1)まず，これまでの研究では十分に検討されてこなかった相互行為のシステムの個別化された特徴と普遍性の関係について，グイ／ガナの民族誌的な事例をあげながら，その文化的文脈との関わりを中心にすえて論じる。さらに，文化的文脈と養育者－子ども間相互行為の関係についての理解をより深めるために，(2)現代の日本における妊婦を含む家族の相互行為に注目して，子どもの誕生以前にみられる言語的社会化について論じる。

相互行為の人類学で推進するような，さまざまな文化的な環境におけるコミュニケーション場面の分析は，言語，社会組織，文化について統合的なパースペクティブから研究する機会を与えてくれる。第6章「言語とコミュニケーション」では，こうした分析を推進している言語的社会化アプローチのなかから，(1)米国における依存性ジレンマ，および(2)日本における「思いやり」の実践についての研究成果を紹介する。これらは，米国における相互独立的な自己，日本における相互依存的な自己（Markus & Kitayama 1991）といった，文化と心についてのこれまでの研究による見方に再考をうながすものである。

優れた小説に表現されているような感情は，私たちのリアリティを構成し，それを彩る。相互行為の人類学は，そうした感情を分析し，より深く理解するための指針を与えてくれる。第7章「感情」では，こうした主張を裏づけるために，(1)サンのサオ・カム（文字どおりには"あやす方法"と訳される養育行動）の実践にあらわれる間主観性（intersubjectivity）の基盤としての感情，(2)日本の養育者と子どもの間の会話でしばしば用いられる「恥ずかしい」という感情語彙についての研究成果を紹介する。

第8章「結論にかえて」は，それまでの章での論点を整理し，そこから導かれる「文化」と「心」の特徴について論じる。さらに，相互行為の人類学の魅力とこれからとりくんでいくべき課題について述べる。

第4節　本書の成り立ちについて

第1節で述べたように，「相互行為の人類学」は，(1)人類学における言語人類学，言語的社会化アプローチ，(2)発達心理学や社会心理学における社会・文化的アプローチ，(3)社会学におけるエスノメソドロジーと会話分析，(4)言語学における語用論などの研究分野が交叉するなかで成立してきたアプローチである。本書はもともと，これらの研究分野と関連しており，筆者がその本務校である京都大学で担当してきた講義「こころの科学入門Ⅰ」「Anthropology of Interaction」，「Linguistic Anthropology」，常葉大学（旧，常葉学園大学）で担当してきた集中講義「比較心理学」「異文化心理学」，九州大学で担当した集中講義「地域共生論」の資料から生まれた。まず，紙幅の制約から個別に名前をあげることはできないが，これらの講義に参加してくださった受講生のみなさんに心からお礼をいいたい。これらの講義において筆者は，大教室で血気盛んな学部生を相手にすることが多かった。このため，できるだけ専門用語を使わないいっぽうで，専門分野を超えた知的好奇心を呼び起こすような話をするように心がけてきた。本書には，こうした講義の内容や成果が

大いに反映されている。これによって，上記の研究分野に関心をもつ大学生や一般の読者が注釈なしで読めるようなわかりやすく，おもしろい入門書とすることを目指している。またこうした経緯を反映して，本書は，相互行為の人類学やそれと関連する研究分野の講義において，教科書や参考書として用いることができるような構成となっている。たとえば，第1章と第8章を各1回，それ以外の章をそれぞれ2回の授業にあて，さらに残り1回を試験等にあてれば，15回程度の授業で1冊を読み切ることになる。ただし，各章はそれぞれ独立しており，授業回数が限られている場合などは，いくつかの章を選択して用いることが可能である。

　これらの講義では対面，あるいはコメントシートを用いた積極的な議論が繰り返された。そこで受講生からいただいた指摘やご意見はしばしば筆者の想定を超える鋭いもので，それによって本書の内容は非常に豊かなものとなった。その一端は，先述したように，第2～7章の末尾に設けたQ&A欄に記されている。これに加えて，これらの講義の実施を可能にしてくれた関係者の方々，とりわけ本書の主旨と密接に関わる「こころの科学入門Ⅰ」を一緒に担当させていただいた内田由紀子，竹村幸祐，長岡千賀，上田祥行の各氏からは，講義中やその前後の議論を通じてじつに貴重なご意見やご示唆を賜った。

　また，本書のもとになった筆者自身の研究は，以下をはじめとする研究プロジェクトによって制度的・財政的な支援を受けることで可能になった。ここに記して深謝したい。日本学術振興会特別研究員（DC1）研究課題「サンの人口構造，生業形態の変容が母子関係および乳幼児の発達に及ぼす影響（平成10-12年度，受付番号：9614，研究代表者：高田 明）」，日本学術振興会特別研究員（PD）研究課題「サンの養育行動および乳幼児発達に関する人類学的研究（平成14-15年度，受付番号：00754，研究代表者：高田 明）」，科学研究費補助金・若手研究（B）「言語的社会化をめぐる養育者－子ども間相互行為に関する文化人類学的研究：WH質問－応答連鎖における「アセスメント」についての文化比較から（平成17-19年度，課題番号：17720227，研究代表者：高田 明）」，科学研究費補助金・若手研究（S）「養育者－子ども間相互行為における責任の文化的形成（平成19-23年度，課題番号：19672002，研究代表者：高田 明）」，稲盛財団研究助成「サヴァンナの視覚文化：サン社会におけるジェスチャー・コミュニケーションに関する人類学的研究（平成24年度，研究代表者：高田 明）」，国立情報学研究所共同研究「養育者－乳幼児間インタラクションにおける相互モニタリング過程の記録・分析手法の開発（平成24-26年度，研究代表者：高田 明）」，科学研究費補助金・挑戦的萌芽研究「種間相互理解：ヒト－チンパンジー間相互行為における能力の構成（平成24-26年度，課題番号：24650136，研究代表者：高田 明）」，科学研究費補助金・基盤研究（A）「教育・学習の文化的・生態学的基盤：リ

ズム，模倣，交換の発達に関する人類学的研究（平成24-27年度，課題番号：24242035，研究代表者：高田 明）」基盤研究（A）（海外学術調査）「アフリカ狩猟採集民・農牧民のコンタクトゾーンにおける景観形成の自然誌（平成28-32年度，課題番号：16H02726，研究代表者：高田 明）」基盤研究（B）（特設分野研究）「承認をめぐる間主観性の発達に関する研究（平成29-32年度，課題番号：17KT0057，研究代表者：高田 明）」。これらの研究プロジェクトに，共同研究者として関わってきてくださった方々の名前を思いつく限り，あげさせていただく。秋山裕之，安達真由美，池田佳子，池谷和信，板倉昭二，伊藤詞子，井上章一，今中亮介，今村薫，梅津綾子，遠藤智子，大野仁美，大庭健，大村敬一，小川さやか，梶茂樹，梶丸岳，鹿子木康弘，金子守恵，川島理恵，北村光二，木村大治，木本幸憲，姜明江，黒嶋智美，座馬耕一郎，嶋田容子，菅原和孝，杉山由里子，園田浩司，高木智世，高嶋由布子，高田雅代，高梨克也，竹川大介，田代靖子，田中二郎，田中友香理，月浦崇，寺嶋秀明，戸田美佳子，仲尾周一郎，中尾央，中川織江，中川裕，永原陽子，西阪仰，則松宏子，橋彌和秀，比嘉夏子，広瀬浩二郎，深田智，藤岡悠一郎，藤本麻里子，彭宇潔，坊農真弓，増田貴彦，松本美予，丸山淳子，宮田寛章，明和政子，森田笑，安岡宏和，山内太郎，山本すみれ，和崎聖日，Priyanvada Abeywickrama, Leila Baracchini, Alan Barnard, Marguerite（Peg）Barratt, Herman Batibo, Megan Biesele, Maitseo M. Bolaane, Matthias Brenzinger, Penelope Brown, Matthew Burdelski, Asta Cekaite, Andy Chebanne, Kiega Daoqlo, Jonathan Delafield-Butt, Lourdes de Leon, Alessandro Duranti, Donald F. Favareau, Fabia Franco, Mattia Fumanti, Charles Goodwin, Charlie Goodwin, Marjorie Harness Goodwin, Maya Gratier, Clemens Greiner, Tom Güldemann, Bernd Heine, Jan P. Heiss, Antony Hiri, Moipolai Kaingotla, Kuela Kiema, Jenny Lawy, Tshisimogo Leepang, Jerome Lewis, Boatogela Mbopelo, Judi Mesman, Eureka B. Mokibelo, Beth Morling, Elinor Ochs, Dineo Peke, Michaela Pelican, Kedago Podi, Blin Raoul, Philippe Rochat, Isaac Khanx'a Saul, Sheena Shah, Gakeipege Titigo, Colwyn Trevarthen, Kxooki Tuleo, Coby Visser, Hessel Visser, Richard Werbner, Thomas Widlok, Leah Wingard の各氏（それぞれの所属と敬称は略させていただく）である。これらの方々とおこなってきた共同研究は，研究者としての筆者の血肉となっている。このうち筆者がまだポスドクの研究生であった頃からその研究活動を親身になって応援し，支えてくれたチャールズ・グッドウィン（Charles Goodwin）先生は，2018年の3月31日に逝去された。長きにわたり相互行為の人類学を牽引してこられ，関わるすべての人々に協力的であったC・グッドウィン先生の教えは，本書の随所に反映されている。そのご功績を偲び，謹んで哀悼と感謝の気持ちを表します。また，北島由美子，関宏貴，中山恵美，野村貴子，平井

久美，中山恵美，下村泰子の各氏は，事務補佐員・技術補佐員・教務補佐員として，上記の研究プロジェクトに関わるじつにさまざまな活動を支えてきてくれた。本書の随所にちりばめられたイラストは，下村泰子氏（図3-5, 3-6, 4-2, 4-4～9, 5-1, 5-3, 5-4, 6-1～7, 6-9, 7-7, 7-9）および著者自身（図5-5, 5-6, 7-3～6, 7-8）が，動画から切り出した静止画をもとに描いたものである。板倉昭二氏および明和政子氏と共同運営している赤ちゃん研究員制度〈https://www.bun.kyoto-u.ac.jp/~sitakura/infant_scientist.html〉は，筆者らによる日本国内における養育者−子ども間相互行為の調査を制度面で支えてくれている。新曜社の田中由美子氏は，なかなか本書の執筆が進まない筆者を常に温かく，そして忍耐強く励ましてくださっただけではなく，プロフェッショナルな目で本書の構成から細部の表現に至るまで的確なアドバイスをしてくださった。

　最後に，筆者の日々の暮らしを一緒に支えてくれている理恵，ケン，いるかにありがとうの言葉を伝えたい。この温かい日常生活こそが，筆者のすべての活動の源である。

参考図書

Bruner, J.（1990） *Acts of meaning*. Cambridge, MA: Harvard University Press.
　［J・ブルーナー（著）『意味の復権：フォークサイコロジーに向けて』京都：ミネルヴァ書房，岡本夏木・仲渡一美・吉村啓子（訳），1999年］
　＊認知科学が，意味の振る舞いの研究に舵を切った記念碑的書物。

串田秀也・好井裕明（編）（2010）『エスノメソドロジーを学ぶ人のために』京都：世界思想社.
　＊エスノメソドロジーと会話分析の理論的・実践的な射程について論じる。

西阪仰（1997）『相互行為分析という視点：文化と心の社会学的記述』東京：金子書房.
　＊「文化」と「心」を結ぶ相互行為論のアプローチをわかりやすく解説している。

第2章　理論と方法

　本章では，相互行為の人類学を基礎づけている理論的な考え方とその研究方法について解説する。第1章でも触れたように，相互行為の人類学は，人類学における文化人類学や言語人類学から派生し，言語的社会化論などとともに発展しつつあるアプローチである。その理論的な関心は，発達心理学や社会心理学における社会・文化的アプローチ，社会学におけるエスノメソドロジーと会話分析，言語学における語用論などの研究分野とも部分的に重なる。以下ではまず，相互行為の人類学の源流となった文化人類学や言語人類学の特徴について紹介する。

第1節　人類学における4つのアプローチ[1]

　人類学において，その研究領域をどう呼ぶかは問題をはらんでいる。その成り立ちからいって，人類学は植民地主義をはじめとする時の国家政策と抜き差しならない関係をもってきた。それぞれの国家の事情を反映して，学問的な潮流も国によって異なる。その一端は研究領域の名称にもあらわれている。日本では，社会や文化に関する問題を扱う人類学に対して，広く「文化人類学」という名称を用いることが一般的になっている[2]。しかしながら，人類学的な研究が比較的盛んな英国，フランス，ドイツ，米国のなかでも，「文化人類学」という名称を積極的に採用してきたのは米国のみである。英国やフランスでは「社会人類学」の名称がより広く用いられているし，ドイツ語圏では「民族学」という名称が用いられてきた。日本で文化人類学の名称が広く浸透していることには，この研究領域の確立に関して米国が果たした影響の大きさが反映している。

　米国における「文化人類学」は，人間の性質を総合的に調査する学問分野としての「人類学」を構成する4つのアプローチのうちの一つとして登場した。残りの3つは，自然人類学，考古学，言語学である。人類学において相互行為の人類学の源

---

[1] この節と次節は高田（2013）の一部を本書のために大幅に改稿したものである。

流の一つとなっている「言語人類学」は，このうちの文化人類学と言語学を架橋する分野として生じてきた。ただし現在の米国では，これら4つのアプローチはそれぞれ独自の学問分野を構成するまでに発展を遂げており，それらの学問分野間の連携は必ずしもよいとはいえない。また現在，人類学関連の学会としては世界でも最大規模を誇るアメリカ人類学会では，文化人類学と言語人類学は40（2018年時点）もあるセクションのうちの2つにすぎない。

　はじめに人類学の名称をめぐるこうした入り組んだ経緯にふれたのは，人類学が生々しい政治的な問題にきわめて敏感であることを示すためである。人類学が社会と向き合う場合のこうした姿勢は，やはり心と文化の問題を扱ってきた心理学のそれとはかなり異なっている。そしてこのことを理由の一つとして，人類学と心理学はお互いの視座を広げる可能性をもつのである。以下ではまず，文化人類学や言語人類学の方法論的な特徴について紹介する。これらの特徴は，相互行為の人類学にも継承されており，心理学に重要な貢献をしうる。

第2節　文化人類学・言語人類学の特徴

「村のただ中で暮らす人類学者にとって，鶏の啼き声や太鼓の響きで目覚め，お祭り騒ぎや哀悼の儀には夜通しつきあい，おしゃべりの調子や子どもの泣き方の微妙な変化をも聞きもらすまいとすれば，フィールドワークは24時間活動となる。船頭に河を渡してもらうのを無下に拒否されたということから自分の見た夢にいたるまで，あらゆる出来事は，それについてノートをとり，とりまとめ，写真を撮り，録音すれば，データとなるのである。」(Mead, M. 1977/1984：原著6-7)

　このエピグラフは，米国の代表的な文化人類学者であったマーガレット・ミード

---

[2] もともと日本では，文化人類学に関連する組織としては日本民族学会が最も古く権威のあるものだとされてきた。学会が設立されたころ，諸学を通じて我が国に影響力の大きかったドイツ語圏にならって民族学という名称が採用されたのである。しかしながら，日本での研究動向を特徴づけるのは，特定の国の研究の影響というよりはその異種混淆状況であろう。日本民族学会は会則第3条で「この会は人類の文化を研究する民族学，文化人類学，社会人類学などの発展と普及を図ることを目的とする」と明記している。日本民族学会の活動にはこれらのいずれの研究動向も少なからぬ影響を及ぼしてきたし，民俗学，生態人類学，地域研究といったアプローチは日本に特有の学問的な発展を遂げている。また日本民族学会は2004年，その設立以来の名称を日本文化人類学会に変更した。その理由は，我が国の科学研究費等の学術体制や大学等での開講科目，専門分野以外の研究者などによって文化人類学という名称がより一般的に用いられてきている現状を鑑み，「教育・研究の場の確保」および「研究者の再生産」を促進するためであった。もっとも，これは学問の内実に変更を求めるものではなく，先の会則第3条は原則的に維持されることが確認されている〈http://wwwsoc.nii.ac.jp/jse/onjasca/rename/documents/doc01.html〉。

(Margaret Mead) のエッセイからの引用（畑中幸子氏による訳文をもとに，筆者が若干改訳した）であり，文化人類学や言語人類学の営みの核心を突いている。以下，心理学と対比した場合の文化人類学や言語人類学の方法論的特徴を3点にまとめる。これらの特徴は文化人類学と言語人類学にほぼ共通するものである。

1　社会・文化の研究を行う

　これは一見あたりまえの指摘だが，その含意は大きい。たとえば，文化間の比較をおこなう心理学的な研究の多くは，国や民族を心理学的な指標に影響する「説明変数」として扱っている。いっぽう，文化人類学や言語人類学においてこうした方略がとられることはほとんどない。これらの研究領域において国や民族は，いずれも説明するものではなく，説明されるべきものだからである。ある国や民族の社会・文化について論じるためには，たとえばその国や民族自体の構造やその内にある多様性，変化について十分な検討を経ることが求められる。

　また文化人類学や言語人類学では，個人と社会の関係をどのようにとらえるかはそれぞれの研究者によってさまざまだが，社会を個人の集合に還元することはないという点ではほぼ共通している。いいかえれば，文化人類学や言語人類学の主流をなしてきた理論は，方法論的個人主義をとってこなかった。たとえば機能主義（社会を構成する要素は機能的に関連しあい，有機的に統合されているという考え方）や構造主義（社会の論理的な分析を進めることによってその背後にある構造を探っていく考え方）といった理論は，フランス社会学派の影響を強く受けてきた。エミール・デュルケム（Émile Durkheim）の影響を強く受けて成立したフランス社会学派は，社会が個人に優先すると考え，社会をあたかも物のように対象化して研究することを推奨する社会学の有力な学派である。これにならって，機能主義や構造主義に立脚した研究も，社会全体を対象化し，その記述と分析を重んじる傾向があった。

　さらに，社会と文化の関係をどのようにとらえるかは研究者によって異なる。じつは文化という概念は，社会という概念よりもかなり後になって世の中に広まったものである。そして，当初は専門家の間のジャーゴンにすぎなかった文化という言葉が一般に流布することに大きく寄与したのは，米国の文化人類学者，とりわけいわゆる「文化とパーソナリティ論」を推し進めた研究者たちであった。20世紀の半ば，米国では比較研究を念頭においた民族誌的資料の整理が進むいっぽうで，相互に安易な比較を許さない，理念型としての文化を記述しようとする動きが起こってきた。なかでもフランツ・ボアズ（Franz Boas）の下で学究の道をたどったルース・ベネディクト（Ruth Benedict）やM・ミードは，さまざまな文化における社会化のプロセスを論じることによって，その文化を特徴づけるパーソナリティがどのよう

に構成されていくのかを明らかにしようとした。

　ベネディクトによれば，ある文化の独自性は，無限に多様でありうる文化要素のなかから一つのセットを選択することによって生まれる。その結果，ある文化は他の文化からみれば基本的な点を無視しており，そのため比較が不可能になっていることが多い（Benedict 1934/1973:53）。こうした文化要素のセットは，その文化のなかで発展してきた無意識の選択基準にしたがって全体として統合されたパターンを形成している（Benedict 1934/1973:84-85）。ベネディクトは，この文化を統合する力は，その文化を形づくっている制度や慣習，実践に対して規定的な影響を及ぼしていると考えた。このように，文化とパーソナリティ論はそれまでになかった視角から制度や慣習と実践のつながりを解きほぐし，社会を分析するために文化という概念装置を用いた。

　しかしながら，文化とパーソナリティ論による文化のとらえ方は，精神分析学の影響が強すぎる，標準化された比較手続きをとっていない等のさまざまな批判を受け，もはやそのままのかたちでは現在の文化人類学や言語人類学に引き継がれてはいない。その研究上の関心や理論的立場が多様化するなかで，文化という概念の輪郭はぼやけ，研究者間のコンセンサスを得ることは容易ではなくなっていった。現在では，研究領域によって，また研究対象に対するスタンスによって，文化のとらえ方は大きく異なるのが実情である。また文化という概念は，欧米社会がそれ以外の社会を支配する過程で少なからぬ働きを担ってきた。しかも現在では，文化という概念は一般化し，十分に定義されないままにさまざまな社会的文脈で用いられ，教育・政治・経済においても大きな実効をもってきている。皮肉なことに，文化という概念は世論の支持を得たがゆえに研究者の当初の思惑を超えて実体化し，社会を席巻しつつあるのである。こうした状況を鑑みて，一般には「文化」を研究する主要な担い手だと思われている文化人類学者のなかには，研究者が安易に文化概念を用いることに対してさまざまな角度から辛辣な批判を行ってきた者もある。こうした動きを先導してきたジェームズ・クリフォード（James Clifford）は，いまや窮状にある文化という概念にきわめてアンビヴァレントな態度を示している（Clifford 1988/2003:534-536）。とはいえ，「文化」は依然として文化人類学や言語人類学にとって最重要概念の一つであり，個々の研究者はこのとらえどころのなさそうな自らの落とし子と向き合うスタンスを問われている。

2　フィールドワークを通じた参与観察を主たる研究手法とする

　文化人類学や言語人類学は，19世紀になって世界規模での移動手段が確立することにより，大きく進展した。当時の欧米列強が樹立した植民地政府の意向を反映し

て，アフリカ，アジア，アメリカなどの現地の行政官として，しばしば文化人類学者が登用され，そこに住む人々の習俗を報告していった。また，多くの宣教師がキリスト教世界の辺境を追い求め，ときには生涯にわたってその地に住み込んで，聖書の翻訳をはじめとする布教活動をおこなった。その仕事は，言語人類学の一つの源流となった。さらに，よく知られているように，英国で学んだブロニスロウ・マリノフスキー（Bronisław Malinowski）がトロブリアント諸島に長期滞在した成果を鮮やかにまとめた『西太平洋の遠洋航海者』（Malinowski 1922/1985）によって，フィールドワークにもとづく近代文化人類学が幕を開けることになる。ヨーロッパ諸国や米国からは，以前は探検家や旅行家によって断片的にしか知られていなかった地にも，研究を主目的とする人々が出向くようになった。こうした人びとの報告には，心理学に関連するものも数多くあった。世界中のさまざまな地域から，特徴的な子育て，印象的な儀礼，優れた記憶，環境に対する鋭敏な知覚などについて，欧米から赴いた人びとにとって印象的な活動が報告されるようになった。

　文化人類学者や言語人類学者による報告は，欧米諸国のかなり広い層に関心をもって受け入れられた。その背景には，遠く離れた社会の管理や運営に必要な知識を得たいという為政者らの政治的な要請だけではなく，そういった要請と無関係ではないが，辺境の地に住む「他者」に対するあこがれの混じった浪漫主義的なものの見方があったのであろう。以来，フィールドワークを通じた参与観察は，文化人類学や言語人類学の研究手法の代名詞となった。フィールドワークを通じた参与観察では，研究者が特定の集団の人々と長期（少なくとも1年以上）にわたり親交を結ぶことによって，その制度や慣習，実践に精通し，それを研究者がもともと所属していた社会の読者にわかる言葉で伝えることが求められる。

　参与観察という言葉を構成する「参与」と「観察」は，一見すると相互に矛盾する概念である。まず，調査地の人々の制度や慣習，実践などを「観察」するためには，研究者は自らがこれらをゆがめてしまうことをできるだけ避けなければならない。そのいっぽうで，人々の生活に「参与」するためには，研究者は透明人間ではいられないし，透明人間のように振る舞ったと主張することすらも認められない。しかしながら，実際のフィールドワークでは，参与と観察を両立させることが求められる。これが困難な課題であることは間違いない。そして，両者をどのように関係づけ，どのように両立させようとするかは学派や研究者によって異なる。

　現在では，文化人類学や言語人類学のフィールドは，もはや辺境の地には限られていない。むしろ主要な欧米諸国では，研究者の身近にあるコミュニティをフィールドに選ぶ者が多数派となっているくらいだ。この背景には，「他者」と出会うために地理的な隔たりは必須ではないという認識の転換がある。さらには，私たちの

誰もがある視角から照らせば「現地の人」である（菅原 2006:3）ともいえる。この点で，心理学における子どもの日誌研究のうちいくつかは，文化人類学や言語人類学とは異なる学問的背景をもつが，研究者が生活する文化（ときには自身の家庭）において丹念な観察を長期間にわたっておこない，すぐれて人類学的な考察を展開している（e.g., 麻生 1992; Bruner 1983/1988, 1990/1999; Piaget 1948/1978; やまだ 1987）。

3 実践者の視点から社会・文化を理解することを目指す

　文化人類学や言語人類学では，社会・文化の全体をその実践者の視点から明らかにしていくため，現地で用いられている作法や現地語の諸概念を発見し，それに立脚してその社会・文化を記述することが勧められる。また社会・文化を記述する際に，西欧の概念を安易に適用することは厳しく禁じられる。このため個々の研究者は，フィールドワークを実施するにあたって，その社会・文化の状況に応じた柔軟な対応を迫られる。フィールドワークに赴く前に想定していた調査計画は，多かれ少なかれ変更を求められることになる。端的にいうと，実践者の視点から社会・文化を理解するためにどのように振る舞えばよいのかはケース・バイ・ケースである。これがフィールドワークのマニュアル作りが難しいといわれる所以である。

　人類学と心理学の協働がとくに期待される子どもの研究を例にとって，この特徴について考えてみよう。最近の文化人類学や言語人類学では，子どもを社会の他の部分から切り離された「階級」「少数派」あるいは「自らを語ることができない者の文化」とみなす動きが強まりつつある（Bird-David 2005:101）。そして，公正な社会を希求し，時には自ら声を上げることができない子どもの利益を代弁しようとする。

　多くの社会において，子どもは一人前の社会的人格とはみなされず，自分の意見を公に表明したり，認めさせたりする機会を制限されてきた。こうした状況に対して，国際連合の専門家としても活躍したジョン・ボウルビィ（John Bowlby）は，子どもは自分たちの運命に関わることについて関与すべきであり，その意見や願望は大人たちの意志決定においても考慮に入れられるべきである，という信条をもっていた。そしてこの信条は，その後半世紀近く経って，1989年に国連総会で採択された「子どもの権利条約」のなかで明文化されるにいたった（Holmes 1993/1996:55）。

　いまでは，子どもに関わる活動をおこなっている多くの組織や機関は，その活動内容を決めるにあたって子どもの意見に耳を傾けるようになっている。しかしながら，その活動の成果について，子どもにフィードバックをおこなう機関は依然としてほとんどないという（Morgan 2005）。また，「子どもの声」を概念化して語るという行為には，まさにその行為によって，その背後にある子どもの生活や経験の多

様性を隠蔽してしまうという危険が潜んでいる。その語りは，子どもの声を「編集」する立場にある研究者の視点を不可避的に反映したものであって，子どもの視点そのものではないからだ（James, A. 2007:262,265）。A・ジェームズ（James, A. 2007:263,270）によれば，子ども研究は，社会的に構築された場としての「子ども性（childhood）」，世代的カテゴリーとしての「子どもたち（children）」，その場の住人であり，そのカテゴリーの個々のあらわれでもある「子ども（the child）」の三者を区別し，それらの関係を論じていく必要がある。これによって，子どもとは何者であり，大人の研究者が子どもをどのように理解し，子どもが自らの経験をどのように理解するかを考えていくことができる。

第3節　相互行為の人類学の射程と手法

　上述のような考え方を継承しながら，より微視的な行為のやりとりとそれをめぐる文脈の分析にその関心を集中するのが，本書で提唱する相互行為の人類学のアプローチである。これと関連して，高名な社会学者であり，相互行為の人類学のパイオニアの一人でもあるアーヴィング・ゴフマン（Erving Goffman）は，「ある人がそこに『居合わせている』他人すべての素の感覚に接することができるし，同様にすべての他人もその人に接することができると気づく環境」のことを「社会的状況」と呼んだ。そして，それまで社会的状況は人類学や社会学において無視されてきたが，真剣な学問的探究の対象になりうると主張した（Goffman 1964）。相互行為の人類学は，こうした呼びかけに応えるものである。

　こうした主張は，第2節の1でみたような，文化を研究する正当性に対する懐疑に悩まされていた人類学，とりわけ言語人類学の関心と響き合うものであった。たとえば言語人類学の泰斗であり，米国のウィスコンシン大学やペンシルバニア大学で長らく教鞭を執ったワード・H・グッドイナフ（Ward H. Goodenough）は，「文化の研究にとっての適切な現場は，文化的な構造が状況づけられているローカルな活動である」と述べている（Goodenough 1981:102-103）。またもともとはゴフマンの指導院生であり，現在はUCLAの人類学部の教授として言語人類学や相互行為の人類学を牽引するマージョリー・H・グッドウィン（Marjorie H. Goodwin）は，「対面相互行為の分析は言語，社会組織，文化を統合的なパースペクティブから研究する機会を与えてくれる」と述べている（Goodwin, M. H. 1990:2）。

　ゴフマンは，じつにさまざまな社会的状況を優れた職人のような手腕で分析してみせた。そしてこれを通じて，日常的な相互行為の背後に潜んでいる秩序を次々と明らかにしていった（e.g., Goffman 1961/1985, 1963/1980, 1967/2002, 1981）。こうした

研究は，言語人類学や相互行為の人類学のみならず，発達心理学や社会心理学における社会・文化的アプローチ，社会学におけるエスノメソドロジーと会話分析，言語学における語用論などに大きな影響を与えた。たとえば，ゴフマン自身は十分な考察を展開しなかったが，社会的状況の分析がもっとも有効だと思われる研究領域の一つに社会化があげられる。この点で，UCLA の人類学部の教授であるエレノア・オックス（Elinor Ochs）らが推進している言語的社会化論は，ゴフマンの構想を発展させ，相互行為の人類学の一翼をなすものである。オックスはもともとペンシルバニア大学の大学院で，コミュニケーションの民族誌（Hymes 1964）などで有名であり，ゴフマンの親しい同僚でもあったデル・ハイムズ（Dell Hymes）に師事した。オックスらは，子どもは成長の過程で（大半の心理学者が仮定するように）認知的な能力を発現したり獲得したりするのではなく，状況に応じた適切な行為をおこなうようになっていくというパースペクティブのもとに，精力的に言語的社会化論を展開しつつある（e.g., Duranti et al. 2012; Ochs 1988）。オックスらによれば，言語的社会化論は，ある行為が研究対象とする社会における相互行為の特定の時点において，特定のやり方で，特定の参与者によっておこなわれた理由について探究する。そしてそれを通じて，それぞれのコミュニティにおけるコミュニケーションのコード，実践，方略のハビトゥス[3]が，その社会・文化的な論理とどのように関連しているのかを検討する（Ochs et al. 2005; 第5章も参照）。

　上記の研究領域は，相互に影響し合いながら現在も発展しつつある。このため，それぞれの研究領域は，必ずしも明確な境界によって区切られてはいない。そこで以下では，本書の関心に引きつけながら，これらの研究領域を横断するような成果を参照しつつ，相互行為の人類学を特徴づけている考え方や手法について概観する。

1　特徴づけを正当化する2つの解決策

　現代を代表する高名な社会学者エマニュエル・シェグロフ（Emanuel Schegloff）は，その盟友のハーヴィ・サックス（Harvey Sacks）やゲイル・ジェファーソン（Gail Jefferson）とともに提唱した会話分析を自ら確立し，隣接する研究領域にも多大な影響を与えてきた。シェグロフ（1987/1998）は，研究者がある現象についての特徴づけを正当化するには，おもに以下の2つの解決策があるという。第1に，研究者が選んだ何らかの記述（例：「動物種Aには角が生える」）が統計的に有意な，あるい

---

[3] もともとは「態度」や「習慣」を意味するラテン語で，マルセル・モース（Marcel Mauss）やピエール・ブルデュー（Pierre Bourdieu）によって社会学の中心概念の一つと位置づけられるようになった。社会化の所産で，容易に変わりにくい持続性をもついっぽうで，当人にはほとんど意識されないといった特徴をもつ。社会構造と行動を媒介するとされる（宮島 1993）。

```
            行為の連鎖
            A：（文脈1）行為1
            B：（文脈2）行為2
            A：（文脈3）行為3    ↓ 時間
            B：（文脈4）行為4
                ・
                ・
    行為Xは，文脈Xを参照しておこなわれ，文脈X+1を構成する。
```

図 2-1　文脈は行為を生み，行為は文脈を作る

は立証された「結果」を，その結果を理論的に解釈可能とするさらなる条件とともに生み出した（例：「動物種Aには，条件Xにおいては角が2本，それ以外の場合には角が1本生える」）なら，その記述は正当化される。すなわち，通常の「仮説演繹法」による正当化である。第2に，研究者によるある特徴づけの適切性が，特徴づけられている状況への参与者にとっても適切である何らかの証拠を示したならば，その適切性は確かめられる（図2-1）。シェグロフ（1987/1998）によれば，これらの正当化はいずれも経験的（empirical）である。そして，大半の心理学の研究が1つ目の方法を採用し，時にはそれを絶対視しているのに対して，相互行為の人類学やそれに隣接する研究領域では，おもに2つ目の方法をとりながら研究を進める。

　図2-1は，後者の考え方をわかりやすく図示したものである。ただし，AとBはそれぞれ別の話者を示す。ここでは，行為Xは，文脈Xを参照しておこなわれ，さらに文脈X+1を構成すると考える。そのもっとも単純なパターンは，以下のようなものである。AとBが朝に出会ったとき（文脈1），Aが「おはよう」という挨拶をおこなう（行為1）。それを受けて（文脈2），Bも「おはよう」という挨拶を返す（行為2）。これに続けて（文脈3），Aは「宿題やってきた？」という質問をおこなう（行為3）。それに対して（文脈4），Bは「全然」と回答する（行為4）。

　ここでは，行為1，行為2，行為3，行為4に対して，研究者がそれぞれ挨拶，挨拶，質問，回答という特徴づけをおこなっている。そして，この状況への参与者であるBは行為2で挨拶，行為4で回答をおこなうことによって，Aの行為1と行為3をそれぞれ挨拶，質問と理解したことが示されている。ただし，挨拶に挨拶，質問に回答で応答することは言語的な慣習によって決まっている，とされる。したがって，ここではシェグロフ（1987/1998）のいう2つ目の方法によって，研究者による特徴づけの適切性が確かめられる。

　こうしたやりとりは，より複雑なバリエーションをとりうる。たとえば，以下のようなものである。AとBが朝に出会ったとき（文脈1），Aが「おはよう」という挨拶をおこなう（行為1）。しかし，それ（文脈2）にBは応えることなく，やや慌

てた調子で「宿題やってきた？」という質問をおこなう（行為2）。すると，これ（文脈3）に続けて，Bは「え，宿題？」と言って，驚きを示した後で，行為2の一部を繰り返す（行為3）。それに対して（文脈4），Bは「レポートやん，今日までやで」という説明をおこなう（行為4）。

　ここでは，行為1のAによる挨拶に対して，Bは慣習に従った挨拶による応答をおこなわずに，新たな質問（行為2）をおこなっている。これは，Bの質問が急を要するものであるからだと考えられる。Bの慌てた調子，およびAが行為3によってそのBによる唐突な行為2を問題化したことは，この研究者による特徴づけの証拠となっている。さらにBが行為4で行為2についての説明をおこなったことは，行為3が行為2を問題化したという研究者による特徴づけに対する証拠を提供している[4]。

　このように，相互行為の人類学やその隣接分野では，行為はその文脈に埋め込まれ，その場に状況づけられて生じるいっぽうで，ある行為はその場を変化させ，それに続く行為のための文脈を構成する，と考える。それぞれの行為の意味は，物質的基盤のみによっては決まらない。それは相互行為のなかで提案，交渉，構成される。そして，こうした意味のやりとりこそが，私たちの社会的リアリティを形づくり，言語的なコミュニケーションの基盤を構成し，さらには「心」と「文化」の接点となっているとみなすのである。すなわち，相互行為の人類学やその隣接分野にとって「心」と「文化」は，いずれも意味のやりとりを通じて相互規定的に構築される，コミュニケーションの産物である。

2　相互行為の人類学で用いられる記号

　相互行為の人類学やその隣接分野をその方法論において基礎づけている会話分析は，相互行為がどのように組織化されているのかについて精緻な分析をおこなうためのさまざまな概念装置を提案してきた（e.g., Sacks et al. 1974/2010; Schegloff 2007）。以下では，そのうちの基本的なものについて述べる[5]。

　会話分析では，長期的なデータ（動画や音声）の収集によって得られた大量の会話を逐一文字に起こし，それをもとに体系的・経験的な分析をおこなう。会話の文字起こしでは，まず動画や音声を何度も繰り返し視聴しながら，聞こえてくるすべての発話についてその発話者を同定し，その内容を先行研究の慣習に従った方法で

---

[4] 会話分析ではこれを「次ターンによる証明の手続き（next-turn proof procedure）」と呼ぶ（Hutchby & Wooffitt 1998:15）。
[5] この項は，会話分析や相互行為の人類学で用いられる基本概念についての不可欠な概説であるため，高田（2016）の該当部分とオーバーラップしている。

丁寧かつ厳密に書き取っていく。以下に，会話分析のために考案され，本書でも用いている主要な記号について概説する（記号のさらに包括的な解説については，〈http://www.augnishizaka.com/transsym.htm〉（西阪 2008）を参照のこと）。

：（コロン）は，直前の音が延ばされていることを示す。コロンの数は引き延ばしの相対的な長さに対応する。
h は呼気音，.h は吸気音を示す。h の数は，その音の相対的な長さに対応する。呼気音の記号は，笑いを表すのにも用いる。笑いながら発話がおこなわれるときは，呼気をともなう音のあとに（h）を挟むことで示す。
__ （下線）もしくは大文字（アルファベット表記の場合）は，その部分が相対的に強く発音されていることを示す。
．（句点）は，語尾の音が下がって区切りがついたことを示す。
↑（上向き矢印）と↓（下向き矢印）は，それぞれ音調の極端な上がり下がりを示す。
＝は，それで結ばれている発話が途切れなくつながっていることを示す。
[ ]で囲まれた隣接する発話は，それらがオーバーラップしたことを示す。
° °で囲まれた部分は，発話が弱まっていることを示す。
< >で囲まれた部分は，前後と比べてゆっくり発話されていることを示す。
> <で囲まれた部分は，前後と比べて早く発話されていることを示す。
( )で囲まれた部分は，聞き取りが確定できない，または不可能なことを示す。
-（半角ハイフン）は，直前の語や発話が中断されていることを示す。
( )で区切られた数字（例：(0.6)）は，その秒数の沈黙を示す。
(( ))は，その都度必要な注記を示す。

それぞれの研究の興味や関心によって，文字起こしの焦点や求められる精度は変わってくる。それぞれの研究者は，必要に応じて動画や音声に立ち返り，文字起こしを改定する。したがって，研究が続いている限り，文字起こしは終わりのない作業である。さらに相互行為の人類学では，相互行為の参与者による会話に加えて，それぞれの参与者の動作やその場の状況についても記録をおこなう。この点では，オックスらが主導してきた言語的社会化論の方法が参考になる（e.g., Duranti et al. 2012）。この作業では，やはり動画を繰り返し視聴しながら動作をおこなった者を同定し，その動作を記述する。また，文字起こしのはじめにその場の状況をできるだけ正確に記述し，その状況に変化があったらその都度記していく。ただし，会話では言語的な音声が時間的に連なっており，その流れを比較的追いやすいのに対して，動作は相互行為のそれぞれの参与者によってしばしば同時多発的におこなわれ，

何を記述するのか一意的には決めにくい。状況の記述もまたしかりである。そこで動作や状況の記述では，動画を視聴しながら，相互行為の進行に影響を及ぼしていると思った動作や状況の特徴を記録し，それぞれの研究者が必要に応じてそれを修正・加筆していくことが多い。また時には，上記の会話や動作の文字起こしで把握されるものよりも，さらに微細な相互行為上の特徴を分析する必要が生じる。その場合は，画像解析や音響分析を含む，マルチ・モーダルな相互行為の分析を可能にするソフトウェア ELAN[6] などを用いた資料を作成することもある。

3　基本的な分析概念

また会話分析には，それに携わる以上は正しく，かつ深く理解しておくべき基本的な分析概念がいくつかある。まず分析の対象となる会話は，**日常会話**（ordinary conversation）と**制度的発言**（institutional talk）に大別される。制度的発言では，語りの進行に関して歴史的・文化的に形成されたさまざまな制度的な制約がかかる。教室における教師と生徒の発言，病院における医師と患者の発言，法廷における裁判官と被告の発言などはその好例である。日常会話は，そうした制度的な制約を受けずに進行する。会話分析が人文社会科学全体に対しておこなった最大の貢献の一つは，そうした日常会話にもきわめて精緻なルールがあり，それによって社会的な秩序が保たれていることを実証的に示したことである。

日常会話を秩序づけているもっとも基本的な仕組みだと考えられているのが，**ターン・テイキング・システム**（turn taking system）である。音声言語はおもに聴覚を利用したコミュニケーションのメディアなので，複数の人が異なることを同時に話すことは聞き手の理解を妨げ，それゆえ忌避される。このため，一度に発話をおこなうのは基本的に一人だけであるという，**一度に一人**（one at a time）ルールが認められる。また発話をおこなっている話者は，その発話の**終了が可能な点**（possible completion point）が近づいてくると，しばしば次の話者を明示的（例：その次の話者の名前を呼ぶ）あるいは示唆的に示す（例：その次の話者に視線を向ける）。発話の終了が可能な点までに次の話者が示されなかった場合は，その直前まで話していた発話者を含む，その会話における任意の参与者が次話者になれる。これによって，日常会話は話者の順番交替をともないながら続いていく。

ターン・テイキング・システムを構成する発話のやりとりの最小単位だと考えられているのが**隣接対**（adjacency pair）である。隣接対には，挨拶－挨拶，質問－回答，要求－受諾・拒否，誘い－受諾・拒否などの例がある。会話分析ではこのよう

---

[6] https://tla.mpi.nl/tools/tla-tools/**elan**/

に，それぞれの発話が何らかの社会的な**行為**（action）をなすと考える[7]。このうち前者の行為を**第1成分**（first pair part），後者の行為を**第2成分**（second pair part）という。発話の第1成分と第2成分は，呼応するペアとなっている。いいかえれば，第1成分は慣習的に，第2成分として上の例であげたような1つあるいは複数のタイプの行為を志向する。したがって一般的には，第1成分の話者よりも第2成分の話者の方が，発話の選択肢に強い制約がかかる。また第2成分に使われうる行為のタイプのなかでも，しばしば優先順位がある。たとえば，要求や誘いに対しては通常，拒否よりも受諾の方が優先される。これを**優先構造**（preference structure）という。

第1成分と第2成分からなる発話の連なりを**基本連鎖**（base sequence）という。日常会話を分析するうえでもっとも基本となるのは，その会話のなかでの基本連鎖を見つけることである。日常会話では，基本連鎖はしばしば単なる隣接対よりもずっと複雑なかたちで展開される。いいかえれば，第1成分の前，第1成分と第2成分の間，第2成分の後には，さらにいくつかの会話の要素が加えられることがある。これらをまとめて**拡張**（expansion）と呼び，それぞれを**前拡張**（pre-expansion），**挿入拡張**（insert-expansion），**後拡張**（post-expansion）と呼ぶ。また日常会話では，先行する発話を見聞きした相互行為の参与者は，しばしばその全体あるいは一部に対する**評価**（assessment）をおこなう。評価は，しばしば上でみた第2成分の後におこなわれる。

上でみたターン・テイキング・システム，一度に一人ルール，各種の隣接対は，規範的な特徴をもつ。いいかえれば，相互行為の参与者は行為を選び，実施する際にこれらを参照する。しかしながら，行為はその実践において必ずしも規範に従うとは限らない。たとえば日常会話では，ある行為が，言い間違えられたり，聞き取りにくかったりする状況がひんぱんに生じる。そうした会話上の「トラブル」に対しては，しばしば**修復**（repair）が起こる。修復は，それをうながすのがトラブル源を含む発話の話者か，あるいはそれ以外か，実際に修復をおこなうのがその話者か，あるいはそれ以外かによって，理念的には**自己開始自己修復**（self-initiated self-repair），**他者開始自己修復**（other-initiated self-repair），**自己開始他者修復**（self-initiated other-repair），**他者開始他者修復**（other-initiated other-repair）に分けられる。通常の日常会話では，他者開始よりは自己開始が，他者修復よりは自己修復の方が多くみられる

---

[7] このように会話分析では，相互行為において発話がなす行為という側面から言語における意味の組織をとらえようとする。これは，有名なジェローム・ブルーナー（Jerome Bruner）の本（Bruner 1990/1999）のタイトルともなっている「意味の振る舞い（acts of meaning）」の仕組みを明らかにする試みだともいえよう。

ことが知られている。

　会話分析は，会話の組織化に関わる要素が限られており，それゆえ分析しやすかった電話における英語での日常会話からはじまった。しかし，その後の発展にともなって，扱う現象の範囲は大きく拡がっている。会話分析をより幅広い相互行為に適用する相互行為の人類学においてとくに重要になるのが，いずれもゴフマンが提唱した**参与枠組み**（participation framework）と**フッティング**（footing）という概念である（Goffman 1981）。

　参与枠組みは，相互行為の参与者の時間的，空間的な布置および参与上の立場をあらわし，相互行為の進行にともなって変化し続けると考えられる。この参与上の立場を分析的にとらえるためにゴフマン（1981）は，まず相互行為における発話者という概念を以下のように分解した。(1)身体を使って声を出し，発話を行う**発声体**（animator），(2)発話の意味とそれを表現する言葉を選んだ**作者**（author），(3)発話によってその立場が確立し，その信念が語られているとされる**主体**（principle），(4)言及されるシーンに登場する**主人公**（protagonist）やそれ以外の人物である**フィギュア**（figure）。たとえば，政府の広報官が首相の発言を公に報告する場合，その広報官はその発言の発声体で主体は首相，そして多くの場合，作者は官僚である。相互行為のなかの発言をこうした概念によって精査していくことで，発話者のフッティング，すなわち発話に対するその発話者の同調（alignment），スタンス，姿勢，あるいは投射された自己などを提示する足場（Goffman 1981:128）を分析的に理解できる。

　ゴフマン（1981）はまた，聞き手の身分との関連でも以下のような概念を提唱した。(1)発話を聞き，そのメッセージを受け取ることができる**受け手**（recipient），(2)発話が直接向けられた相手である**アドレッシー**（addressee），(3)集まりへの参加が公式に認められた**認可された参与者**（ratified participant），(4)認可された参与者ではないが，意図的に発話を聞いている**立ち聞き者**（eavesdropper），(5)認可された参与者ではなく，たまたま発話を聞く機会を得た**偶然聞く者**（overhearer），(6)認可された参与者ではないが，たまたま発話を見たり聞いたりできるところにおり，認可された参与者からもそれが知覚可能な**傍観者**（bystander）。これらの概念は相互排除的なものではなく，入り組んだ包含関係，重複関係をもつ。

　以上のような会話分析の基本的な分析概念は，おもに英語圏での会話の分析から導かれたものなので，これが英語以外を用いる他の文化圏での相互行為にも適用することが可能かどうかは，十分な吟味を経る必要がある。実際，相互行為の人類学を進める研究者からは，しばしばこれらの分析概念の普遍性に関して疑念が主張されている（e.g., Agliati et al. 2005; Gudykunst & Nishida 1994; Wieland 1991）。しかしな

がら，反例らしきものがみつかった場合にもっとも求められるのは，基本的な分析概念を捨て去ってしまうことではなく，具体的な動画や音声のデータに何度も立ち返って丹念な分析を繰り返し，既存の分析概念や研究成果をより深く理解することであろう。実際のデータはきわめて多様なあらわれ方をする。そして，これを分析するための会話分析の道具立てはまだまだ開発途上であり，わかっていないことはほとんど無限にあるのである。

第4節　まとめ

　この章では，まず人類学の研究領域の区分とその名称について概説したうえで，相互行為の人類学の源流となっている文化人類学や言語人類学の方法論的な特徴（社会・文化の研究をおこなう，フィールドワークを通じた参与観察を主たる研究手法とする，実践者の視点から社会・文化を理解することを目指す）について紹介した。そのうえで，相互行為の人類学を特徴づけている考え方や分析の手法，基本的な分析概念について概観した。最後に本書全体の問題意識に立ち返って，本章で述べたような相互行為の人類学を基礎づけている理論的な考え方が，心理学的な研究にもたらすことのできる貢献について述べる。

　文化人類学や言語人類学がとってきた常套的な研究方略の一つは，フィールドワークで得られた資料にもとづいて，影響力の大きな研究分野が主張している一般化の誤りを指摘し，それが文化と結びついた現象であると証明しようとすることであった（LeVine 2007:250）。この古典的な研究方略は，少なくとも以下のような理由から現在の心理学に対してもかなり有効である。

　まず心理学の資料は，たいてい「先進国」の一部の層から得られており，控えめにいっても，それ以外の人々の姿は心理学の理論にはほとんど反映されてこなかった。いっぽう文化人類学は先進国以外の資料を豊富にもっている。この点で，たとえば，その普遍性が想定あるいは主張されている仮説に対して具体的な反証を示すことによって，心理学的な現象の文化的多様性と普遍性に関する議論に貢献できる。

　第2に，心理学の知見は常に革新され続けている。そして，ある心理学的な現象がヒトに普遍的だと主張される場合，その根拠づけとしては生理学，認知科学，脳神経科学などの知見が援用されていることが多い。しかし，そうした現象が実際に生じる場合には，必ず自然・社会環境との相互作用がともなっている。人類学的な考え方にもとづいて行われる研究は，そうした相互作用を文化的な次元から見直すことを通じて，常に新しく見出されつつある心理学的な現象を再評価することにつながる。

したがって，相互行為の人類学でおこなわれる分析は，たんに普遍性仮説に対する反証を示すことができるだけではない。より野心的な目的は，相互行為の分析から文化そのものの意味を考えていくことにある。哲学者のウィラード・ヴァン・オーマン・クワイン（Willard Van Orman Quine）はその有名な思考実験で，まったく異質の言語に出会ったフィールド言語学者はうまくその言語を翻訳あるいは解読できないと結論づけた（Quine 1960/1984）。インフォーマントが現地である発声をしたときに，それが何を指しているのかを特定することは不確定性が大きすぎて原理的にできないというのだ。ここでフィールド言語学者が直面するとされる困難は，まだ言語を理解できない赤ちゃんにも適用されうるであろう。

　しかし，このクワイン（1960/1984）の議論にはさまざまな視点からの反論がある（e.g., Premack 1986/2017; Zukow-Goldring 1996）。なかでも有力なのは，クワイン（1960/1984）は相互行為における文脈の働きを低く見積もりすぎているというものである。相互行為において私たちが相互理解を達成する場合は，発せられた言語的音声以外のさまざまな資源を利用している。こうしたさまざまな資源から成り立っている文脈を分析していくことで，クワイン（1960/1984）が提起した困難を相互行為の実践者がどのように克服しているのかを明らかにすることができるであろう。民族誌家は本当にインフォーマントを理解できるのか？という問いかけは，私たちを際限のない解釈の泥沼に誘い込む。より生産的な問いは，参与者間の相互行為に注意を向け，彼らが実際にどのような活動をおこなっているのかを相互行為の実践者の視点から明らかにすることである（Goodwin, M. H. 1990）。環境に埋め込まれた相互行為の連鎖を丹念に分析していくことにより，その場の文脈が相互行為を形づくるとともに，そうした相互行為によって新たな文脈が形成される仕組みを明らかにすることができる。以下の章では，こうした視点から，その詳細と仕組みを明らかにしようとした相互行為の人類学の研究を紹介していく。

第 2 章についての Q&A

Q 2-1 「行為の意味は文脈に沿って決まる」という点について。たとえば，AさんがBさんに窓を開けて欲しいとき，AさんはBさんに直接「窓を開けて」と言うこともできるし，「暑いね」と言うこともできると思います。でも，その行為の意味を理解することは簡単ではなく，誤解が生じることもあるのではないでしょうか？　私自身，友人が冗談を言っても，それが冗談だとわからないことがよくあります。

A 2-1　誤解は常に生じえます。実際の会話でも，ある発話が誤解されたり，聞こえにくかったりする例はしばしばみられます。しかし，こうした会話における理解の「トラブル」は，発話のやりとりのなかで解決されていきます。たとえば上の例で，Aさんの「暑いね」という発話に対して，Bさんが「そうだね」と応答したとします。Aさんは次に，「いや，窓を開けて欲しいんだけど」と言って，前の発話が依頼であったという説明をおこなうこともできますし，あるいは「窓を開けて」と言って，より直接的な依頼をおこなうこともできます。会話分析や相互行為の人類学では，このようにして，行為の意味は相互行為のなかで提案，交渉，構成されると考えます。

Q 2-2　研究者は，行為の意味を解釈するとき，どのようにして客観的になれるのでしょうか？　単に行動を観察することは，その行為者の心とは独立におこなうことができると思います。しかし，その行動の背後にある意図や思考を解釈，あるいは分析するとなると，その解釈や分析の客観性を示す必要が生じるのではないでしょうか？

A 2-2　研究者は，シェグロフ（1987/1998）のいう第2の特徴づけの正当化をおこなう，すなわち，「研究者によるある特徴づけの適切性が，特徴づけられている状況への参与者にとっても適切である何らかの証拠を示す」ことが必要です。たとえばQ2-1の例で，研究者がAさんの発話を依頼だと特徴づける場合は，Aさんがその発話で選んでいる単語やその言い方，さらにその発話の前後におけるBさんとAさんとのやりとりの特徴をあげて，その発話がAさんとBさんによって依頼として扱われていることを証拠立てる必要があります。会話分析や相互行為の人類学ではこのように，研究者の視点を相互行為の参与者たちの視点に寄り添わせながら，それぞれの行為がその相互行為の参与者たちの関わっている世界のなかでどのように働いているのかを経験的に示すことによって，その分析の妥当性を確保しようとします。

Q 2-3　相互行為の人類学は，相互行為パターンの文化的な多様性に注目するということでした。そうした文化的な多様性は，人々の相互行為のみによって説明できるのでしょうか，あるいはその相互行為が生じた環境など，なにか相互行為以外の理由や原因によってももたらされると考えるのでしょうか？

A 2-3　本文でも触れたように，会話分析は，会話の組織化に関わる要素が限られているために比較的分析がしやすかった，電話における英語での日常会話からはじまりました。しかし，その後の研究の発展にともなって，扱う現象の範囲は大きく拡がってい

ます。そして，会話の組織化には，当初の研究者が想定していたものよりもじつに多様な要素（例：参与枠組み，ジェスチャー，相互行為のなかで移動する物，環境の側の構造）が関わっていることが示されつつあります。相互行為の人類学では，そうしたさまざまな要素を相互行為において用いられることが可能な資源ととらえ，それらによって相互行為が時間的・空間的にどのように組織化され，その秩序が作り上げられているのかを示そうとしています。

Q 2-4　研究の対象として対面での相互行為が想定されているようですが，現在では人々はインターネットやスマートフォンを使ったSNS（ソーシャル・ネットワーキング・サービス）などを通じても関わっています。こうした新しいメディアは，人々のコミュニケーションの能力を大きく拡張し，相互行為はもはや対面のものだけではありえないのではないでしょうか？

A 2-4　コミュニケーションのためのメディアの種類が増加していることは，疑いありません。しかし，多くの新しいメディアは，それまでにあったメディアにおける相互行為の特徴の一部をうまくとりいれているし，それがその新しいメディアが多くの人に受け入れられる鍵となっているように思えます。たとえばFacebookなどのSNSでは，それを用いた相互行為をゴフマン（1964）のいう「社会的状況」に近づけようという努力が認められますし，うまく工夫をすれば，すべての参与者が物質的にその場に居合わせなくても社会的状況を実現することは可能でしょう。日常会話からさまざまな制度的発言が派生していったように，新しいメディアもさまざまな新しいかたちをとった相互行為の組織化を推進していくでしょう。その分析を進めていくことは，相互行為の人類学にとって重要かつ興味深い課題です。

Q 2-5　相互行為の人類学が主張するように，人と人との間に心があるのならば，ずっと孤独である人，たとえば小説のロビンソン・クルーソーのような人の心は，どのように説明されるのでしょうか？

A 2-5　思考実験として，興味深い質問です。ロビンソン・クルーソーの物語（Defoe 1878[1719]/2012）では，彼は無人島に漂着するまでにヨーロッパで社会生活を身につけ，営んでいました。たとえ一人でいる状況でも，それまでに身につけた言語や社会的な慣習を用いることは，特殊なかたちではありますが，相互行為の一種であり，心を構成する作業だと考えられます。またロビンソン・クルーソーは，無人島への漂着

後しばらくしてから，フライデー（近隣の島の住人に奴隷として扱われていたのをロビンソン・クルーソーが助け出します）という従僕を得て，さまざまな相互行為を展開しています。したがって，そこでの彼は完全に孤独な状態ではなかったと考えられます。より極端な思考実験として，もしもある人が生まれたときから直接的・間接的にまったく他の人と関わることがなかったならば（そして，それでも生存だけは維持されていたとしたならば），その人が，本書でいう意味での心を構成できるかどうかは疑わしいと思います。

参考図書

Ryle, G. (1949) *The concept of mind*. London: Hutchinson's University Library.［ギルバート・ライル（著）『心の概念』東京：みすず書房，坂本百大・宮下治子・服部裕幸（共訳），1987年］
　＊日常言語の哲学的分析に道を開いた古典。

Sacks, H., Schegloff, E. A., & Jefferson, G. (1974) A simplest systematics for the organization of turn-taking for conversation. *Language*, *50*(4), 696-735.［H. サックス，E. A. シェグロフ，G. ジェファソン（著）『会話分析基本論集：順番交替と修復の組織』京都：世界思想社，西阪 仰（訳），2010年］
　＊会話分析の基礎概念が登場した独創的論考。

中河伸俊・渡辺克典（編）(2015)『触発するゴフマン：やりとりの秩序の社会学』東京：新曜社.
　＊ゴフマン理論の成果とその現代的な射程を論じた一冊。

第3章　社会的認知

　私たちが周囲の自然・社会環境や自己をどう認識しているのかという問題は，心と文化の双方にまたがる。これについては，心理学と人類学の双方から膨大な研究がある。心理学が社会的認知の普遍的な側面を追究してきたのに対して，人類学はその文化的な多様性に注目してきた。本章では，社会的認知についての研究に相互行為の人類学がどのような貢献ができるかというパースペクティブから，これに関わる興味深い研究を紹介する。社会的認知が文化によって異なることを示す好例として，まず言語による諸事象に対する意味論的な概念化の違いに注目した民俗分類（folks taxonomy）についての研究，続いて，在来知が実際の文化的活動において用いられている場面に注目する相互行為論的アプローチによる研究について概観する。

第1節　民俗分類

1　分類は文化である

音声と音素

　人間が発することのできる音声は，連続的に，そしてほとんど無限に変化する。しかしながら，それぞれの言語が区別する音素の数は有限で，通常は数十個ほどである。音声の表記法としては，国際音声学会が国際音声記号（IPA）として定めたものが代表的である。辞書を引くと，単語の横にたいてい括弧に区切られて載っているアレだ。国際音声学会は，おもに音声学の研究にもとづいて，IPA表記の改訂を繰り返してきた。現在，IPAの数は150個以上ある。補助記号つきも数えれば，さらにその数倍になる。音声表記は普遍的な性質をもつので，他言語の音声同士を比較するような目的にもしばしば使われる。

　いっぽう，音素の表記法はおおむね言語ごとに，慣例的に決まっている。ちなみに日本語の音素の数は，細部については論争があるものの，20数個だとされる。音素が多いとされる言語としては，南部アフリカのサンの諸言語などが有名である。そのなかでも，もっとも音素が多いとされるコン語では，音素数は100を越える。

音素の表記は，それぞれの言語内で単語の意味を変化させる音の違いを区別するためのものである。たとえば，日本語の「独楽」[koma]という単語と，「ごま」[goma]という単語では，語頭の子音（「独楽」では[k]，「ごま」では[g]）だけが異なっている。そして，日本語話者はこの[k]（無声音）と[g]（有声音）の違いによって，これら2つの単語の意味を区別する。言語学では，この意味の区別のことを弁別，弁別される1点のみが異なる2つの単語のことをミニマル・ペア（最小対語）という。こうした特徴から，音素表記はそれぞれの言語内で完結していればよいとされる。そのため，ある言語の音素表記と別の言語の音素表記は，比較に堪えるとは限らない。以上から，音素の分類や正書法はそれぞれの文化によって異なる，きわめて文化的な特徴をもつといえよう。ちなみに正書法とは，ある言語を表記する正式な表記法として学校等で教えられる方法のことを指している。正書法は，さまざまな社会的な状況，たとえば教育，報道，商売，法の運用の現場で実用に堪えることが求められる。そのためには，簡便さを備えており，なにより多くの人に認められることが必要である。したがって，正書法の制定にあたっては，慣習や歴史，政治が大きく影響し，ときには音声や音素という観点からみた表記の正確さが犠牲になることもある。

親族名称

続いて，やはりきわめて文化的な特徴をもつ分類として，親族名称について紹介する。文化人類学やその英国での呼び名である社会人類学（第2章参照）では，親族名称およびその背後に仮定される親族組織について，膨大な研究の蓄積がある。一時は，文化人類学＝親族組織の研究という図式が成り立ったほどだ[1]。

子どもの誕生は，女性の卵子と男性の精子が受精することに起因する。この女性と男性は，生物学的な母親と生物学的な父親という意味で，それぞれジェニトリックス（genetrix），ジェニター（genitor）と呼ばれる。これに対して，社会的な母親と父親は，それぞれメーター（mater），ペーター（pater）と呼ばれる。多くの社会においてジェニトリックスとメーター，ジェニターとペーターが一致しないケースがしばしばみられることは，文化人類学における親族組織の研究の出発点であった。

ジェニトリックスとジェニターの存在を人の誕生の生物学的な基盤と考えるならば，ある一人の人の誕生の背後には，2の階乗の数の祖先が想定される。近年では，さまざまな時代や地域に生きた（生きている）人々の遺伝子を解析することによって，その生物学的な系譜関係を明らかにしようとする試みが多くなされている。

---

[1] ただし，そうした研究では安定したものとみなされてきた親族組織の基盤は，現代社会においては揺らぎつつあることがしばしば指摘されている（波平 1996:35-41; Strathern 1992:127-136）。

いっぽう，私たちが社会的に認識，承認する系譜関係は，以下に述べるような理由から上記の生物学的な系譜関係とは一致せず，これとは独立した体系をもつ。これはまず，上で記したようにジェニトリックスとメーター，ジェニターとペーターがしばしば一致しないことによる。また，2の階乗の数というほとんど無限に広がる系譜関係を記憶することは，通常の人には不可能である。そこですべての社会は，文化的に意味のあるかたちで親族関係を分類する語彙，すなわち親族名称の体系を備えている。したがって，親族名称はきわめて文化的な特徴をもつ。多くの社会では，その親族組織上の立場によって敬うべき対象，結婚できる範囲，財産相続の対象などについての規範的な期待が異なることが知られている。

　文化人類学では，親族名称の体系について，さまざまなタイプ分けが提案されてきた。以下はその代表的なものである。まずローウィ（Lowie 1928）は，自分の親の世代のキョウダイ（オジ，オバ）の分類に注目し，性別，直系か傍系か，父方か母方か，の3つの基準にもとづいて，これを4つの理念型としてのタイプに分けた。(1)世代（generational）型では，ハハ，ハハのアネおよびイモウト，チチのアネおよびイモウトが同じ名称で呼ばれる。また，チチ，ハハのアニおよびオトウト，チチのアニおよびオトウトが同じ名称で呼ばれる。(2)双岐合併（bifurcate merging）型では，ハハ，ハハのアネおよびイモウトを一つの名称，チチのアネおよびイモウトをこれとは異なる名称で呼ぶ。また，チチ，チチのアニおよびオトウトを一つの名称，ハハのアニおよびオトウトをこれとは異なる名称で呼ぶ。(3)直系（lineal）型では，ハハを一つの名称，ハハのアネおよびイモウト，チチのアネおよびイモウトをこれとは異なる名称で呼ぶ。また，チチを一つの名称，ハハのアニおよびオトウト，チチのアニおよびオトウトをこれとは異なる名称で呼ぶ。(4)双岐傍系（bifurcate collateral）型では，チチ，ハハとそのキョウダイを区別し，チチのアニおよびオトウト，チチのアネおよびイモウト，ハハのアニおよびオトウト，ハハのアネおよびイモウトにそれぞれ異なる名称を割り当てる。

　またマードック（Murdock 1949/1986）は，親族を自己と同じ世代の分類に着目して6つにタイプ分けした。それぞれのタイプには，それがあてはまる代表的な民族集団の名前がつけられている。(1)ハワイ型では，キョウダイとイトコを分けない。すなわち，同父母から生まれたキョウダイと父母のキョウダイの子ども（並行イトコ，交叉イトコ）が同じ一群の名称によって分類される。(2)イロコイ型では，父母と性が異なるキョウダイ（チチのアネ，イモウト。母のアニ，オトウト）から生まれた子ども（交叉イトコ）と父母と性が同じキョウダイ（チチのアニ，オトウト。母のアネ，イモウト）から生まれた子ども（並行イトコ）が区別される。そして，しばしば同父母から生まれたキョウダイは，並行イトコと同じ一群の名称によって分類さ

れる。(3)エスキモー型では，並行イトコと交叉イトコを区別しない。しかし，同父母から生まれたキョウダイは，イトコ（並行イトコおよび交叉イトコ）とは区別される。(4)スーダン型では，同父母から生まれたキョウダイとイトコを区別する。さらに，並行イトコと交叉イトコも区別される。したがって，イトコという一般的な語彙をもたない。(5)クロウ型では，イロコイ型と同じく，並行イトコと交叉イトコが区別される。さらに，チチのアネおよびイモウトとその娘が同じ名称で呼ばれる。クロウ型は，母系社会でしばしばみられる。(6)オマハ型でも，イロコイ型と同じく，並行イトコと交叉イトコが区別される。さらに，ハハのアニおよびオトウトとその息子が同じ名称で呼ばれる。オマハ型は，父系社会でしばしばみられる。

　もちろん，親族名称の体系は上記の分類に尽きるものではない。たとえば，日本語では両親の世代のなかでハハのアネおよびイモウト，チチのアネおよびイモウトをオバと呼ぶが，ハハのアネとチチのアネには伯母，ハハのイモウトとチチのイモウトには叔母という文字をあてて区別する。また，ハハのアニおよびオトウト，チチのアニおよびオトウトをオジと呼ぶが，ハハのアニとチチのアニには伯父，ハハのオトウトとチチのオトウトには叔父という文字をあてて区別する。これは，直系型の分類のなかに，さらにその下位分類が発達している例だと考えられる。また日本語では，自分の世代のキョウダイのなかで，兄と弟，姉と妹が区別されている。すなわち，それぞれ性別に加えて長幼の順によって異なる語彙が与えられている。じっさい，研究が進むにつれて，親族名称の体系はきわめて多様であり，さまざまな例外があることがわかってきた。ここでは立ち入らないが，上記のような親族名称や親族組織のタイプ分けの妥当性，それを理解するための理論的な視座については，じつに多くの議論がある（cf. Parkin & Stone 2004）。

色彩語彙

　最後にあげる文化的な分類の例は，色彩語彙である。みなさんは，虹の色をいくつの色に分けるだろうか？　また，太陽は何色だと聞かれたらどう答えるだろうか？　信号の「進め」をあらわす色は何色だろうか？　それぞれ，日本の慣習では七色，赤色，青色という語彙がもっとも定着しているように思える。しかしながら，よく観察してみると虹の色は連続的に変化しているし，日中の太陽は黄みがかった白色に近い。信号は薄い緑といった方が正確なようである。通常の視力の人間は，色彩を750万にも区切ることができるという。しかし，どんな言語にもそれよりはるかに少ない色彩語彙しかない。そして，その色彩語彙を用いて，文化的な分類がおこなわれているのである。これについては，すでに半世紀も前に，バーリンとケイ（Berlin & Kay 1969/2016）が興味深い仮説を提起している。

```
シロ        ↗ミドリ → キ ↘
    →アカ →              アオ → チャ → ムラサキ
                                        ピンク
クロ        ↘ キ → ミドリ ↗              オレンジ
                                        ハイ
```

図 3-1　色彩基本語の発展モデル（Berlin & Kay 1969/2016）

　すべての言語には，具体的な参照物ではなく，純粋に色彩をあらわす語彙がいくつかみられる。こうした基本的な語彙は，色彩基本語と呼ばれる。その言語の話者は，色彩基本語や具体物を指す語彙を用い，必要に応じてそれを組み合わせることで，さまざまな色彩をあらわすことが可能である。バーリンとケイ（1969/2016）は，民族誌的な資料にもとづいて，世界の98言語についてその色彩基本語を比較検討した。そして，その結果にもとづいて以下のような仮説を立てた（図3-1）。もっとも基本的な段階では，シロとクロの分類しかない。これに1つ色彩が加わるときは，アカである。その次には，キもしくはミドリがこれに加わる。この5つの色の次には，アオをあらわす語彙が登場する。その次はチャである。さらに発展すると，ムラサキ，ピンク，オレンジ，ハイ（灰）をあらわす語彙が用いられるようになる。98の言語でみられた色彩基本語は，おおむねすべてこの範囲に収まっていた。そして，それらの言語における色彩基本語は，この段階に沿って発展の度合いがはかられる，とバーリンとケイ（1969/2016）は主張した。

　それぞれの言語は，文化的に特徴的な語彙を用いて色彩の分類をおこなっており，その基盤となる色彩基本語は，普遍的な発展段階を経るというのである。念のため注意しておくと，ここでの「発展」は，政治や経済のシステム，あるいは論理的な思考における発展や発達とは独立しており，あくまで色彩基本語に関するものである。この仮説は大きな反響を呼び，支持派と批判派の間で膨大な議論がおこなわれた。以下では，こうした議論のうちで，きわめて重要かつ興味深いものを紹介する。京都大学で教鞭を執っていた福井勝義が，東アフリカの牧畜民であるボディについての長年のフィールドワークに基づいて，その色・模様分類について論じた研究（e.g., 福井 1991, 2000）である。

2　東アフリカの牧畜民ボディの色・模様分類

　福井は，1970年代にエチオピア西南部を生活域とするボディの調査を開始した。ボディの社会は，徹底的に家畜，とくにウシに依存している。とはいっても，福井が調査を開始したころは，ボディの社会の詳細についてはわかっていないことが多かった。福井によると，彼が同地に赴く前に入手可能だった民族誌では，ボディについては「きわめて攻撃的」という記述があるのみであった。しかしながら，この

記述こそが福井の興味を大いにかき立てたのである。

　交通手段の脆弱さ，さまざまな病気，容易に外部のものを受け入れない気高いパーソナリティといった苦難を克服して，福井は困難をきわめるボディの調査をしだいに軌道に乗せていった。その過程を描いた臨場感にあふれる民族誌的な記述は，遠い世界へのあこがれをもつ多くの読者を興奮させる。

　その当時，認識人類学がしだいに隆盛を迎えつつあった。認識人類学は，ものごとの分類とそれを意味づける体系の文化的な多様性に立脚して，人間の思考の仕組みを明らかにしていこうとする研究領域である。これは人類学の下位領域であるとともに，情報処理の観点から知性について理解しようとする認知科学の下位領域としても位置づけられる。そうした認識人類学の関心を反映して，福井はボディの色彩の認識に興味をもっていた。そこで，フィールドでの使用に耐えるマンセルの色彩カードを持参していた。これは色相，明度，彩度を厳密に統制した色彩を98枚のカードにしたもので，色彩の見本帳ともいうべきものである。驚くべきことに，ボディの人々はこの色彩カードをたいへんな関心をもって取り扱った。そして，10歳以下の子どもを含むすべてのインフォーマントは，98枚の色彩カードをきわめて高い一致度で速やかに分類できた。福井のまとめによれば，ボディの色彩基本語はホリ（白），コロ（黒），ゴロニ（赤），ビレジ（黄），チャイ（黄緑・緑・青），シマジ（紫），ニャガジ（橙），ギダギ（灰色）の8つであった。これは，バーリンとケイ（1969/2016）のモデルに従えば，世界でもっとも発展した段階に相当する。多くの産業社会から隔絶された状況にあったボディの社会で，世界でもっとも発展した色彩分類が実践されていたのである。それだけではない。バーリンとケイ（1969/2016）のモデルと照らし合わせると，さらなる説明を要するいくつかの特徴がみつかった。たとえば，ボディは8つの色彩基本語を備えているにもかかわらず，ミドリとアオを区別する語彙をもたなかった。またボディは，色彩だけではなく，さまざまな模様にもたいへん敏感であった。そしてそうした色彩と模様の組み合わせをあらわす，じつに多様な語彙をもっていた。さらに，それらの多様な語彙を，それぞれの近縁関係にもとづいて理解していた。じつはこれらの特徴は，ボディが多様かつ複雑な色彩・模様を自分たちの周囲の環境，とくにウシの毛色（ボディ語では，アエギと呼ばれる）と関連づけて体系的に分類していたことによる。

　ここからの記述は圧巻である。色彩認識の普遍性を志向してそのモデル化を試みたバーリンとケイ（1969/2016）の記述とは異なり，福井はボディの社会的な状況と関連づけて，その多様かつ複雑な色彩・模様の認識体系を紐解いていった。エバンス＝プリチャードらが説得的に示した（e.g., Evans-Pritchard 1951/1985）ように，ボディをはじめとする東アフリカの牧畜民では，クランやリネージといった親族組織

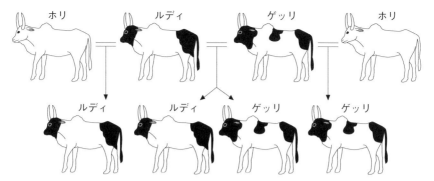

図 3-2 ウシの毛色の遺伝観の例（福井 2000）

が社会関係を営むための基本的な原理を提供する。そしてボディでは，ウシにも毛色（アエギ）に基づくクランに類する近縁関係が認識されていた。またウシの寿命は通常10数年ほどだが，ボディの人々はそれぞれのウシの母子関係について，自分が直接観察した個体を遙かに超える，何世代にもわたる系譜を記憶していた。さらに，どんな毛色のウシを交配させると，どんな毛色のウシが生まれるかを正確に予測できた（図 3-2）。

　それだけではない。ウシの毛色の色彩・模様は，ボディの人々の生涯にわたる発達とも深く関わっていた。ボディの人々は，赤ちゃんが生まれると生後1年目に，特定のウシの毛色にちなんだ「プエンの名」をつける。このプエンの名に用いられたウシの毛色は，その赤ちゃんがその後の生涯をかけて担う色彩・模様となる。この色彩・模様は「モラレ」と呼ばれる。モラレは，親族関係を伝って継承される（図3-3）。たとえば図3-3では，A，B，Cの3つのモラレがそれぞれ祖父から孫へ，オジからオイへと継承されることが模式的に描かれている。

　ボディの子どもは，自分のモラレにちなんだ身体を飾る装飾品や美しい歌をもつようになる。子どもはそうした歌をしばしば自作し，朗々と吟じる。想像に難くないことだが，こうした経験を経た子どもは，成長するにつれ，自分のモラレにアイデンティティを見出すようになる。そして若者になると，自分のモラレの毛色をもつ仔ウシを何とかして手に入れる。ウシが最大の財産であるボディの社会で，まだ一人前とはいえない若者が一頭のウシを手に入れることは容易ではない。それでも，モラレのウシに関しては，周囲の人々は寛容である。執拗にそして熱心にウシを乞う若者に，若き日の自分の姿を見るのかもしれない。モラレのウシを手に入れた若者は，そのウシを非常に大切に扱う。そのウシをことあるごとに称え，立派に育てることは，まさに青春の生きがいである。しかし，ウシの生命はそう長くは続かな

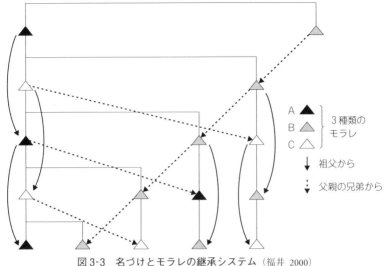

図3-3 名づけとモラレの継承システム（福井 2000）

い。モラレのウシが老いると，なんと同じ年齢組の仲間たちが儀礼にのっとってそのウシを殺す。青年期の生きがいであったウシの死に直面した若者は，激しく泣き叫び，ついには崩れ落ちることもあるという。そして若者はこの象徴的な死を乗り越え，大人になるのである。

　ウシの毛色は，個人のライフサイクルだけではなく，人と人との間の社会関係を組織化するための重要な資源ともなっている。たとえば，各種の年齢集団や地域集団は，それぞれの象徴的なウシの毛色をもつ。また，結婚，治療儀礼，葬式，戦争などの際にはしばしばウシが供儀に用いられ，そのウシの毛色はそれぞれの儀礼ごとに決まっている。

　つまるところ，ボディでは社会生活のあらゆる面にウシが関わっているのである。そして，それぞれの社会的活動では，ウシの毛色の違いが重要な意味をもつ。さらに，ボディはそうしたウシの毛色の多様性を生成，維持するために，積極的にウシに働きかけてきた。たとえば，ボディはウシの毛色の潜在的な遺伝的変異の表現型をよく認識し，それをその文化体系に組み込んでいる。ウシの毛色の多様性は，ボディの世界観（コスモロジー）を秩序づけ，豊かにするための基盤となっているといえよう。

第2節　在来知への相互行為論的アプローチ[2]

　前節で紹介した福井の一連の仕事は，世界的にみても認識人類学の白眉であり，文化人類学が打ち立てた金字塔の一つである。当初心理学を志していた筆者が，そのナイーブな眼でみようとしていた学問の眺望と実際の心理学者たちが積み重ねてきた営為の間に横たわる広大なギャップにもがき，彷徨した末に憧れをもってたどり着いたのも，1980年代ごろに次々と公表されていたこうした認識人類学の優れた仕事であった。しかしながら，筆者が実際に人類学的な研究活動に従事するようになった1990年代の後半以降，同じアプローチでこれらを凌駕するような業績はあまりあらわれなくなった。これにはいくつかの理由が考えられる。なかでも重要だと考えられるのが，こうしたアプローチが，以下にみるような，在来知（indigenous or local knowledge）をめぐる諸問題に直面したことである。

1　在来知をめぐる諸問題

　在来知は，広義には，ある文化的集団の生活のなかで培われてきた知識と定義される。ボディのウシの毛色に関する膨大な知識は，在来知の好例の一つである。初期の認識人類学では，在来知はそれぞれの文化において統合され，独自の体系をもつと想定していた。これをよく反映しているのが，福井の仕事でも論じられている世界観（コスモロジー）に関する議論である。だが，認識人類学の研究が進むにつれて，研究者たちはそうした想定に対する以下のような疑念に直面していった。

　まず，明示的に表明されない知識をどう扱うか，という問題がある。すべての在来知が，ボディにおけるウシの毛色（アエギ）についての知識のように意識化され，体系的に理解されているとは限らない。むしろ，大半の在来知は慣習的に実践されてきたものであり，それをあらためて表現しようとすると言葉に窮するものである。たとえば，日本人の多くは箸の使い方を心得ているが，その詳細や由来を十全に説明できることのできる人は稀だろう。そうした作法は暗黙のうちに知られているのであり，その体系を通常のインタビューで明らかにすることは困難である。

　次に，在来知が，誰にとって在来（indigenous or local）のものなのか，という問いも問題含みである。エスニシティ（民族性）についての膨大な研究（e.g., Takada 2015）が明らかにしてきたように，文化的集団の境界は固定されたものではない。またそうした境界は，たいてい複合的，重層的に重なりあっている。さらに，文化

---

[2] この節は高田（Takada 2008）の一部を本書のために大幅に改稿したものである。

的集団のメンバーは、しばしばそうした境界を越えて移動する。こうした事実を鑑みると、在来知がそれぞれの文化において統合され、独自の体系をもつという想定はナイーブにすぎる。在来知という見方が、複数の文化的集団をまたがるやりとりにおいて有効かどうかも疑わしい。

さらに、1980年代以降の文化人類学界を呑み込んだ、(人類学者を含めて)私たちは他者を本当に理解できるのか、という問題も、在来知の研究を困難なものにした。第2章で概説したように、「民族誌家は本当にインフォーマントを理解できるのか？」という問いかけは、人類学者たちを際限のない解釈の泥沼に誘い込んだ。人類学者たちが在来知について語る内容の正当性は疑われ、その政治性が糾弾されるようになった。在来知を語るという行為は、先述の文化的集団の境界をめぐる問題とも深く関わっている。したがって、その行為から政治性を排除することは、たとえそれが当事者をうたう現地出身の民族誌家によってなされたとしても、原理的には困難である。

上記のような在来知をめぐる批判的な考察に対しては、現在もさまざまな解決策が模索されている。そのなかでも有力なものとしてあげられるのが、本書で展開している相互行為がどのように組織化されているかを微視的に解明することによってこれらに応えようとするアプローチである。本章の後半部では、筆者が1990年代後半からフィールドワークをおこなってきたサンのうちの2つのグループ、グイとガナの事例にもとづいて、このアプローチについて紹介する。それに先だって、以下ではまずグイ／ガナの生活様式について概説をおこなう。

2 グイ／ガナの生活様式

サンは狩猟採集を主な生業としてきた南部アフリカの先住民で、ブッシュマンあるいはバサルワとも呼ばれる[3]。サンは実際には多くの言語集団、地域集団から構成される。このうちグイおよびガナはその居住域からセントラル・カラハリ・サンとも呼ばれ、半世紀近くにわたる学際的な研究が進められてきた (cf. Silberbauer 1965; Takada 2016b, 2016c; Tanaka, J. 1980; Tanaka, J. & Sugawara 2010)。その研究成果は、グイとガナは親族関係、言語、儀礼、民俗知識といったさまざまな面で近縁な関係にあることを示してきた。本章で注目する道探索実践 (wayfinding practices) においてもグイとガナは切り離せない特徴を備えていると考えられる。そこで本章で

---

[3] サン、ブッシュマン、バサルワといった呼称には、それぞれ歴史的な文脈を反映した問題点があることが知られている (e.g., 田中二郎 1994:11-13)。ここではこうした議論を認識したうえで、おもにサンを採用する。サンという呼称は牧畜を主な生業としてきたコイコイからの他称を語源とするが、現在では国際的な政治や研究の文脈でもっとも一般的に使われている。

は，とくに必要のない限り両者を一つのまとまり（グイ／ガナ）として扱う。

グイ／ガナの「伝統的」生活の特徴は，以下の4点にまとめることができる（野中・高田 2004）。(1)野生の動植物資源に大きく依存した狩猟採集活動に生計の基盤をおくこと，(2)核家族を基本単位としてひんぱんな離合集散を繰り返しながら，1～20ほどの核家族からなる流動的な生活集団（キャンプ）を形成すること，(3) 1～数週間ごとにキャンプ地を移しながら遊動生活を送ること，(4)ヒエラルキカルな社会組織をもたず，肉に代表される重要な食物はキャンプの隅々にまで平等に分配されること。これらを可能にしたのは，グイ／ガナの生活域の広さであった。カラハリ砂漠の中央部には，1961年に制定された総面積52,000km²という広大な中央カラハリ動物

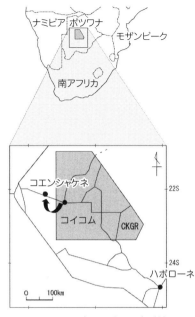

図3-4　グイ／ガナの生活域

保護区（Central Kalahari Game Reserve，以下CKGRと略す）が広がっている（図3-4，濃いアミの部分がCKGR）。グイおよびガナの伝統的な生活域は，このCKGRとほぼ重なる。これは，CKGRの制定に際して，人類学者でありベチュアナランド保護領政府におけるブッシュマンの調査官でもあったジョージ・シルバーバウアー（George Silberbauer）が，グイやガナの伝統的な生活域を覆うようにその境界を定めたからである。その目的は，域内の野生動植物を保護するとともに，移動生活を送るグイやガナの生業の維持を可能にし，自らが望む生活を選択する権利を与えることであった（Silberbauer 1965）。

1961年のCKGRの制定後も，しばらくはひんぱんな離合集散を繰り返すグイ／ガナの移動生活は続いた。しかし1970年代になり，ボツワナ共和国（Botswana）の遠隔地域開発事業計画（Remote Area Development Programme：RADP）が国内のサンに適用されると，CKGR内には居住地が設けられるようになった。井戸による恒常的な水の供給，学校，診療所などの社会資本の整備が進められ，建設工事などへの雇用，食糧配給もおこなわれるようになった。それにともなって，グイやガナの多くはそうした居住地に集まってきた。なかでも，コイコム（!Koi !kom，行政地名はカデ）と呼ばれる居住地は，グイ／ガナの最大の定住・集住地となった。人々がキャ

ンプ間を移籍するきっかけは減り，集団の流動性は著しく低下した。

　コイコムでの定住化・集住化が進む間にもさらなる政策の転換が生じていた。1986年，ボツワナ政府はCKGR内の住人を保護区外に再定住させる計画を閣議決定した。これに対して，ブッシュマンの伝統と生活域を守ることを訴える国際的な抗議運動が展開された。それでも，1997年には事前のアンケートで移住に賛意を表明していた者たちが，CKGR外で設立されつつあった新居住地に移りはじめた。その後，移住はなし崩し的に進み，1997年8月にはコイコムのほぼ全住人が新居住地に移った。コエンシャケネ（Kx'oensakene，行政地名はニューカデ）と呼ばれる新居住地は，従来のグイやガナの生活域の外，コイコムとその最寄りの町であるハンシーとを結ぶ道路沿いに位置する。その設立に際しては，グイやガナの居住に関する価値観や規範が十分に考慮されたとはいい難い。人口密度は急激に上昇し，狩猟採集から供給される食料の質や量は大きく低下した（高田 2002b）。

　こうした状況で，現地でサンの権利のために闘ってきたNGOが，グイ／ガナの再定住は強制移住であるとしてボツワナ政府を相手どって裁判を起こした。その結果，2002年にコエンシャケネに移住してきた243人の人々に対して，CKGR内のキャンプ地に戻ることを認める判決が2006年になって下された。しかしながら，この記念碑的な勝利にもかかわらず，グイ／ガナの多くにとってCKGR内外を自由に移動することは依然として難しい。CKGR内で狩猟採集活動を営むことはなおさらである。その理由の一つは，CKGR内のキャンプ地に戻る権利は，2002年以前に移住した大半のグイ／ガナには認められていないことがあげられる。皮肉なことに，この政治的な決断は，グイ／ガナのそれまでの生活域に対する愛着を強調，強化しつつあるようである（Takada 2016b, 2016c）。

　筆者は，1997年から約46カ月（2018年11月時点）にわたって南部アフリカへ渡航し，文献およびフィールドデータを集めてきた。本書での分析のためのフィールド調査はおもに，ボツワナ共和国の中央部に位置しているコエンシャケネで実施された。2000年4月に確認できたコエンシャケネのグイ／ガナの人口は1,002人であった。この節で分析する会話の事例は，外付けのマイクを備えたアナログビデオカメラを用いて記録した。収録のすべては「自然な状態」で実施された。すなわち，登場人物にはどのように相互行為をするかについて，筆者はいっさい指示を出さなかった。

　動画の収録以外に，必要に応じて人々にインタビューも行った。たいていは事前にいくつか質問を用意していたが（たとえば，特定の土地によく生えている樹木の名前），会話が活気に富んでくると，その内容は準備していた質問から逸脱することが多かった。これらのインタビューについては，フィールドノートをとることに加

え，その一部分は外付けマイクを備えたテープレコーダーに録音した。

その後，筆者はインフォーマントとともに動画資料，およびインタビューの一部について文字起こしをおこなった。これは，とくに見知らぬ慣用句やその発話がおこなわれた文脈について，収録時にはわからなかった豊富な情報を得るために役立った。インフォーマントを含め，コミュニティの人たちとのすべてのコミュニケーションはグイ語およびガナ語でおこなった。以下で引用する会話例は，こうした気の遠くなるような作業の産物の一部である。

3　グイ／ガナの道探索実践[4]

グイ／ガナの遊動民としての特色をもっともよく反映している活動の一つに，優れた道探索実践（wayfinding practices）がある。サンの環境に対する知覚の鋭敏さは，さまざまな探検家・旅行家や研究者によって記述され，一般にもよく知られている。グイ／ガナの道探索実践は，その生活域のさまざまなスケールの自然環境に対応する次のような在来の知識を背景としている（野中・高田 2004; 高田 2007; Takada 2016b, 2016c）。(1)草や障害物の少ないポイントの把握：グイ／ガナはブッシュを移動する際にこうしたポイントをすばやく見つけてつなぎ合わせる。(2)特定の樹木の生育場所に関する知識：こうした樹木は移動の際にランドマークとなる。(3)疎林や水たまりを中心とした環境の理解：疎林や水たまりの付近の土地は，キャンプ地として利用されたり，長距離移動の際の経由地点となったりする。(4)疎林や水たまりの連なりの概念化と利用：疎林や水たまりの連なりは，長距離移動のルートとなったり，狩猟採集活動の際の地理的な参照枠になったりする。グイ／ガナは，こうした在来知によって「自然」と「文化」を融合している（Takada 2016b）。以下では上記の4区分のうちの(1)草や障害物の少ないポイントの把握に注目して，グイ／ガナの在来知が道探索実践においてどのように用いられているのか検討していく。

グイ／ガナがカラハリ砂漠のブッシュを移動するときは，草本に覆われた半乾燥帯の景観のなかで進むべき方向を決めるという課題に直面する。グイ／ガナはこの難題をこともなげにやってみせる。これはまず，グイ／ガナが地面の状態をよく理解し，景観のなかの微細なサインを同定することに長けているからである。それを反映して，グイ語／ガナ語には，ブッシュを構成する地表の状態を表現するための多様な語彙がある（表3-1）。

---

[4] 中川（Nakagawa 1996）は，グイ語資料の音韻論的に十分な記述を可能にし，かつ言語学の隣接分野の研究者にも実用的な試案としての正書法を提案している。本書でのグイ語およびガナ語の原語表記は，できるだけこの正書法にしたがった。

たとえば、ゴマ（!Góma）は砂の軟らかい場所をあらわす語彙で、樹木がたくさん生えていることも含意する。またカバ（‖kaba）は小さな窪地を指し、そこは硬い砂に覆われていて雨季でも水がたまりにくいことが含意されている。このように、グイ／ガナはなによりも生活の実践者の視点から景観をみている。ただし、グイ／ガナの優れた道探索実践を説明するためには、こうした語彙の豊富さを示すだけではなく、それが実際にどのように用いられているのかを分析する必要がある。深く、通り抜けにくそうなブッシュにも、草本がまばらなポイントが点在する。グイ／ガナは移動するとき、こうしたポイントを素早く見つけだし、そうしたポイントをつなぎあわせて、進むべき「道」を見つける。また、しばしば草本の陰にある動物の巣穴も、すばやく感知して避けている。事例3-1は、こうした知覚と行為の調整がどのようにしておこなわれるのかが垣間見えるやりとりである。文字起こしでは、それぞれの行についてグイ語／ガナ語の原文、グイ語／ガナ語のグロス（単語ごとの文法的な注釈）、日本語訳を記してある。

　ここで運転手を務めているNは、20代後半の日本人女性である。彼女は、ブッシュの中で車を運転するという、経験の浅いものには困難な課題をこなさなければならない。いっぽう、グイ／ガナの同乗者たちは、進むべき道を示すために発話とジェスチャーを効果的に用いている。1行目のGの発話では、50〜60代のガナで狩猟の経験が豊富なGが「前のほう（‖kauta xa）」という語によって進むべき方向を示した。それから少し遅れて、今度は10代後半のガナで狩猟の経験はあまりないTが、近称の指示詞「こっち（|néê）」および右手によるジェスチャーによって、同じように前方を指し示した（2行目）（図3-5）。このように、経験の浅いインフォーマントであるTは、おもにGの行為から示唆を得て、指示的なジェスチャーと指示詞を組み合わせて運転手に進むべき方向を指示していた。

　自動車の動きとともに、Gは「あ、こっち［の方にでろ！　こっちの方.］」（3行目）という発話で1行目の発話を再定式化し、運転手が自動車の進んでいる方向を改めることをうながした。すぐにTは、近接の指示詞（|néê）とともに先に指していたより少し右の方を指さした（5行目）。ここでは、Gは自動車が進むべき適切な方向をTに教示し、Tはそれを運転手に伝えようとしている。しかし、このGとTによるやりとりとオーバーラップして、運転手Nは笑いながら、指示された道が見えない、すなわち進むべき方向がわからないことを表明し（4行目）、それからジグザグにハンドルを切り始めた。つまり、ここでは2人のインフォーマントであるGとTは相互理解を達成しているが、Tはこの知識を日本人のNと共有することに失敗している。

　上記のNの声の調子と運転は、彼女が若干パニック気味であることを示してい

表 3-1 地表の状態に関わる語彙の例

グイ語／ガナ語	辞書(中川 1998)和訳	備　考
!ɡóma	砂(少し軟かい)，砂の軟らかい場所	木がたくさんある
!ʔâe	[男性名詞] パンの群(帯状)	砂は硬い。「パン」は窪地を意味する南ア英語
!ɡâne	砂の硬い所(広い範囲)，[女性名詞] 砂の硬い所(一カ所)	石ではない
!koa	[女性名詞] キャンプの庭，木を切り払った所	Acacia mellifera などの木が少し残っていてもよい。昔はこういった所に畑を作っていた
!kôo	[女性名詞] 水たまり	
!kúriʔò	パンの小さいもの(水たまりなし，草多い)	
!qxˆam	[女性名詞] (草木が)焼けてしまった所が再び生えた所，焼き尽くす，たくさんを殺す(肉を)	獲物はこういった所を好む
!qx'oi	[女性名詞] たくさんの長草が生えている所，たくさんの長草が生えている(グイがよく使う語)	人はうまく歩けない(ガナ語では /keru という)
!xaā	足跡をたくさん残す	人が毎日のように家を訪問していたり，獲物が毎日水たまりを訪れているとこうなる
‖kaba	水たまりがない，水がたまらない，小さな窪地；砂が硬い所	砂ばかりある所
‖kana	[男性名詞] 獣道(動物がつくる)	スティーンボック，アードバーク，クーズー，ヤマアラシなどの道
‖kâne	[女性名詞] 硬く(深い)なった砂，水や白アリの巣で硬くなったもの；[動詞] 砂が硬くなる	砂のみで木はない
‖kàbi	[女性名詞] 山	人工のものは含まない
‖noa	[女性名詞] 石	「がたがた道」も意味する
‖qáa	[女性名詞] 乾燥している砂	草も生えている
‖q'áu	[男性名詞] 大きな獣道(ゲムスボックなどの)	ゲムスボック，エランド，キリン，ライオンなどの道を指すのに使える。たくさんの人が通るような道。動物が連なって通った道でもよい。また一回だけ通った道でもよい
‖xau	[女性名詞] 森	疎林。木がたくさんある。Acacia luederitzii, Boscia albitrunca, Acacia erioloba, Grewia flava, Albizia anthelmintica が混在している。人が住むのに適している
‖xāri	木が密生している所，刺のある木がある，[男性／女性名詞] 林	Acacia mellifera がたくさんある。クーズーが多く住む。人は好まない
‖xoam	[女性名詞] 川(水があるもの)，(幼い子どもが)遊ぶ	
‖xoo	(木が)枯れる，(肉，草，木，皮が)乾いている	砂の状態について用いてもよい。‖xooxa で乾いた状態や砂の多い土地をあらわす
/ʔéu	[女性名詞] 岩(大きい)	大きな石，がたがた道，地名(コエンシャケネからみて北東にある土地)にもなっている
/ɡúi	[男性／女性名詞] 茂みや草の多い所(Bauhinia petersiana, Ochna pichra, Terminalia seicea などのある植生)	砂は軟らかい
/ɡaā	谷，オクワ川	涸れ谷。軟らかい砂がたくさんある。スプリングヘアーの巣穴があって手で掘れる。Terminalia sericea, Acacia erioloba などの木に限らない。オクワ川だけに限らない
/xāru	[女性名詞] ふるい	凹状になっている地形，あるいは傾斜がある土地。オクワ川のような所。Acacia luederitzii や Albizia anthelmintica が多い。!kôo(水たまり)とにている(ふるいと同語)
/xái	[男性名詞] パンの広く平らな所(草が生えて広がっている所)	パンの中心部にある。木はない
ǂɡōo	[女性名詞] ものの山；束にする	砂山(人工のものでもよい)，子供などが砂で作る山と自然にある丘の双方を指すことができる
ǂkàa	[男性／女性名詞] 木の少ない草ばかりの所(大きい，広い)	Caralluma knobelii, Acacia nebrownii はある。視界が開けている。人が迷いやすい
ǂkhaa	[男性名詞] パン(地形)	カデ・パンのような所。小さくて丸い。Acacia nebrownii の木がある
ǂkoro	繰り返し歩く所で大きな跡になっている所，大きな踏み跡；[動詞] 繰り返し行き来する	
ǂq'ába	[女性名詞] 水に濡れる，(砂が)湿っている	Acacia erioloba の生育によい
ǂɡōam	[女性名詞] 深い砂，軟らかい砂	!ɡóma と類義(ただし !ɡóma は形容詞，ǂɡōam は名詞)
ɡhōro	ものの間，通り道，隙間	木の間の通り道
xóna	窪地の白っぽい石，石灰石；[動詞] (動物が)石灰石をなめる	塩を含む。カルクリート。Albizia anthelmintica がある

た。筆者（A）は，これに対して笑いで反応した（6行目）。この笑いは，Nの運転とそれを取り囲む状況をおもしろいものとみなすという評価（assessment）をおこなっている。G，T，D（60代のガナで狩猟の経験は豊富である）もほぼ同時にこの笑いに加わった（7-9行目）。これに応えるように，Nは笑いながら，道を見つけられないことについて再び述べた（10行目）。これらの笑いの応酬では，Nの運転にまつわる行為が，その場の相互行為の参与者の間の相互理解（すなわち，その状況がおもしろいものであるという認識）を達成するための知覚的な基盤となっている。

　この様子を観察していたGは，より説明的な行為指示をおこなった。他のインフォーマントと比べると，Gはより記述的で複雑なフレーズを用いる傾向がある。Gは指さしとともに遠隔の指示詞（*aa*）と方向をあらわす語彙（*xoa*），さらに「きれいな所」を意味する語彙（*qhõro*）を用いて発話をおこなった（12行目）。ここで（*qhõro*）という語彙によって指示されている「草本に覆われていない場所」は，車内の人々によって知覚可能であった。Gは運転手のNからは見えない位置，すなわち後部座席のうちの筆者の左隣に座っていた。Gが指示的なジェスチャーを用いて道を指示したとき，彼は右手をTとDの間に伸ばしていた。この姿勢は，Gの発話とジェスチャーの宛先がNではなく，Tであったことを示唆する。そして，TはNに道を指示することを期待されていた。これを受けて，Tは右手を伸ばし，それまで指していた方向の少し右を指した（図3-6）。少しして，Tの左隣に座っていたDも同じ方向を指した（13行目）。DはNからは少し離れたところに座っていたので，TほどにはNに道を指示することを期待されてはいなかった。したがって，13行目のDのジェスチャーは，Nに道を指示するものというよりは，それに先立つGの指示とTの指さしを承認するものだったと考えられる。

　これらのやりとりの直後，Nはハンドルを強く握り，ハンドルを切って，指示された方向に車を進め始めた。車のなかの振動は静まり，笑いは止んだ。それから

[5] 本書における事例の文字起こしでは，登場人物をイニシャルもしくはその分析に関連する親族名称（e.g., 母，父）であらわす。文字起こし中の発話に登場する人物や企業の固有名は変更してある。
[6] グイ語・ガナ語のグロスの略号は以下をあらわす：ADV；副詞，ASP；相（hab-習慣，prog-進行形，sta-状態），CNJ；接続詞，DEM；指示詞，DIM；指小辞，DRV；派生語（adv-副詞的），EMP；強調，EVI；伝聞，FOC；焦点，INT；感嘆詞，INTERR；疑問詞，NEG；否定，PER；完了，名詞接尾辞は性－数－格を表す3つの略語の組合せで示す（たとえば，-f:p:G）。ただしそれぞれの略語は，1つめが性（m-男性，f-女性，c-共通），2つめが数（s-単数，d-双数，p-複数），3つめが格（N-主格，A-目的格，G-所有格）を表す，POS；可能，PP；後置詞（dir-方向，plc-場所，pos-所有），人称代名詞は人称－性－数－格を表す4つの略語の組合せで示す（たとえば，1:c:p(in)：N），ただしそれぞれの略語は，1つめが人称（1-一人称，2-二人称，3-三人称），2つめが性（m-男性，f-女性，c-通性），3つめが数（s-単数，d-双数，p(in)-複数包括形，p(ex)-複数除外形），4つめが格（N-主格，A-目的格，G-所有格）を表す，PTC；小辞，時制は8種類（中立時制，今日過去，昨夜過去，昨日過去，遠過去，今日未来，明日未来，遠未来）あり，未来または過去の下位分類をかっこで補足して単語で示す（たとえば，'past (distant)'-遠過去），SFX；接尾辞

事例 3-1 [5][6]

1 G: ‖*kauta xa dâo-be aa.*
   straight FOC way-m:s:N come
   前の方に道は出てくる．

2 T: |*nê̂ẽ.*(1)
   DEM(near)
   こっち．

(1.0)

図 3-5　T は右手で前方を差し示す
G（後部座席）　A（後部座席）

3 G: *che* |*nê̂ẽ* [*za xoa* ǂ*qx'óa* |*nê̂ẽ za xoa.*]
   PTC DEM(near) PP(dir) direction come out DEM(near) PP(dir) direction
   あ，こっち [の方にでろ！　こっちの方．]

4 N: [道 が 見え ない hhh] え《日本語》
   　way PTC see NEG INT

5 T: [|*nê̂ẽ.*](2)
                       DEM(near)
                       [こっち．

(3.1)(3)

6 A: hhh hh
   hhh hh

図 3-6　T は右手でそれまで指して
　　　　いた方向の少し右を指す

7 G: [*hhh*]
   [*hhh*]

8 T: [*hhh*](4)
   [*hhh*]

9 D: [*hhh*]
   [*hhh*]

10 N: aah [hhh hoohe] 道が見えん《日本語》
    INT INT   way PTC see NEG

11 D: [ah hh]
       INT
       [ah hh]

12 G: *aa xoa ka kôô*(5) [*aa qhŏro za*]
    DEM(far) direction PP(pos) go   DEM(far) clear space PP(dir)
    あっちの方へ行け．[あっちのきれいな所へ]

13 D: [*ah ahm*(6)]
                  INT INT

14 G: *qhŏro*(*-si ka*) *ʔátè cua kôô,* |*qhari*(7)[*-zì xo*] *dâo-sà* ǂ*ʔám*
    clear space-f:s:G PP(pos) 1:m:p(in):N NEG go　　-f:p:A PP(plc) way-f:s:A blocked
    きれいな所へ，ワシらは《こっちには》行かない，カリの木々の[辺りで]，道はふさがっている

(1)T は親指以外の指を伸ばして右手を前方に差し出し，上下に振った（図 3-5）．
(2)T は先に指していた方向の右側を指さした（図 3-6）．
(3)T は，先に指していたよりも左を指さした．
(4)T は，フロントガラスの中央部を指さした．
(5)G は右方向を指さす．すると，T も右方向を指さした．
(6)D は T と同じ方向を指さした．
(7)T が腕を左方向に移動させ，そちらを指さした．その間に，G は伸ばした腕を降ろした．

Gは,「ワシらは((こっちには))行かない.」という発話で進んでいる方向の修正を求めた.さらに,前方で道をふさいでいた特定の「カリの木々」に言及した(14行目).それを受けてTは,徐々に指先を左のほうにずらしていった.Nは,このTの指示にあわせて運転を進めていった.つまり,その場の相互行為の参与者の間で,進むべき道についての相互理解が達成された.

4　ブッシュで道を見つける

　前項でみた道探索実践は,1台の自動車の車内に乗り合わせた複数のグイ／ガナのインフォーマントと日本人調査者が,グイ／ガナたちが以前生活の場としていたブッシュの中で進むべき道に関して,ドライバーであった日本人との相互理解を達成するために一連の行為を交換することで,在来の技術や知識を(再)生産した過程として理解できる.このように,社会的相互行為はたいてい,特定の環境において相互行為の参与者が相互理解を目指して知識や技術を(再)生産するダイナミックな過程として組織化されている.前節の冒頭で述べたように,グイ／ガナはブッシュを移動する際,草や障害物の少ないポイントをすばやく見つけてつなぎ合わせる.この技術は,彼らが通りやすい「ブッシュの道」を見つけることを可能にしている.グイ語／ガナ語の地面の状態についての豊富な語彙は,その話者であるグイ／ガナの人々がブッシュの環境に対する知覚的な鋭敏さを備えていることを示唆する.ただし,それだけではグイ／ガナの優れた道探索実践を説明することはできない.道探索実践では,相互行為の参与者が相互理解に達する必要がある.前節の例では,日本人調査者とグイ／ガナのインフォーマントたちが発話やジェスチャーを用いながら,前方の景観のなかのどこに注意を払うべきかを示し,それぞれの行為を調整していた.こうした実践では,日本人調査者という「他者」の存在は,グイ／ガナがその知識を明示的に定式化することをうながしていた.したがって,ある文化的集団でおこなわれている相互行為に参加することによって,他者もまたその文化的集団のメンバーたちと相互理解を達成することができる.クワインの議論に端を発する言語・文化の翻訳不確定性の主張(第2章)は,相互行為の人類学では,以上のような相互理解が達成されるプロセスを記述・分析することによって乗り越えられる(より包括的な議論については,第4章を参照).

　また前項の例では,経験の浅いインフォーマントが,より経験の豊富なインフォーマントからの示唆を得て,運転を行っていた日本人にそれを教示することを通じて,どこに何を見るべきかを学んでいた.グイ／ガナをはじめとする「伝統的」な社会では,しばしば学校などで典型的にみられるような直接的な知識の習得ではなく,社会的な実践のなかでおこなわれる「間接的な知識の習得」(cf. Rogoff

2003/2006) が優勢であるといわれてきた。上記の分析は，逆説的なことに，そうした間接的な知識の習得はしばしば直接的な相互理解を通じて可能になることを示している。

　グイ／ガナの道探索のための社会的相互行為は，透明かつ中立的な空間ではなく，コミュニケーションのためのさまざまな資源によって満たされた場所でおこなわれる。したがって道探索は，特定の環境のなかで，相互行為の参与者が，知覚，ジェスチャー，発話を交叉させながら在来の知識を生成・再生成する，ダイナミックなプロセスであるといえよう。グイ／ガナの優れた道探索実践を理解するためには，コミュニケーションのためのさまざまな資源が時間的・空間的にどのように組織化され，使われているのかについて，丁寧に分析をおこなっていく必要がある。そしてこうした分析は，グイ／ガナの道探索実践以外の社会的活動についての理解を深めるためにもまた有効であると考えられる。

第3節　まとめ

　本章では，社会的認知についての研究に相互行為の人類学がどのような貢献ができるかというパースペクティブから，おもに2つの研究を紹介した。人類学的なフィールドワークの伝統（cf. 福井 2000）を受け継いで，相互行為の人類学では，社会を全体としてとらえること，そしてその社会をその成員の視点から理解することを目指している。これを可能にするためには，まずなによりもフィールドに埋没し，そこに住む人々に魅了されて過ごすこと（菅原 2015:75-76），そのなかでフィールドワークの現場から在来の知識を学んでいくことが求められる。さらに，相互行為論的なアプローチは，在来知が用いられる際に相互行為が時間的・空間的にどのように組織化されているのかを明らかにすることで，そうした知識を相互行為の動きのなかで分析し，理解することを可能にする。このアプローチは，社会的認知に関わるさまざまな分析概念の見直しを迫る。その有効性は，以降の章でも示されているはずだ。

第3章についての Q&A

Q 3-1　ボディのウシを中心とした生活習慣について学び，「おかしな伝統だな」と思いましたが，彼らからすれば僕らの生活習慣もかなりおかしなものなのかもしれません。とはいえ，青年期の最後に，大切に育てた，モラレのウシを友人たちが殺してしま

うのはとてもむごいことだと感じました。多くの民族では，大人になるときに何か苦しい儀式やつらい儀式を経験しているといいます。これに対して，先進国では何らそういったことを経験していないことが興味深いことだと思いました。

A 3-1　相互行為の人類学が文化人類学や言語人類学から継承した大きな研究目的の一つは，他の社会における生活習慣をその社会のメンバーの視点から理解し，ひるがえって自らが暮らしている社会の生活習慣をより深く理解することです。上記のコメントは，この点でその主旨によく沿ったものだといえるでしょう。またコメントの後半で触れられている，青年は象徴的な死をうながす成人儀礼あるいはイニシエーションを経験することによって大人になることができるという議論は，人類学や心理学を中心とした多くの学問分野で研究者の興味を惹いてきました。ほんとうに先進国では，そうした経験をしていないでしょうか？　就職活動や新入社員研修などを成人儀礼やイニシエーションと関連づけて考察してみるのもおもしろいと思います。

Q 3-2　ボディの色彩・模様の認識が彼らの社会生活のあらゆる面に関わっているとすれば，現代の国家による統治を前提とした政治や経済の仕組みのなかで，その社会生活がある程度の規制を受け，色彩・模様についての認識が変わっていくことは避けられないと思いました。しかし，それはボディの文化を否定することにもなりえます。さらに，世界のさまざまな民族には，儀礼的な殺人や女性器切除など，産業化された社会に住む私たちが受け入れがたい習慣もあると思います。文化として許されるのは，どの程度までなのでしょうか？

A 3-2　文化の問題は，容易に政治の問題になります。現在社会ではさまざまな次元でそうした政治の問題が生じており，文化間の摩擦をどのように解消するかについて，きわめて難しい交渉が積み重ねられています。そのいっぽうで，脱政治化された「文化」を（少なくとも表面的には）称揚する動きもたくさんあります。1950〜1960年代の米国を中心とした文化相対主義の隆盛は，そうした動きの一つのきっかけとなったようです。しかしそれは，第二次世界大戦の終了とそれに続く米国の他に例をみない繁栄という，地理的・歴史的に特異な文脈のうえではじめて可能になったといえるでしょう。

Q 3-3　ボディやグイ／ガナの事例について学んで，文化的に重要なものごとについての認識が，より複雑に細分化される方向に進んでいくことがわかりました。そのいっぽうで，2つの認識が区別されなくなって1つの認識になることもあると思います（日

本語の「い」と「ゐ」など）。こうしたことがなぜ生じるのか気になりました。

A 3-3　本章での議論からは少し離れますが，言語のさまざまなレベル（例：音韻的な対立，文法的な区分，意味的な区分）で，ある特徴がより単純化する方向で変化する現象があることはよく知られています。そうした変化は，一方向的な法則性をもって生じることがあります。そうした一方向的な変化に関する実例は，言語間の系統的な比較やその変遷をたどる試みに重要なデータを提供してくれます。そのいっぽうで，本章で紹介したような語彙が複雑に細分化されていく変化もしばしば認められます。言語の変化は多様な要因が関わってさまざまなレベルで生じるので，複雑化，単純化という一般化を容易には許しません。

Q 3-4　文化というものは他の文化との交流によって作られていくもので，他の文化を介在しない文化はない，という話を聞いたことがあります。本章で論じられているように，グイ／ガナが他の文化から訪れた調査者への受け答えとして知識を外在化し，それを言葉にしてあらわせば，その言葉もまたグイ／ガナの文化や調査者の文化に影響を与えていくということでしょうか？

A 3-4　長い目でみれば，そのようにいえると思います。知識は使用することによってその生命を維持し，発展し，変化していきます。その過程には内集団のなかでの関わり，内集団と外集団の間の関わり，外集団から投射されたイメージのすべてが影響していると考えられます。

Q 3-5　本章で紹介されたボディやグイ／ガナの事例研究は，人口規模が小さく，知識体系が比較的シンプルな集団を対象としてデザインされているようです。より大規模な集団を構成し，複層的な知識体系をもっていると考えられる集団，たとえば日本人でもそういった研究は可能でしょうか？

A 3-5　本章の後半部での在来知をめぐる諸問題についての議論は，その点と関連します。福井によるボディの研究に代表されるような初期の認識人類学では，相対的に明確な境界を備えていると考えられる文化的集団を研究対象とし，その文化的集団の内部に入っていくことで，統合され，独自の体系をもつ在来知をみいだすことができると想定していました。しかし，第2節の1で記したようなさまざまな批判を受けて，今やそうした想定をそのまま受け入れることは理論的にも，現実的にも難しくなっています。

本論で述べたように，相互行為の人類学では，明示的に表明されない知識，複数の文化的集団にまたがり，変化しつつある知識体系，他者についての理解などについて研究していくためには，在来の知識が実際の相互行為のなかで使用される場面を分析していくことが有効だと考えます。そういった場面は，日本人の日常生活のなかでも見つけることができるはずです。

Q 3-6　相互行為のなかで構成される知識の重要性については納得がいきました。しかし，個体が単独でおこなう学習やそれによって得られる知識についてはどのように考えるのでしょうか？

A 3-6　相互行為の人類学は，心理学における伝統的な学習研究で扱われてきた学習の仕組み，たとえば条件づけの原理を否定するわけではありません。ただし，第2章でも論じたように，相互行為の人類学とその隣接領域では，行為の意味が相互行為のなかで提案，交渉，構成される過程をおもな分析の対象とします。筆者は，上記のような個人的な学習を可能にする仕組みによって得られる知識も，そうした過程を経ることで意味を与えられると考えています。

Q 3-7　相互行為の人類学のアプローチでは，（心理学的な質問紙調査で前提とされ，扱われているような）頭のなかの社会と現実の社会をどのようにつなげることができるのでしょうか？

A 3-7　両者を分けず，社会は人と人の間で構成されると考えるのが相互行為の人類学とその隣接領域の特徴です。上記の質問で言及されている「現実の社会」は，しばしば「マクロ」な社会といわれているものに近いものとして想定されているようです。しかし，相互行為の人類学とその隣接領域のアプローチでは，「マクロ」な社会といわれているものは，社会的相互行為のなかで想像され，あらわれてくるものだととらえられます。また「頭のなかの社会」は，それだけでは自立しておらず，他者との相互行為を通じて構成される社会の一部をなすにすぎません。それは，上記のような社会を反映して形づくられる，個々人におけるカウンターパート（対応物）を指す一つの言い方であり，相互行為の人類学の立場からいえば，誤った概念化だと考えられます。

参考図書

Cole, M. (1996) *Cultural psychology: A once and future discipline.* Cambridge, MA: Belknap Press of Harvard University Press.［マイケル・コール（著）『文化心理

学：発達・認知・活動への文化-歴史的アプローチ』東京：新曜社，天野 清（訳），2002年］
　＊心理学の中心に文化を据えようとする革新的アプローチの解説。

Fiske, S. T., & Taylor, S. E.（2010）*Social cognition: From brains to culture.* Thousand Oaks, CA: Sage Publications.［S. T. フィスク，S. E. テイラー（著）『社会的認知研究：脳から文化まで』京都：北大路書房，宮本聡介・唐沢 穣・小林知博・原奈津子（訳），2013年］
　＊認知社会心理学の成果を凝縮したテキスト。

片岡邦好・池田佳子（編）(2013)『コミュニケーション能力の諸相：変移・共創・身体化』東京：ひつじ書房．
　＊言語学と文化人類学をつなぐコミュニケーション能力についての研究の展開を概説。

第4章　他者理解

　前章の後半部では，ある文化的集団でおこなわれている相互行為に参加することによって，その文化的集団が共有する在来知を共有していなかった他者もまたその文化的集団のメンバーたちと相互理解を達成することができる，ということについて論じた。第4章ではこの論点，つまり他者を理解するということについて，より根源的な問いかけをおこなう。

　他者理解という言葉は，多方面で多義的に用いられている。異なった用法は他者理解，さらにはそのおおもとにある人間観についての異なった視点を反映しているので，それぞれ分けて考える必要がある。そこで議論を始めるにあたって，他者理解についての主要な3つの視点について整理しておこう。他者理解はまず，(1)**他者に対する認知の一般的傾向**という意味で用いられる。たとえば発達心理学では，子どもが他者の視点や意図をいつごろから理解できるようになるか，という問いに対して膨大な研究がある（e.g., Tomasello 1999/2006）。同様の問いが大型類人猿をはじめとする人以外の動物種に投げかけられることもある（e.g., Premack & Premack 2003/2005）。これは，人間やそれ以外の動物種の認知を基礎づけている重要なメカニズムの一つとして，ある個体が同種他個体あるいはそれに類した対象について認知するときの基本的な特徴を問うものである。

　次に，(2)**他者の具体的な行動や発言に対する評価**についても他者理解という言葉が用いられる。たとえば社会心理学では，ある人がサッカーの試合でゴールを決めるといった行動，あるいは共産主義者を支持するといった発言をおこなった理由は，その人の特性（例：能力，性格，人種）に帰属されやすく，その課題の特性（例：いい場所にボールが飛んできた，論じられている政治的争点の特徴）やその場の状況（例：相手チームの試合日程が過密だった，国家の政治体制）のような要因は過小評価されやすいという。こうした傾向は，「基本的帰属の錯誤」あるいは「対応バイアス」と呼ばれ，人間が陥りやすい認知的バイアスの一つだと考えられている（e.g., Nisbett & Ross 1980）。社会心理学では，人間が他者の行動や発言を評価するときにどのような認知的バイアスが生じやすいのか，その生じやすさには文化差があるの

か，どうすればそれを避けることができるのか，などがさかんに論じられている（e.g., Fiske & Taylor 2010/2013; Kahneman et al. 1982）。

他者理解に対する第3のアプローチは，(3)他者との行為のやりとりを通じた相互理解に注目するものである。その詳細については次節以降にゆずるが，このアプローチでは，他者理解をある行動や発言をおこなった者とそれを知覚する者が相互行為をおこなうなかでその都度達成されるものだと考える。相互行為の人類学は，おもにこの第3のアプローチから他者理解に迫ろうとする。その射程の先には，他者に対する理解は文化・社会のあり方とどのように関係しているのか，グローバル化する世界においてさまざまに異なる他者認知が衝突したとき何が起こるのか，またそれはどのように研究できるのか，といった問いがある。次節ではまず，この第3のアプローチが導かれた経緯やその特徴について述べることにする。

第1節　人類学者の懊悩：他者の理解は可能か？

自分以外の人は本当に存在しているのだろうか，目の前にっこり笑っている友人や家族，テレビの中の俳優は，ひょっとしたら機械仕掛けの人形なのではないか，あるいはこの世界のすべてが，じつは私の夢の中の出来事にすぎないのではないか？　そんな考えに少しでも思いをめぐらしたことのある人は少なくないだろう。じっさい，こうした問いかけは古今東西に広くみられる。たとえば西洋哲学では，上のような考えはしばしば素朴独我論と呼ばれ，この問題を追究するなかでさまざまな考察がおこなわれてきた。そうした考察の出発点としてしばしば言及されるのが，17世紀に活躍し，現代の諸科学にも大きな足跡を残している哲学者・科学者であるルネ・デカルト（René Descartes）の議論である。

デカルトは，「我思う，ゆえに我あり（ego cogito, ergo sum[1]）」という言葉（『方法序説』Descartes 1995[1637]/1997）で代表されるように，すべてを懐疑する立場からしても絶対に疑えないのはそれをおこなっている「私」の認識（話をわかりやすくするために「心」と呼ぼう）の働きであると考え，これを基盤として物体，身体，世界等（同じ目的で「もの」と呼ぶ）の存在について哲学的に証明しようとした。いいかえれば，足場の強固な議論を組み立てるため，「心」の働き以外のあるといえるかどうかはっきりしないものごとはすべて括弧に入れて，順に証明していこうと提案したのであった。この提案は大きな成功を収め，その後の各種の自然科学の発展を導いた。しかしそのいっぽうで，心とものが切り分けられており，それぞれが実

---

[1] cogito＝私は思う，ergo＝それゆえに，sum＝私はある

体をもつ2つの世界を構成する,というような考え方をもたらした。こうした考え方は,精神の働きを学問的に考えていくうえでのさまざまな難問,あるいは概念上の混乱をもたらした (e.g., Ryle 1949/1987)。たとえば,一人ひとりの心はそれぞれカプセルのように孤立して働いている,そして他者が何を思っているかを知ることは原理的にできない,という素朴独我論につらなる考え方を背後から支えることになった。こうした考え方は,人文社会諸科学の議論でもさまざまな文脈で姿を変えながら繰り返しあらわれている。以下で紹介する文化人類学における議論も,こうした難問の系譜のなかに位置づけられるだろう。

　第2章で紹介したように,近代文化人類学はフィールドワークを通じて欧米列強の人々にとっての「他者」であったアフリカ,アジア,アメリカなどの現地の人々の文化について書き,理解するという営みを積み重ねてきた。しかし,1980年代ごろからこの営為にも強い懐疑が向けられるようになった。こうした懐疑に一つのきっかけを提供したのが,第2章でも紹介した哲学者クワイン (Quine 1960/1984) による翻訳の不確定性についての議論であった。クワイン (1960/1984) は,言語間あるいは文化間の完全な翻訳や解読は原理的に到達不可能だと結論づけた。この主張は素朴独我論に強く訴えかけ,容易には反駁しがたい。その結果,文化について書き,理解するという文化人類学者の営みの信憑性や正当性に,疑念が向けられるようになった。「フィールドワークの間主観的な基盤についての分析は,たいてい真剣な民族誌的なテキストからは排除されてきた (Clifford 1986/1996:原著109)」,「特権を持った専門家が当たり前であるかのように,反駁を恐れることなく,他者に『声を与える』(あるいは歴史を与える) ことができる時代はとっくに過ぎた (Clifford 1988/2003:18)」といった主張が,文化人類学界の外部だけではなく,その内側でも大きな力をもつようになった。

第2節　懐疑主義を超えて[2]

　その結果,1980年代以降の文化人類学では,現地の人々の権利と承認にまつわる政治性に研究者の関心が集まるようになった。こうした動向について,ここではまず第3章でとりあげたサンを例にとって紹介する。

1　カラハリ論争と先住民運動

　サンは1960年代ごろから研究対象として注目されるようになったが,その背景に

---

[2] この節は高田 (2009) の一部を本書のために大幅に改稿したものである。

は人類学の内外における人類社会の進化についての関心の高まりがあった。進化の過程で他の種から分かれた後も，人はその歴史の大半（一説には99％以上）を野生動植物の狩猟や採集に依存して生きてきた。ここから当時の研究者は，人本来の社会生活は狩猟や採集にもとづく生活様式と結びついているはずだと考えた。しかし社会生活の特徴は，化石や遺跡にはほとんど残らない。そこで注目されたのが現代に生きる狩猟採集民である。もっとも1960年代にはすでに狩猟や採集のみで生計を立てている人びとを探すことは至難の業であった。悩んだ研究者が白羽の矢を立てたのが，南部アフリカのサン，そのなかでもとりわけ辺境に追いやられていたジュホアン（Ju|'hoan）というグループであった[3]。「ブッシュマン」としても知られるこの人びとは，有史以前の狩猟採集民の特徴を多く残していると思われた。米国のハーバード大学を拠点として，新たなプロジェクトが始まった。人類学と進化論的生物学を専門とするアーヴェン・デヴォア（Irven DeVore）と気鋭の人類学者リチャード・リー（Richard Lee）は，できるだけ外部世界の影響を受けていないサンのグループを追い求め，1963年にジュホアンの生業活動や社会構造についての調査を開始した。その後2人は学際的な調査隊を組織し，ジュホアンをはじめとするサンが荒涼とした自然環境にどのように適応しているのかを明らかにしていった（Lee 1979; Lee & DeVore 1968, 1976; Tanaka, J. 1980）。その結果，サンの社会は，最小限の分業を除けばすべての成年男女が平等な立場にたって社会生活に参画することを志向する「平等主義」の原則に貫かれている（Tanaka, J. 1980:94）と考えられるようになった。こうした研究成果は狩猟採集民の社会のモデルとして，学界のみならず一般社会にも広く受け入れられた。

　ところが，1980年代になってサン研究に大きな転換点が訪れた。それまでの研究はサンの歴史や近隣諸民族との関係についての分析を軽視していた，と批判あるいは反省する動きが高まったのである。しばしば「見直し派」と呼ばれるウィルムセン（Wilmsen, E. N.）を中心とするグループは，サンは近隣諸民族を含めたより大きな政治経済的なシステムのなかで下層に追いやられ，狩猟採集にもとづく移動生活を余儀なくされた人々の集合にすぎないと主張した。さらに，従来の研究は「孤立した自律的なサンの社会」という幻想を創出してきたとして，そうした研究を進めてきた研究者（「見直し派」との対比では「伝統派」と呼ばれる）を厳しく批判した（Wilmsen 1989, 1990; Wilmsen & Denbow 1990）。

---

[3] サンは多くのグループからなるが，もっともよく研究されてきたのがジュホアンである。ただし，初期の研究の多くはこのグループをクン（!Kung）と表記している。ここでは後述のクン（!Xun）と区別するため，すべてその自称であるジュホアンに統一する。最近ではジュホアンという呼称を採用する研究が多くなっている（Lee 1993; Takada 2015）。

これに対してリーを中心とする伝統派は，とくにジュホアンをはじめとするサンと近隣諸民族との接触があった地域，その程度，さらにはその解釈に関して見直し派に強く反駁した（Lee 1992; Lee & Guenther 1993, 1995; Solway & Lee 1990）。この論戦は「カラハリ論争」と呼ばれ，大きな注目を集めた。カラハリ論争を契機として，伝統派と見直し派の枠組みを超えてサンの歴史を復元しようとする動きが活発になった。その結果，一部のジュホアンなどを除けば，サンは長年にわたって近隣諸民族と政治経済的な関係をもってきたことが再認識されるようになった（Gordon & Douglas 2000; 池谷 2002; Lee & Hitchcock 2001; 大崎 2001）。そのいっぽうで，下層階級の集合体という見直し派によるサンのイメージ（Wilmsen 1989:32,270-271,324-325）も一面的にすぎることが指摘されている（Barnard 1992; Takada 2015; Widlok 1999）。エスニシティの文化的な次元と政治経済的な状況との関係はさまざまで，それ自体が興味深い研究テーマとなっている（Diener 2001:251; Fraser 1997/2003:6）。そこで，カラハリ論争を超えて，近隣諸民族や国家との関係史を見すえたうえでサンの文化を考えていくことが求められるようになった。

これらの関心と呼応しつつ，先住民の権利を求める運動が世界的に活発になった。こうした運動は，世界中の「先住民」の多くはこれまで不当に虐げられてきたとみなしている。そしてその権利を拡大するため，政府や国際機関に働きかけている。これを反映し，サンを研究の対象としてしかみてこなかったとして従来の研究をよしとせず，サンの声を代弁する，あるいはサン自身に語らせるというスタイルをとる研究者が増えている（Dieckmann 2007; Hitchcock et al. 2006; Hohmann 2003）。こうした動きは，ヤング（Young 1990）が提唱する「差異のポリティクス」と軌を一にする。「差異のポリティクス」では，少数派のエスニック・グループ，障害者，病人，子どもなどに帰属されうる文化的な差異を肯定的なものとして解釈することで，文化的な承認をめぐる闘争（Honneth 1992/2003）を展開していくことが称揚されている。

2　大型類人猿と基本的人権

こうした権利と承認のポリティクスの対象は，人だけに限らない。1999年，ニュージーランドで「動物福祉法」が成立した。これはチンパンジーをはじめとする大型類人猿の研究にとって大きな意味をもつ出来事であった。この法律は，最近の比較認知科学や遺伝子や化石の研究の知見にもとづいて，人，チンパンジー，ボノボ，ゴリラ，オランウータンをひとまとまりの「人類」と規定し，さらには人以外の「人類」にも基本的人権の一部を認めたのである（松沢 2000:330）。この法案の成立は国際的な反響を呼び，その後，欧米を中心とする多くの国々で大型類人猿

をはじめとする実験動物の福祉や保護を推進するさまざまな法律が成立していった。

こうした国際動向は，動物実験に反対の立場をとる人々の多くにとって歓迎すべきものであろう。また人とそれ以外の大型類人猿の遺伝的関係や大型類人猿の知能について研究してきた研究者にとっては，その主張の一部が政治の舞台で認められたといえよう。いっぽう，あくまで人間の立場から人権を考えてきた人には，複雑な思いをもたらした。たとえば哲学者の野家啓一は，上記の「動物福祉法」の成立にショックを受けたという。そこから野家はさらに，「基本的人権」という概念は自然界のなかに「発見」されるものではなく，一定の社会制度のなかでのみ意味をもつ制度的事実であると再確認している（野家 2007:17-19）。こうした動物の権利をめぐる諸問題は，人間という概念に関わるさまざまな論理や倫理について考え直すために重要な素材を提供してくれる（e.g., 伊勢田 2008）。

野家（2007）が示唆するように，比較認知科学や遺伝子や化石の研究によって明らかにされてきたチンパンジー，ボノボ，ゴリラ，オランウータンの特徴は，現代社会の進展と相関しつつ確立してきた「基本的人権」という制度によって人間的な意味を与えられたといえよう。こうした意味付与の過程では，無限にありうる特徴からいくつかの特徴のセットが選択される。そして社会的な場面における特徴の選択と意味付与の働きは，権力の行使と分かちがたく関わっている。プレマック（Premack 1986/2017）によれば，純粋な学術的意義を標榜する研究でさえ，政治的駆け引き，支持者の数や学会での地位，弁証の巧みさ，メディアとのつながり，国際集会での演出，つまり権力と無縁ではない。たとえば言語の起源や動物の言語に関する論争では，こうした権力をめぐる動向は時として議論の行方に決定的な影響を及ぼしてきたという（Premack 1986/2017:原著1-2）。

3　根本的経験論と相互行為論的アプローチ

以上でみてきたように，他者理解についての信憑性や正当性に対する懐疑は，すべての社会的意味が権力の働きによって成り立っているという考え方に結びつきやすい。政治を扱う学問としてのポリティクスは，こうした権力をめぐる動向を分析する。さらには政治的な場面における権力の行使に直接働きかけることもある。ただしこれが他者を理解し，さらには文化について論じるうえでの唯一の帰結というわけではない。もう一つの方向性を示そう。以下は，米国の高名な心理学者，哲学者であるウィリアム・ジェームズ（William James）が素朴独我論に対して示した解決法を反映する言葉である。「なるほどあなたはあなたの世界に住み，私は私の意識にとっての世界に住んでいる。しかし，あなたがあなたの世界でろうそくを消すと，なんと私の世界のろうそくが消えるのだ（James, W. 1977[1904]:209-210）」。19世

紀の後半に米国でまず医学，生理学を学んだW・ジェームズは，まだ世界的にも勃興期にあった実験心理学を確立するために多大な貢献をおこなった。現代の実験心理学や認知心理学においても，感情論をはじめとして随所にその足跡がみられる（第7章第2節を参照）。W・ジェームズはその後，哲学や宗教的体験にその興味・関心の中心を移していき，米国発の経験主義的な哲学として有名なプラグマティズムの旗手となる。プラグマティズムはその後，さまざまな展開を経ながらまだ欧州の影響力の大きかった思想界の勢力図を塗り替え，20世紀の思潮を方向づけていく。

上述の言葉は，W・ジェームズ流のプラグマティズムの代名詞でもある**根本的経験論**（Radical Empiricism）をよく反映している。少し説明を加えると，これは以下のような考え方である。一人ひとりの意識はそれぞれが世界を構成している，と主張する素朴独我論を論理的に葬り去ることは容易ではないかもしれない。しかし，他者の行為はその人をとりまく環境を変化させ，その変化は同時に私をとりまく環境をも変化させる。しかも，それらの変化は対応しているのである。そして私の行為もまた，他者の環境にそうした変化をもたらす。したがって，個人の恣意的な意識を超える真理は，こうした行為のやりとりのなかで構成され，確かめられる。

こうした考え方が，相互行為の人類学が採用する「特徴づけを正当化する解決策」，すなわち「研究者によるある特徴づけの適切性が，特徴づけられている状況への参与者にとっても適切である何らかの証拠を示したならば，その適切性は確かめられる（Scheglogg 1987/1998; 第2章を参照）」にも反映していることは明らかであろう。相互行為の人類学やこれと隣接する研究領域では，他者理解についての信憑性や正当性に向けられた懐疑を乗り越えるために，相互行為のなかで一つひとつの行為がその環境にどのような変化をもたらしたのか，さらにその行為と環境の変化が他の参与者による後続する行為とどのように関連しているのかについて，徹底的に経験的かつ微視的な分析をおこなう。そしてこの経験的な手法によって，相互行為のなかで参与者間の相互理解がどのように達成されるのかを示し，相互理解の間主観的な基盤を明らかにしようとするのである。以下では，こうした相互行為の人類学による他者理解へのアプローチの例として，まず著者自身がおこなったグイ／ガナの道案内の分析を紹介する。念のため確認しておくが，グイ／ガナは前節で登場した南部アフリカに住むサンのうちの2つのグループで，第3章でもとりあげた人々である。

第3節　グイ／ガナの道案内における相互理解の達成[4]

以下で検討する事例は，第3章で紹介したグイ／ガナの優れた道探索実践の背景

となっている在来知のうち,「特定の樹木の生育場所に関する知識：こうした樹木は移動の際にランドマークとなる」ととくに深く関わっている。

1　ランドマークとしての樹木

　グイ／ガナの住むカラハリ砂漠には，表面水の希少さにもかかわらず，よく植生が発達している。ブッシュはたいていさまざまな草本で覆われており，高木や灌木（*Acacia* 属のさまざまな種，*Commiphora, Colophospermum, Terminalis* など）もまばらに生育している。そうした樹木は，グイ／ガナに会話や休憩の場，ワナ猟の猟場，獲物の解体や皮なめしの場などを提供してきた。さらに，グイ／ガナはブッシュを移動する際，そうした樹木をランドマークとして用いる。筆者らの調査では，グイ／ガナは長距離移動の際，数百メートルから数キロメートルごとに生えている特定の樹木を順に目指していた。また，しばしばそれらの樹木にまつわるエピソードに言及した（野中・高田 2004:39-41）。

　こうした樹木がグイ／ガナの道探索にとって非常に重要であることは，皮肉なことに，1997年のコエンシャケネへの移住によって再確認された。それ以降，居住地の付近で道に迷うグイ／ガナが続出したのである。事例 4-1 はその例を示している。コエンシャケネへの移住後間もない2000年4月（この会話が収録される3日前），筆者は早朝に自動車でコエンシャケネから70キロメートルほど離れたハンシーという街に向かっていた。すると路上でコエンシャケネの住人OとBに出会った。2人は，ハンシー近くの牧場からの帰りに道に迷ってしまい，道中で一夜を明かしてコエンシャケネに戻る途中なのだという。後に筆者は，その詳細を聞くため，インフォーマントのGやTと一緒にOの家を訪れた。

　インタビューの前半では，Oが道に迷った顛末を生き生きと再現し，筆者，G，Tは主としてその聞き役に回っていた。Oによると，OとBは売却用の知人の馬をハンシー近くの白人が経営する牧場に連れていった。牧場で用事を済ませて帰る途中，辺りが暗くなってきた。彼らは火をたき，軽い夕食をとった後でさらに移動を続けた。しかし，慣れない土地だったためか道に迷ってしまった。月明かりを頼りに，やっとの思いでコエンシャケネとハンシーをつなぐ車道を探しあてた。早く家族の待つコエンシャケネに帰りたかったので夜歩きを決行した。だが，進んだのは反対の方向であった。彼らは再びハンシーの灯りを見るまでそれに気がつかなかった。インタビューの後半部になると，インフォーマントのGが，Oたちがとるべきだったルートについて説明し始めた。Gは経験の豊かなハンターであり，他

---

[4] この節は高田（Takada 2006）の一部を本書のために大幅に改稿したものである。

の住人と比べてコエンシャケネ付近の地理にも明るい。事例4-1はこのときに交わされた会話からの抜粋である（Takada 2006）。

　この会話でGが記述したルートは，コエンシャケネ（22°06-712' S, 022°25-317' E）－コエンシャケネの北に延びる道－ノネの木（22°00-547' S, 022°24-613' E；写真4-1）－ガマ（22°00-715' S, 022°19-604' E）－カラの木（地理情報は未測定）－ケウの木（22°04-882' S, 022°12-914' E）－コエンシャケネとハンシーをつなぐ車道－コエンシャケネである（図4-1）。Gはコエンシャケネを出発し，ガマという土地を訪れてから再びコエンシャケネに帰ってくるルートを説明するために，個別の樹木をランドマークとして用いている。これらの樹木は，種名を示す一般名詞とその個別の樹木の形状等の特徴をあらわす限定辞を組み合わせることによって指示されている。いっぽうコエンシャケネおよびガマという土地は，はっきりとした固有名によって参照されている。コエンシャケネ付近は，グイ／ガナの生活域から外れたところにあるので名前のついた土地は少ないが，ガマは移住以前から猟場として知られていたため例外的に名前がついている。

　コエンシャケネからみたガマの方角を示すために，Gは右手を後方から前方に動かした（1行目）。このジェスチャーは，コエンシャケネからガマへの移動を示すようであった。この移動は「あちらへ行く（‖*nhám kâma*）」というフレーズによっても表明されている。続いてTは，「あちら（‖*nhám*）」という語に「ガマの」という形容詞句を加えることで，1行目のGの発話を補足した（2行目）。その直後，GはこのTの発話を承認（acknowledge）した（3行目）。これらのやりとりは，GとTが即座に相互理解を達成したことを示している。

　Gの承認と同時に，OはGの1行目の発話とTの2行目の発話を別のことばで言い換え始めた。Oは，Gが示した方向に行くべきだったと述べ（4行目），さらに，そうすればガマに着き，その土地を見ることができたと言った（6行目）。これらの発話では，GとTが与えた情報をOが繰り返している。さらにOはこれらの発話で，可能性を示す小辞（*xa*）および遠過去を示す時制のマーカー（*kx'o*）を用いることで，実際に起こった事象に反する願望を表明している。A（著者）は5行目と7行目で感嘆詞を発することによって，インフォーマントたちのさらなる語りをうながしている。

　すると8行目でGが，コエンシャケネから北に延びる道の少し西側に立っているノネの木（*Boscia albitrunca*）に言及した。この発話は，踏み固められた道を離れたら，そのノネの木の方に向かって進むべきであり，当面の目的地であるガマ（|*Gâma*）はそのノネの木の向こうにある，ということを伝えている。このGの発話の後半部分とオーバーラップしながら，Oもコエンシャケネからの移動ルートに

事例 4-1

```
 1  G:  kero itso     ‖nhám    kâma
        then 2:m:d:N  over there  go
        そしてそれから，お前たちはあちらへ行く

 2  T: |Gãma-m       ka      ‖nhám =
        -m:s:G       PP(pos) over there
        ガマの向こうへ=

 3  G: [àe
       INT
       =[アエ]

 4  O: =[‖nhám   itsebe]    ‖nhám    itsebe     ya   xa   kx'o          !kâma
        over there 1:m:d:N   over there 1:m:d:N and  FOC  past(distant)  go
        =[俺たちはあちらに((行くべきだった))]，俺たちはあちらに行くべきだった

 5  A(筆者): n:=
            INT
            ンー=

 6  O: =itsam    ka       xa   kx'o          |Gãma-m    wa       ǂkãã   itsebe   xa   kx'o           !?an
        1:m:d:G  PP(pos)  FOC  past(distant)  -m:s:G    PP(pos)  enter  1:m:d:N  FOC  past(distant)  know
        =((そうすれば))俺たちはガマに着くことができた，俺たちは((ガマを))見ることができた

 7  A: n:=
       INT
       ンー=

 8  G: =>kua  itso     ‖nha-<    ‖nhám   za        [itso    |nõne-m     za       kâma.]
        ASP(sta) 2:m:d:N           there   PP(dir)  2:m:d:N  -m:s:G      PP(dir)  turn
        =>お前らは，向こう<向こうで [お前らはノネの木の方に行くんだ．]

 9  O:                                              [itsebe   !nám               |xòa !kôô]
                                                    1:m:d:N  area without a tree  PP(wit) go
                                                    [俺たちは草木のないところを通って行くのさ]

10  O: e he:i
       INT
       エへ：イ

11  A: n:=
       INT
       ン：=

12  O: =<!nám             |xòa.>=
       area without a tree PP(wit)
       =<草木のないところを通ってね．>=
```

写真 4-1 コエンシャケネからの最初のランドマークとなるノネの木

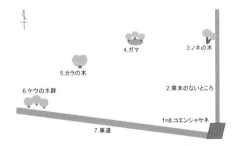

図 4-1 事例 4-1 で言及された移動経路

13 G: =a he:i   aa   ‖kâra   (gao)   aa |gẽi-si   ‖kâra-si   hicire   itso   aa   xo
       INT DEM(far)   big DEM(far) tall DRV(adv)   -f:s:N   you know 2:m:d:N DEM(far) PP(plc)
       itso   aa   ǂqx'óra -xa   -m   ka=
       2:m:d:N DEM(far) straight-DRV(n) -m:s:G PP(toward)
       =アヘ：イ　あのカラの（大きな）木，あの大きなカラの木があるだろ．それでお前らはあっち
       ((i.e., カラの木の方))に，お前らはあっちにまっすぐに((行って))=

14 O: =n
       INT
       =ン

15 G: ǂkhêu-m   ka   itso   aa   sii   ya   aa   xoa   dâo-ma   tsxõre ci
       -m:s:G   PP(pos) 2:m:d:N DEM(far) arrive and DEM(far) direction way-m:s:A   see   ASP(hab)
       ケウの木にお前らが着いたら，あそこで道に出会うんだ

16 A: n:
       INT
       ン：

17 G: ‖kâra sii   ka   [itso]
       arrive PP(toward) 2:m:d:N
       カラの木に着いたら，[お前らが]

18 O: [sii]   sii   ʔowa   ka
                   arrive arrive   in   PP(toward)
                   [着いたら]，着いたら，俺たちが着いたら，

    itsebe   sii [ǂqx'óa]
    1:m:d:N arrive see
    ((俺たちはそのカラの木に))[出る]

19 G: [e:] sii   ʔowa ka   itso   ʔo   ǂqx'óa (1.2)
               INT   arrive   in PP(toward) 2:m:d:N   see
               [エ：]((お前たちが))着いたら，お前たちは((そのカラの木を))(1.2).

       [kua   xa   itso]
        then   FOC   2:m:d:N
       [それでお前たちが]

20 O: [aa]   aa |nẽẽ   ca   ʔii   ‖kâra-si =
       DEM(far) DEM(far) DEM(near) like   -f:s:N
       [あの]，あの，こんなカラの木=

21 G: =àe⁽¹⁾ |nẽẽ   ta   ʔii   ‖kâra-si
        INT   DEM(near)   like   -f:s:N
       =アエ　こんなカラの木だ

図4-2　G（中央）はO（右）の20行目の
ターンでの発話とジェスチャー
をほぼ完全に繰り返した

⑴ GはOの発話とジェスチャーをほぼ完全に繰り返した（図4-2）．

ついて述べている（9行目）。ここでOは，牧場に向かってコエンシャケネを出発すると，まず「草木のないところ」を通過するという知識を表明している。「草木のないところ」とは，コエンシャケネから北側に延びている道を指す「ナム（*!nám*）」という語の訳である。この道の辺りには，ロバなどに踏み固められてほとんど植生がないのである。

　Oは10行目の発話でGが8行目で与えた情報を承認している。続いて，11行目でAが発したコンティニュアー，すなわち相手の発話をうながす感嘆詞の後で，Oは今度は「草木のないところを通ってね」というフレーズをややゆっくりと再開した（12行目）。この発話でOは，8, 9行目に生じたオーバーラップを解消すると同時に，自分も移動するべき方向についていくばくかの知識をもっていることの再確認を求めている。

　これに応答して，Gは13行目でまずOの発話を承認し，さらに移動ルートについての新たな情報を提供している。Gによれば，ガマを通り過ぎた後，次は大きなカラの木（*Acacia erioloba*）が見つかる。この「カラの木」という名詞句は，遠称の指示詞「あれ（*aa*）」をともなっている。この遠称の指示詞は，ここでは特定のカラの木が言及されていること，さらに聞き手がその参照物（あのカラの木）を推測するのに十分な背景知をもっていると発話者が仮定していることを示している。つまりここでGは，Oがその大きなカラの木を知っているとみなしているのである。Oが発したコンティニュアー（14行目）を受けて，Gは語りを続ける。その大きなカラの木を通り過ぎると，道路の脇に生えているケウの木（*Kleinia longiflora*）に到達するのだという（15行目）。これは，コエンシャケネとハンシーをつなぐ車道沿いにある，枯れた3本のケウの木々を指している。このケウの木々が登場した15行目の途中までで，Gはルート全体を記述し終えている（図4-1）。

　その直後，Gはルートの説明を繰り返し始める。17行目の「カラの木に着いたら」というフレーズで言及されているカラの木は，13行目の大きなカラの木と同じものである。このフレーズの直後，Oは先の大きなカラの木についての記述を別のことばで言い換え，この発話に割り込んだ（18行目）。Oはこれによって，その大きなカラの木に向かうルートについての自らの理解を提示している。これに対してGは，まず肯定をあらわす感嘆詞「エ：」を発してOの18行目の発話を承認し，さらにこのOの発話と内容および韻律においてほとんど同じ発話を行った（19行目）。この繰り返しは，Oが示した理解に対するGの同意をあらわしている。

　次に20行目のはじめでOは，その大きなカラの木に言及するためにまず遠隔の指示詞を用いている。続けてOは，近接の指示詞とともに何かを包み込むように両掌を上に向けるジェスチャーを用いて，そのカラの木の形状を描写した。これに

より，参照物であるカラの木は可視化され，参与者はそれを相互行為のための資源として用いやすくなった。続く21行目でGは，まずOとほぼ同じ描写的なジェスチャーをおこなった。そして，肯定をあらわす感嘆詞（「アエ」）とジェスチャー（うなずき）を発し，さらにOの前の発話をほぼ完全に繰り返した（図4-2）。つまり，GはOの直前の発話に対して同意を示すことで，そのルートについてのOの理解を承認したのである。このときGは，ジェスチャーに力を入れることで喜びをあらわしていた。GとOの相互理解は，ここで話題となっていた大きなカラの木の形状について両者が合意することにより，さらに強まることとなった。

2 スタンス，同意，相互理解

　上記の一連の会話では，それぞれの参与者のスタンスが異なっている。主要なインフォーマントであるGは，移動ルートに関する教示を積極的におこなっている。インタビューされる側だったOは，Gから提供された情報の受け手として会話に関わっている。加えてOは，自分の知識の確認を聞き手に要求している。調査者であるAは聞き手に徹し，自ら会話のトピックを展開することはなかった。こうしたスタンスの異なる参与者たちによる行為の連鎖は，参与者たちが日常会話のルールに従いながら相互理解を深めていく過程としてみることができる。この連鎖のはじめの部分では，TがGの発話を補足し，両者は即座に相互理解を達成した（1-3行）。Oは両者の発話を別のことばで言い換えて，移動ルートをはっきりさせようとするとともに，自分の知識の確認を求めた（4-6行）。Gはこれに承認を与え，それによって移動ルートに関する知識はその場の相互行為の参与者に認められた（8-16行）。Gが移動ルートについての記述を繰り返し始めると，Oはこの発話をさえぎってこれに対する自分の理解を提示した。GはこのOの理解に同意し，これを承認した（17-21行）。このように，相互行為における行為の連鎖を微視的に分析していくことで，一部あるいは全員の参与者がいつどのようにして相互理解に達したかを明らかにすることができる。知識を承認したり，それに同意を示したりすることは，会話において相互理解を達成する鍵となる。その提示の方法には，しばしばその集団の文化的な特徴があらわれる。上記の道案内の例では，重要なランドマークとなった大きなカラの木は，相互行為の参与者たちの視野の中に直接には存在していなかった。こうした状況でGは，言語的な発話と描写的なジェスチャーを組み合わせることで，シンメトリックで美しい知識の提示のかたちをとってOの理解についての同意を提示し，両者は相互理解を達成したのである。

第4節　人−チンパンジー間相互行為における相互理解の構成[5]

　前節では，相互行為に関わるスタンスや知識状態が異なる参与者が相互理解に達する過程についての分析を紹介した。この節ではさらにチャレンジングな課題として，認知的な能力や身体的な基盤をはっきりと異にする参与者間での相互理解が可能か，可能だとすればそれはどのように達成されるのかについて論じることにしよう。そこで，人とチンパンジーという種を異にする参与者の間の相互行為の分析をとりあげる。以下ではまずその準備段階として，チンパンジーの認知的な能力やコミュニケーションの特徴に関する研究のうち，とくにこの節での議論に関係するものについて概観する。

1　チンパンジーの認知的能力，コミュニケーションの特徴

　動物行動についての研究の多くは，その動物と人間の共通性と差異を際だたせることで人間の社会性のさまざまな側面を明らかにする。多くの研究者にとって，これが動物行動について研究するおもな理由となっている。数ある動物種の中で，チンパンジー（*Pan troglodytes*）は進化的に人にもっとも近縁である。両者は700〜500万年ごろ前に分岐してそれぞれ独自の進化を遂げたが，現在でも遺伝情報の約99％を共有しているといわれる（中村 2009）。したがってチンパンジーの研究は，人という種の境界を考えるうえでもっとも重要な資料を提供してくれるといえそうだ。

　興味深いことに，人類をどのように分類するかは時代や場所によって大きく異なっている。たとえば，18世紀に活躍し，分類学で名高いカール・フォン・リンネ（Carl von Linné）は，人類を *Homo sapience* と *Homo monstrous*（「奇っ怪な人」の意）に大別し，大型類人猿やブッシュマン（サン），中国人を後者に含めていたという（Cole 1996/2002）。チンパンジーをはじめとする大型類人猿の生態や能力は，長い間多くの謎に包まれていた。生きたチンパンジーの生態や能力についての研究が始まったのは，20世紀も半ばになってからにすぎない。それでもそうした研究は，私たちの人間観を揺るがすのに大きく貢献してきた。

　このうち本書との関連でとくに興味深いのは，まずチンパンジーのジェスチャーについての研究である。チンパンジーはジェスチャーによるコミュニケーションを学び，遂行することができる（Tomasello & Camaioni 1997）。たとえば，飼育下のチンパンジーは人の指さしの意味を理解したり，指し示す物の方へ腕を伸ばす「手差

---

[5] この節は高田（Takada 2014）の一部を本書のために大幅に改稿したものである。

し」をみせたりするようになる（Itakura 1996）[6]。そのいっぽうで，人は対象への注意を惹いたり世界の何らかの特徴についてコメントしたりするためにジェスチャーを用いるのに対して，チンパンジーがジェスチャーを用いるのは自分の要求を示すときに限定されているという（Cartmill & Byrne 2010）。また，チンパンジーが他者の意図を再現する，すなわち模倣をおこなう力は，ないとはいえないにしても非常に限られている（Tomasello & Camaioni 1997）。

またチンパンジーの高い学習能力は，チンパンジーがみせる行動の多様性に反映されている。野生のチンパンジーは，しばしば集団ごとに異なる道具使用のパターンを示す（e.g., Gruber et al. 2009; Whiten et al. 1999）。こうした研究から松沢（2006: 132-133,155）は，文化を「あるコミュニティのメンバーに共有されている知識や技術の総体で，非遺伝的な経路で親の世代から子の世代へ引き継がれるもの」と定義し，チンパンジーにも文化の生成と伝播の過程があると論じている。また，野生と飼育下のチンパンジーでは，行動のパターンが大きく異なる。たとえば，野生のチンパンジーは10年間ほどかけ，段階を経て道具の使用法（例：2つの石を組み合わせ，アブラヤシのナッツから核を取りだす）を身につけていくが（Hayashi et al. 2006; 松沢 2005:49-51），飼育下のチンパンジーではそれぞれの段階にずっと早い時期に到達する（Hirata 2006）。

こうしたパフォーマンスの標準的な解釈は，チンパンジーなら誰でもがもっている能力が特定の状況下で発揮された（松沢 2000）というものである。そうかもしれない。ただし，そうしたパフォーマンスが「どういった状況で」「どのように」引き出されるのかは，それ自体が真剣な考察に値する問題である。しかしながら，心理実験や社会生態の観察にもとづく研究では，方法論的な制約からこの問題が表だって論じられることはほとんどなかった。これに対して，相互行為の人類学はこの問題に直接迫るために非常に有効である。こうした問題意識から，以下では林原類人猿研究センター（GARI）における飼育下のチンパンジーと人の微視的な相互行為の分析を紹介する。この分析は本節のテーマである，チンパンジーと人の間で相互理解が可能か，可能だとすればそれはどのように達成されるのか，という問いに対しても重要な示唆を与えてくれる。

2　飼育下における人－チンパンジー間相互行為

GARIのチンパンジー

GARIは，できるだけ野生に近い多様な環境を飼育下に取り込み，大型類人猿と

---

[6] チンパンジーはその手の構造上，人差し指を使った指さしをおこなうことは難しい。

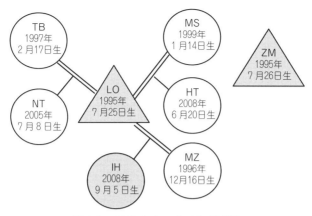

図 4-3　GARI のチンパンジー関係図
△はオス，○はメス。＝（二重線）は交配関係，―（単線）は親子関係。グレーの個体は事例 4-2, 4-3 には登場しない。

人を比較・包括しながら知性，行動，生活，社会，文化などの進化的基盤について研究をおこなうために株式会社林原によって岡山県玉野市に設立された。著者は共同研究者とともに2008年から2013年まで GARI を定期的に訪問し，人－チンパンジー間相互行為についての調査をおこなった。当時 GARI には，2頭の乳児を含む8頭のチンパンジーが飼育されていた（図4-3）。残念ながら GARI は2013年に閉鎖され，すべてのチンパンジーは熊本県宇城市にある京都大学野生動物研究センター熊本サンクチュアリに移管された。

　GARI では，定期的にチンパンジーの身体計測（GARI では形態計測と呼ばれていた）をおこなっていた。形態計測場面では，複数の飼育員や研究員が 1〜3頭のチンパンジーを順に 2〜3メートル四方ほどの狭い部屋に招き入れ，チンパンジーの身体のさまざまな箇所についての計測をおこなった後，自由な遊びの時間をとっていた。以下では，この場面を録画した動画にもとづく 2つの事例の分析を紹介する。人－チンパンジー間相互行為の分析では，それぞれの参与者がおこなう言語的発話だけではなく，身体的行動の特徴を考慮することがとりわけ重要になる。そこで，以下の事例 4-2, 4-3 では言語的社会化論の研究（e.g., Duranti et al. 2012; Ochs 1988）にならって，それぞれの参与者について言語的発話と身体的行動の文字起こしを作成し，併記してある。いっぽう，言語的発話の文法的特徴の詳細にはあまり分析の焦点があたらないので，文字起こしでの単語ごとの文法的な注釈は省略した。

事例4-2 HT（0歳2カ月），NT（3歳2カ月），TB（11歳）

　事例4-2は，TB（当時11歳）とNT（TBの娘で当時3歳2カ月）という2頭のメスのチンパンジーの形態計測場面からの抜粋である。すでにNTとTBの形態計測は終了し，自由な遊びの時間となっていた。部屋にはF（形態計測を主導する男性の飼育員），K（Fを補佐する女性の飼育員），H（ビデオ録画を担当する男性の研究員），S（形態計測の結果を記録する男性の飼育員）の人々も入っていた[7]。Fは赤ちゃんチンパンジーのHT（メスで当時0歳2カ月）を連れて入室していた[8]。図4-3が示すようにHTとNTは異母姉妹で，いずれもLOが父親である。TBが自分の手で娘のNTの子育てをおこなったのに対して，HTの母親であるMS（事例4-3参照）はHTの育児を放棄した[9]。このため，HTは人の飼育員や研究員の手で育てられた。

〈1-19行目〉

　はじめ，NTとTBは天井に設けられたバーにぶら下がり，部屋の外にいる観察者たち（筆者もその場にいた）を見ていた。それからTBは部屋の中央部に戻り，部屋の出口につながる階段の上に座った。TBは，チンパンジー向けの食物が入ったトレイの前に座っていたFの方に左腕を伸ばしながら，Fを見た（3行目；図4-4）。これは，食物を要求する行為となっている。さらにTBは，要求を繰り返すように，左手で指を繰り返し動かした（4行目）。一般に大型類人猿は，いくつかの種類の要求をおこなうことができる（Bard et al. 2014; Cartmill & Byrne 2010; Rossano 2013）。じつはGARIのチンパンジーは皆，食物を直接トレイから取ることを禁じられている。その代わり，上記のTBのように手のジェスチャーを用いて欲しい食物を要求するように教えられている。そのため，GARIでは食物がチンパンジーと人の相互行為を促進する重要なアイテムとなっている。

　TBが階段の上に座った直後，Kは「うそ」という発話（3行目）とともにTBの性器の下に紙コップを差し出した（4行目）。Hは「おしっこ」とコメントした（4行目）。KとHは，TBが小便を始めることを見て取ったのである。形態計測をおこなう部屋はコンクリート製で狭いので，チンパンジーの小便はできるだけ飼育員が紙コップで受け止め，すぐに片付けるようにしていた。じっさいにTBが小便を始めると，Kはそれを紙コップで受け止めながらTBに「はいほらTBいい（子）」と声をかけた（5行目）。その後，TBの小便が少し飛び散った。すると，K

---

[7] 事例4-2, 4-3では，記述をわかりやすくするためにチンパンジーは2文字，人は1文字のイニシャルであらわしている。

[8] ただし，この場面では他の参与者との直接の相互行為がほとんどみられなかったSとHTは文字起こしに含めなかった。

[9] 松沢（2005, 2006）によると，飼育下のチンパンジーでは約半分の割合で育児放棄が起こる。

とFが同時に「待って」と行為指示（directive）をおこなった（6行目）。さらにKは「ちょっと待って、いろんなところから((小便が))出てくる↑あー待って，動いちゃだめ」と言った（7-8行目）。行為指示は，「聞き手に何かをさせるための発話（Goodwin, M. H. 2006:107）」と広く定義される。髙田（Takada 2013）は行為指示の下位クラスとして，命令，要求，示唆，うながし，誘いなどを提案している（第6章参照）。

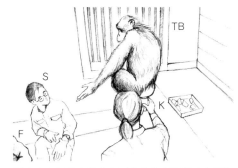

図4-4　TBは左腕をF（着衣のみ画面の左端に見えている）の方に伸ばした

これらはいずれも隣接対（ターン・テイキング・システムを構成する発話のやりとりの最小単位。第2章参照）の第1成分となり，第2成分として受諾や拒否を志向する。上記のように，GARIの飼育員や研究員はしばしばチンパンジーに対して，人間に用いるのと同様の隣接対を用いていた[10]。

ここでの行為指示のうち，6行目のFの発話は待つことを命じるのと同時に，3-4行目のTBの要求を制止する行為となっている。これを受けてTBは，左手の指を動かした（9行目）。この行為は，先におこなった要求の繰り返しだと考えられる。このようにチンパンジーは，要求が認められないとしばしば同じ要求を繰り返す（Cartmill & Byrne 2010; Liebal et al. 2004）。だが，FはそれでもTBに食物をくれなかった。TBは食物の前にいるFに近づき，さらにFの方に寄りかかった（10行目）。

そのときKがTBに「待って[TB，あーー」と言い，Fもこれとオーバーラップしながら「[あー待て待て待て待て待て]」と行為指示（その下位クラスとしての命令）をおこなった（10行目）。TBはこれに応じてまっすぐに座り直し，小便を終えた。小便は紙コップで受け止められ，Kの「よし．」という発話が続いた（11行目）。さらにKとFが同時に「はい．」と言った（12行目）。これらの発話は，第2成分の後におこなわれる評価（第2章参照）として特徴づけられる。ここでは，上手に小便を終えることができたTBをほめるという，肯定的な評価をおこなっている。第2成分の後におこなわれる評価は，しばしばその行為連鎖の終了をもたらす。ここでも，TBの小便をめぐるやりとりは12行目で終了した。続いてTBは身体を回転

---

[10] ただし，飼育員や研究員がチンパンジーに向けて第1成分を発する例が多くみられたのに対して，第2成分を発する例はごく少なかった。これは，チンパンジーが第1成分を発することが飼育員や研究員と比べて少ないためだと考えられる。

事例4-2　NT（2005年7月8日生）とTB（1997年2月17日生：NTの母親）の形態計測場面

カウンター（分：秒）	行	NT（メスチンパンジー：3歳2カ月）言語	NT 身体	TB（メスチンパンジー：11歳）言語	TB 身体	F（ヒト男性飼育員）言語	F 身体
	1		壁にのぼり，外を見る。		天井からぶら下がり，外を見る。		
	2				部屋の中央に戻り，しゃがむ。		
0:16	3				Fの方に左腕を伸ばしながら，Fを見る。		
0:19	4				左手の指を動かす。		
0:20	5				Fの方に左腕を伸ばしながら，小便をする。		
0:21	6					［待って］	
	7						
	8						
	9				左手の指を動かす。		
0:28	10				Fの方に寄りかかる。	［あー待って待って待って待って	
0:32	11				まっすぐに座る。		
0:33	12					［はい．］	
0:35	13				身体を回転させ，台の上に座る。		
	14						
	15		台をさわり，TBの背中につかまる。		四つ足で立ち上がる。		
0:42	16						
0:43	17					あい，おいで	
	18					おいで．	
0:45	19						
0:45	20					TB	
0:46	21						
	22				ゆっくりとFの方へ移動する。		
	23				左手で自分の顔を触る。		
0:49	24					あ：い，おいで．	
0:50	25				Fの方へ移動する。		
0:52	26				床に座る。	座って	うなずく。
	27					［はい゛	TBの方へ右手を伸ばす。
0:53	28				食物を受け取ることをためらう。	も：らって．	
	29				左手で自分の左足を触りながら少し左側を見る。		
0:55	30				左手で自分の口を触り，右手で階段をつかむ。	帰んの？	
0:56	31						
0:57	32				左手で自分の身体を掻きながら振り向いて，Fの方を見る。	帰りたい？	
0:58	33						
1:00	34				Fの方を見る。	こっち：きて	TBを見ながら床を指さす。
	35					TB，こっち，こっち	
1:04	36				振り向いてFの前に座る。	ちゃんと	TBを見ながら床を指さす。
1:06	37					（もう一回）	TBを見ながら床を指さす。
	38				身体を掻きながら，Fから目をそらす。		胸ポケットから食物を取り出す。
	39						TBの方に右手を伸ばす。
1:12	40					帰る？	
1:13	41					めずらしく緊張しとるやん	
1:15	42					何で，お前．	
1:17	43				振り向いて，階段を上る。	よいしょ	
1:19	44						
1:20	45				台の上に座る。	帰る？	
1:21	46					めずらしいな，お前．	

行	K (ヒト女性飼育員) 言語	K 身体	H (ヒト男性研究員) 言語	H 身体
1				
2				
3	うそ			
4		紙コップをTBの性器の下に差し出す。	おしっこ	
5	はいほら TB いい（子）			
6	［待って］			
7	ちょっと待って，いろんなところから《《小便が》》出てくる			
8	↑あー待って，動いちゃだめ			
9				
10	待って［TB, あーー			
11	よし．			
12	［はい．］			
13				
14	はい TB おしり見して＞↑おしり見して::＜			
15				
16	NT やめて，NT やめて，やめて，やめて			
17		TBの性器を紙で拭く。		
18				
19	あい，いいよ．			
20				
21	TB, °(TBの) おしり°			
22				
23				
24				
25			F さんに呼ばれました．	
26				
27	［いち，いち，よん，なな（　）］			
28				
29				
30				
31	ふん			
32				
33	っとお，ごめん．			
34				
35				
36				
37				
38	(° °)			
39				
40				
41				
42				
43				
44	°帰る?°			
45				
46				

させ，台の上に座った（13行目）。この動作の移行は，先行する行為連鎖が終了し，再び動き始めてもよいことを TB がわかっていることを示す。

続いて，K は台の上に座っている TB に「はい TB おしり見して ＞↑おしり見して ::＜」と言って，性器を拭くための要求をおこなった（14行目）[11]。TB は四つ足で立ち上がった（15行目）。同時に，NT は台をさわり，TB の背中につかまった（15行目）。これを見ていた K は，「NT やめて，NT やめて，やめて，やめて」と言って，これを制止しようとした（16行目）。K が TB の性器を拭いている間，F もまた NT を呼び（17-18行目），NT を TB から引き離そうとした。K は TB の性器を拭き終わると，TB に肯定的な評価をおこなった（19行目）。

〈20-46行目〉

続いて，F が TB の名前を呼んだ（20行目）。TB はゆっくりと F の方へ動き始めた。F はさらに「あ：い，おいで．」と TB を呼んだ（24行目）。H がこの行為に言及するなか（25行目），TB は F の方へ移動してきた。F がうなずきつつ TB に「座って」と行為指示（その下位クラスとしての要求）をおこなうと，TB はすぐさま床に座った。F は食物を持った右手を TB の方へ伸ばしながら「°はい°」と言い（27行目），さらに「も：らって．」と言った（28行目）。これらのジェスチャーと行為は，提供（オファー）としてデザインされている。提供は，行為指示の下位クラスを構成し，その応答（第2成分）として受諾あるいは拒否を志向する。GARI の飼育員や研究員がチンパンジーに行為指示をおこなうときは，上の例のように，単刀直入な言語的発話にそれと関連したジェスチャーを組み合わせることが多かった。

だが，ここで TB は提供された食物を手に取ることをためらい，左手で自分の口を触り，右手で階段をつかんだ（30行目；図4-5）。この行為は，TB が階段をつたって部屋の外に出るという一連の行為の指標（インデックス）として働いている[12]。じっさい，F は TB が部屋の外に帰りたがっていると解釈した（30，32行目）。GARI の飼育員や研究員がチンパンジーに向けた言語的発話には，先にみた行為指示に加えて，ここでの30，32行目の発話のように，先行するチンパンジーの行動やその内的状態についての理解の候補を提示するものが多かった。こうした発話では，発話者は観察者の視点をとり，先行するチンパンジーの行動やその内的状態に言及している。ただし，チンパンジーにはその発話に応答する義務が生じない。

---

[11] GARI では飼育員が，人間の幼い子どもにしてあげるように，排尿をおこなったチンパンジーの性器を拭いてあげる習慣が確立していた。チンパンジーは飼育の過程でこの一連の行動を学習していた。

[12] チンパンジーが指標（インデックス）を用いることができることは，多くの研究によって証明されている（田中正之・松沢 2000）。

この時点では，TBが帰ることはまだ直接的には許可されていない。そこでTBは階段の方を向き，今度は両手で階段をつかんだ。そして，左手で自分の身体を掻きながら振り向き，Fの方を見た（32行目：図4-6）。ここでTBは両手に加え，姿勢と視線も用いて部屋の外に帰りたいことを示している。またTBがFの方を見ながら自分の身体を掻くという行為は，身体のかゆみに対する生理的反応というよりは，部屋の外へ帰りたいという要求が認められなかったことに対するフラストレーションをあらわす社会的行為だと考えられる。

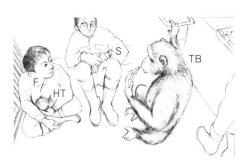

図4-5　TBは左手で口を触り，右手で階段をつかんだ

図4-6　TBはFを見ながら身体を左手で掻いた

　Fはここで，繰り返しTBを呼びよせた（34，35行目）。同時にFは，TBを見ながら床を指さした。TBはFの方を見た。続けてFが強い調子で「ちゃんと」と言うと，TBは振り向いてFの前にまっすぐに座った（36行目）。Fは胸ポケットから食物を取り出した（38行目）。いっぽう，TBは身体を掻きつつFから目をそらした（38行目）。32行目と同じく，この行為も望まない行為指示に対するフラストレーションのあらわれだと考えられる。

　これを見たFはTBの方に右手を伸ばし，「帰る？」と言った（40行目）。すなわちFは，TBが部屋の外にある運動場へ帰りたがっているという理解の候補を提示した。この解釈は，すでに30，32行目でも示されていた。それからFはTBについて，「めずらしく緊張しとるやん」とコメントし（41行目），続けて「何で，お前．」と質問した（42行目）。質問は，代表的な隣接対の一つである質問-回答の第1成分で，その応答（第2成分）として回答を志向する。しかし，ここでTBはこれには応えず，振り向いて階段を上り始めた（43行目）。Fはこれを見て，大きな声で「よいしょ」と声をかけた。これを見ていたKは「°帰る？°」とささやいた（44行目）。このKの発話は，TBの行動についての理解の候補を提示するだけでなく，40行目のFの発話に同意を示すものでもある。Fは続いて自分の解釈を繰り返

し（45行目），台の上に座っているTBに「めずらしいな，お前．」とコメントした（46行目）。こうした飼育員によるコメントや声かけでは，チンパンジーがそれに直接応答する義務がない（30, 32行目も参照）。このため，発話者（飼育員や研究員）がその受け手（チンパンジー）からのはっきりした応答を期待できないときにも，相互行為の流れをスムーズにするためにとくに有効である。

[事例4-3] HT（0歳2カ月），MS（9歳），MZ（11歳）

以上の事例4-2では，おもに人とチンパンジーの二者関係に焦点をあてた分析をおこなった。次に，より複雑な人とチンパンジーとの間の相互行為，とくに2頭以上のチンパンジーが積極的に関与する相互行為に注目する。事例4-3は，MS（当時9歳）とMZ（当時11歳で臨月に入っていた）という2頭のメスのチンパンジーの形態計測場面からの抜粋である。先ほど述べたように，MSはHT（当時0歳2カ月）の育児を放棄した母親である（図4-3）。この形態計測は事例4-2と同じ日（事例4-2よりも少し前）に，同じ部屋でおこなわれた。事例4-2と同じく，部屋にはF, K, H, Sの人々が入り，事例4-2と同じ役割を担当した[13]。Fはやはり，赤ちゃんチンパンジーのHTを連れて入室した。録画は，MSとMZの形態計測を実施する前の自由な遊びの時間におこなわれた。

〈1-18行目〉

はじめ，MZはFに抱っこされていたHTを興味深そうに見て，左手でHTの頭を触った。これを見たFは，MZに「いる？」と声をかけた（1行目）。この発話は，MZがHTを抱きたがっているという理解の候補を示している。続けてFは，MZにHTを手渡した。MZはグラントと呼ばれる "o o" という短い声を発し，HTを受け取った。この間，HTはフィンパーと呼ばれる "[huhuhu" という声を発していた（4-6行目）。チンパンジーは多様な発声をおこなうが，それらはそれぞれ特定の感情と結びついているという（Goodall 1986/1990; Tomasello & Camaioni 1997）。上でみられたMZの短いグラントはHTを受け取ることにともなう軽い興奮，HTのフィンパーはMZに抱かれることへの怖れ（HTはおもに人によって育てられたので，チンパンジーによって抱かれることに慣れていないのである）を示している。

この間，MSは頭を掻き，MZとHTの後ろを回ってKの方へ移動した（3行目）。そして，Kに背中から抱きついた。Kは，「[あんた，自分の子どもがあっち行ってるのに，な，なにがおんぶや」と言った（6行目）。このKの発話はMSを非難す

---

[13] ただし，この場面では他の参与者との直接の相互行為がほとんどみられなかったSは文字起こしに含めなかった。

るようなニュアンスを含んでいるが，じっさいには K は MS が抱きつくことに抵抗しなかった。そして MS を背負ったまま身体をゆっくりと左右に揺らし，MZ と HT のやりとりを眺めていた（7 行目）。このやりとりからわかるように，MS もまた HT に興味を示している。しかしながら，MS は自分の娘である HT とスムーズに関わることができない。

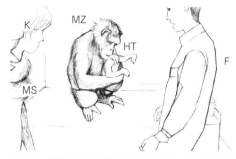

図 4-7　MZ は HT を逆さにして抱き，HT はもがくように四肢を動かし始めた

一般に，母親以外の大人のチンパンジーが赤ちゃんチンパンジーに興味を示すことはめずらしくない。ただしその場合も，母親が許すまでは赤ちゃんチンパンジーへのアクセスは制限される。母親の信頼を勝ち得るため，その母親以外の大人チンパンジーが母親の毛繕いをおこなうことも珍しくない（松沢 2005:127; 西田・保坂 2001:294）。興味深いことに，ここで HT への優先的アクセス権をもっているのは MZ であり，MS が生物学的な娘である HT に近づくためには MZ の許しが必要なようである。したがって，赤ちゃんチンパンジーへのアクセス権は，生得的にプログラムされたものではなく，後天的に形成される，相互行為上の文脈に敏感な現象なのであろう。ここで MS は，HT とスムーズに関わることができないフラストレーションをあらわすように，繰り返し MZ に抱かれている HT の辺りを行ったり来たりしている（3 行目。以下の 19, 22, 33, 76, 78 行目も参照）。また，飼育員の F や K に何度も抱きついたりおぶってもらったりしている（6 行目。以下の 13, 36, 59, 68 行目も参照）。MS もまた子どものころから人に育てられたので，フラストレーションを感じたときは飼育員にあやされると安心するようである。

いっぽう MZ は，両手で HT を受け取った後，HT を逆さにして揺らし，HT の背面からその性器の辺りをキスした。HT は逆さづりの状態で四肢を動かし始めた（7-8 行目；図 4-7）。このやりとりからわかるように，MZ は赤ちゃんチンパンジーの HT に強い興味を示していた。だが HT は，チンパンジーに抱かれることや身体をなめられることに慣れていない。その結果，両者の身体的な動きの調整はうまくいっていない。F はこれを見て，やや非難めいた口調で「[そう持って何でひっくり返んねん？」と言った（7 行目）。この発話とオーバーラップして，H は手に持っていたビデオカメラに向かって「[すぐひっくり返す，umn.」とコメントした（8 行目）。続いて今度は F が，「なんかちょっと性器腫れてるな」とコメントした（10 行目）。K は「umn」と言って，これを承認した（11 行目）。

事例 4-3　MS（1999 年 1 月 14 日生：HT の母親）と MZ（1996 年 12 月 16 日生）の形態計測場面

カウンター (分：秒)	行	HT (メスチンパンジー：0 歳 2 カ月) 言語	HT 身体	MS (メスチンパンジー：9 歳) 言語	MS 身体	MZ (メスチンパンジー：11 歳) 言語	MZ 身体
0:10	1						左手で HT の頭を触る。
0:11	2						左手で HT の頭を触る。
0:13	3				K の方へ移動する。		
0:14	4					○ ○	
0:15	5						
0:16	6	[huhuhu			K に背中から抱きつき，しがみつく。		F から HT を受け取る。
0:20	7						HT を逆さにしてゆらす。
0:21	8		逆さづりの状態で四肢を動かす。				HT の背中にキスする。
0:22	9						
0:26	10						
0:27	11						
0:29	12				K を離れ，F の方へ移動する。	○ ○	
0:33	13		逆さづりの状態で四肢を動かす。		F に抱きつく。		
0:34	14					○ ○	
0:35	15		逆さづりの状態で四肢を動かす。				
0:36	16		逆さづりの状態で四肢を動かす。		F を離れ，MZ に抱かれている HT に顔をくっつける。		HT にキスする。
0:38	17						
0:40	18					○ ○ ○ ○ ○ ○ ○	
0:43	19		逆さづりの状態で四肢を動かす。		MZ の周りを歩き，HT を見る。		
0:47	20						HT を持ち直し，自分の顔を HT に接触させる。
0:48	21	huhuhuhu	逆さづりの状態で四肢を動かす。				HT を抱きかかえながら，立ち上がって前進する。
0:50	22	hh kiki	逆さづりの状態で四肢を動かす。		MZ を追いかけ，HT を見る。		HT の顔をのぞき込む。
0:53	23		逆さづりの状態で四肢を動かしながら，MZ の顔の毛をつかむ。				
0:55	24						HT の顔をのぞき込む。
0:56	25						
0:58	26						
1:00	27		逆さづりの状態で四肢を動かす。				HT を抱きかかえながら座る。
1:01	28		逆さづりの状態で四肢を動かす。				
1:02	29						
1:06	30						
1:08	31						
1:13	32	huhuhu					
1:14	33	huhu	逆さづりの状態で四肢を動かす。		HT の方へきて，HT を見る。		
1:16	34				K の方へ移動する。		
1:17	35	kiki					
1:18	36				K に背中から抱きつく。		
1:20	37						HT を床におく。
1:22	38	huhu					
1:24	39	huhu	床で四肢を動かす。				
1:25	40	kiki					HT を抱き上げ，身体の前面で抱っこする。
1:26	41	ki					腰を左右に揺らす。

《《12 行省略》》

行	F (ヒト男性飼育員) 言語	F 身体	K (ヒト女性飼育員) 言語	K 身体	H (ヒト男性研究員) 言語	H 身体
1	いる？	HT を抱っこする。				
2						
3						
4						
5			( )			
6		HT を MZ に渡す。	[あんた，自分の子どもがあっち行ってるのに，な，なにがおんぶや			
7	[そう持って何でひっくり返んねん？			MS を背負いながら身体を左右に揺らす。		
8						[すぐひっくり返す，umn.
9						
10	なんかちょっと性器腫れてるな					
11			umn			
12			( )			
13						
14						
15	カミナリで戻らんかったかお前					
16						
17	落ちんとあかんわ					
18						
19						
20			( )			
21						
22						
23			( )			
24						
25			つかまれてるし			
26			顔の毛をすごいつかまれてる			
27						
28					抱き方が悪いです	
29	お前もなあ，すぐ人の方，向いとるけんのお					
30	(ん：何とでもせえ)					
31			何でもいいから（背中を）かくして			
32						
33						
34						
35						
36						
37				MS を背負いながら身体を左右に揺らす。		
38					どうなるんだろ	
39						
40						
41						

		HT （メスチンパンジー：0歳2カ月）		MS （メスチンパンジー：9歳）	MZ （メスチンパンジー：11歳）
1:53	54				右手を食物に伸ばし，続いて自分の顔を指す。
	55				
1:55	56				
1:58	57			Kの方へ移動する。	Fの右手を触る。
1:59	58				
2:00	59			Kに背中から抱きつく。	
2:03	60				HTの身体をなめる。
2:08	61				HTの身体をなめる。
2:09	62				
2:14	63				
2:15	64	huhuhu	左腕を動かしながらFを見る。		
2:16	65	〔huhuhu			
2:18	66			Kから離れ，MZの周りを回って，Fの方へ移動する。	HTの身体をなめる。
2:24	67			振り向いて，Kの方へ移動する。	
2:26	68			Kに背中から抱きつく。	HTを見ながら右手でHTの顔を触る。
2:32	69				HTを見ながら，右手でHTをなでる。
2:36	70				
	71		四肢を動かす。		
2:46	72				身体の前面でHTを強く抱きしめる。
2:47	73				
2:51	74			Kから離れ，MZの周りを回って，Fの方へ移動する。	
	75				HTの身体をなめる。
3:01	76			MZの方へ移動し，HTを見る。	
3:04	77				
3:06	78			HTを追いかけ，HTを見る。	MSとFから目をそらす。
3:08	79				
3:14	80				
3:18	81				身体を掻く。

	F (ヒト男性飼育員)	K (ヒト女性飼育員)	H (ヒト男性研究員)
54			
55		MZの顔を見る。	
56			HTを抱いています.
57			
58	待って		
59			
60		umn	
61			
62	そういうことするけんすぐややこしくなるねん. お前		
63	"はっちゃん"	MZに抱かれているHTをのぞき込む。	MSを背負いながら身体を左右に揺らす。
64			MSを背負いながら身体を左右に揺らす。
65	[こっち来たくなったん		MSを背負いながら身体を左右に揺らす。
66		nh::m	
67			
68		なにい	
69			
70	"はっちゃん"		
71			
72			
73	umn		
74			MSを背負いながらHTをのぞき込む。
75			
76			
77		HTを見る。	
78			
79	やる？ どうする？ (0.4)ん, ちょうだい		
80		MZからHTを受け取る。	
81			

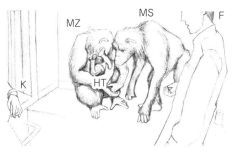

HTは逆さづりの状態で四肢を動かし続けていた。いっぽう，MSはKのもとを離れ，MZとHTの後ろを回ってFの方へ移動した（12行目）。そして左側からFに抱きついた（13行目）。FはMSの左の肘を左手でつかみながら，冗談めいた口ぶりでMSに「カミナリで戻らんかったかお前」と質問形式の発話をおこなった（15行目）。この発話の「カ

図4-8　MSはMZに逆さに抱かれているHTに顔をくっつける

ミナリ」は，収録の少し前に起こった大雨のときのそれを指している。この発話には，自分の子どもであるHTの世話をしてこなかったMSは正気ではない，という，冗談とも憂えともとれる含意がある。MSはFのもとを離れ，MZに抱かれているHTに顔をくっつけた（16行目；図4-8）。HTは依然として逆さづりの状態で四肢を動かしていた。それを見たFは「落ちんとあかんわ」[14]とコメントした（17行目）。7，8，15，17行目の発話にみられるように，GARIの飼育員や研究員はしばしばチンパンジーを非難するような内容の発話をあえて発することで，気のおけない雰囲気を作り出していた。これらの発話は，チンパンジーがその発話を理解したりその発話に応答したりすることを期待するものではなく，周りの人々に聞かせるためのもののようであった。

〈19-41行目〉

　MSはMZの周りを歩き，もう一度HTを見た（19行目）。MZはHTを持ち直し，自分の顔をHTにくっつけた（20行目）。続いてMZは，HTを不器用に抱きかかえながら，立ち上がって前進した（21行目）。これらの行為をおこなっている間，HTはフィンパーと呼ばれる"huhuhuhuhu"という声を発して怖がっていた（21行目）。さらにHTは口を大きく開け，四肢を動かしながら"hh kiki"という短い叫び声をあげて，恐怖の高まりを示した（22行目）。これに対してMZは，HTの顔を不思議そうにのぞき込んだ。MSはMZを追いかけ，MZの右側からHTを見た（22行目；図4-9）。このように，MSはMZに避けられてもHTを執拗にのぞき込むことが多かった（以下の76，78行目も参照）。チンパンジーではしばしば，他のチンパンジーが抱いている赤ちゃんチンパンジーや食べている食物をめぐってこうした執拗

---

[14] 関西方言で，「（カミナリが）落ちないと（MSは）正気には戻らないな」の意。

なのぞき込みがみられる。また，抱いている赤ちゃんチンパンジーや食べている食物を見られているチンパンジーは，これに対して驚くほど寛容である。こうした興味のある対象に対する執拗なのぞき込み行動は，試行錯誤を数え切れないほど繰り返すチンパンジーの学習スタイルと深く関わっているといわれている

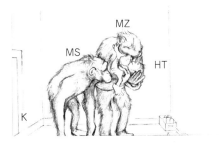

図4-9　MS は MZ の右側から HT をのぞき込んだ

(Fujimoto 2008; 松沢 2005:181; Ueno 2006)。

　HT は逆さづりの状態で四肢を動かしながら，MZ に抵抗するかのように MZ の顔の毛をつかんだ (23行目)。するとKが，「つかまれてるし」(25行目)，さらに「顔の毛をすごいつかまれてる」(26行目) と述べた。MZ は次に，HT を抱きかかえながら座った (27行目)。これを見ていた H は，「抱き方が悪いです」とコメントした (28行目)。続いて F が，HT に対して「お前もなあ，すぐ人の方，向いとるけんのお」と言った (29行目)。HT は依然として逆さづりの状態で四肢を動かしながら F を見ていた。次に MS は，大きく口を開けてフィンパーを発していた HT の方に移動し，HT を見た (33行目)。しかし，MS はすぐに K の方へ移動し，今度は K に背中から抱きついた (34, 36行目)。K は再び MS を背負いながら，身体を左右に揺らした (37行目)。

　そのとき MZ は，HT を床においた (37行目)。これを見ていた H は，「どうなるんだろ」と言った (38行目)。HT は "huhuhuhu" というフィンパーを発して怖がっていた (38, 39行目)。MZ は急に HT を抱き上げ，身体の前面で強く抱っこした。すると，HT は再び "kiki, ki" という短い叫び声をあげて恐怖の高まりを示した (40-41行目)。MZ が HT を抱き，腰を左右に揺らしている間に HT は静かになった (41行目)。(以下，紙幅の制約のため，12行省略する)

〈54-81行目〉

　その後，54行目で MZ は，右手を食物に伸ばし，続いて自分の顔を指した。これは F に食物をねだるジェスチャーである。F は MZ の顔を見た。H は「((MZ は)) HT を抱いています。」とコメントした (56行目)。MZ はそれから，要求を繰り返すかのように F の右手を触った (57行目)。F はこれに「待って」と応えた (58行目)。次に MZ は，HT の身体をなめ始めた (60行目)。MZ が HT の性器の辺りをなめると，F は MZ を見ながら「そういうことするけんすぐややこしくなるねん，

お前」[15]とつぶやいた（62行目）。

　次にFはMZに抱かれているHTをのぞき込み，「°はっちゃん°」とHTの名前をささやいた（63行目）。するとHTはすぐさま口を突き出し，左腕を動かしながらFを見て，助けを求めるように"huhuhu"というフィンパーを発した（64行目）。Fはこれを見て，「[こっち来たくなったん」という理解の候補を提示した（65行目）。ここでのやりとりからわかるように，HTはチンパンジーの養育にまつわる行動パターン（例：なめる）よりも人のそれ（例：発話による行為指示）に慣れている。そして，Fをはじめとする飼育員もこれをよくわかっている。人の行動パターンのなかでも，上記でみられるような呼応的（call-and-response）なやりとりは，さまざまな隣接対に共通する基本的な特徴を備えている。こうしたやりとりを通じて，GARIの飼育員や研究員は人の幼い子どもに対するようにHTに接しており，HTもまたそうした接し方に応じてその行為を調整している。人に育てられたチンパンジーの赤ちゃんは，コミュニケーションのための各種のジェスチャーを学ぶこと，人の養育者とのさまざまな遊びに関わることができるのである（Bard et al. 2014）。

　次にMZは，HTの身体をなめた（66行目）。いっぽうMSはKから離れ，MZの周りを回ってFの方へ移動した（66行目）。それからすぐMSは振り向いて，Kの背中の方へ移動した（67行目）。Kは「なにい」と言ったが，MSが背中に抱きつくのを拒まなかった（68行目）。MZはHTを見ながら，右手でHTの顔をなでた（68-69行目）。それを見ていたFは，再び「°はっちゃん°」とHTの名前をささやいた（70行目）。HTはFの方への移動を試みるように四肢を動かした（71行目）。するとMZは身体の前面でHTを強く抱きしめた（72行目）。FからHTを隠し，同時にHTが逃げるのを妨げるかのようだった。これを見たFは，MZに"umn"と言った（73行目）。続いてKがMZの方に近づき，MSを背負いながらHTをのぞき込んだ（74行目）。MSはKから離れ，MZの周りを回ってFの方へ移動した（74行目）。しかし，MSは即座に振り向き，MZの方へ移動して，MZに抱かれているHTを興味深そうに見た（76行目）。MSはHTにほとんどくっつくほど顔を近づけた。FはHTを見た（77行目）。MZはMSとFから目をそらした（78行目）。MSはHTを追いかけ，HTを再び見た（78行目）。それからFは，「やる？　どうする？(0.4)ん，ちょうだい」と言って，MZからHTを受け取った（79-80行目）。MZは身体を掻いた（81行目）。

---

[15] 関西方言で，「そういうこと（関わっている相手の性器をなめること）をするから，すぐにややこしいことになる（その相手に抵抗される）のだ，お前は」の意。

3 チンパンジーの社会再考

　従来の認知科学的な研究によれば，チンパンジーは高い知能をもっているが，言語に代表されるシンボルを使う能力は人と比べるとごく限られている（Cartmill et al. 2012; Cartmill & Byrne 2010; Tomasello 1999/2006）。こうした立場からは，チンパンジーと人のコミュニケーションには大きな制約と不均衡があることが予想される。しかし，先にみたチンパンジーと人との実際の相互行為は，こうした予想を覆すものである。前項での分析は，人とチンパンジーがシンボル以外のさまざまな記号論的資源を用いて相互に行動を調整しながら，相互理解を達成できることを示している。たとえばチンパンジーは，手のジェスチャー，身体を掻く行動，各種の表情や発声などを用いて，自分が直面している状況をどのように知覚しているか，またそれに対して何をしたいかを示すことができる。飼育員や研究員もまた，チンパンジーが応えうる各種の隣接対を導入したり，チンパンジーからの応答が期待できないときにはチンパンジーの行動やその内的状態について他の人に聞かせるコメントをおこなったりして，チンパンジーを含む相互行為をスムーズに進めようとしている。こうした分析と呼応するように，チンパンジーと直接関わる研究スタイルをとる多くの研究者は，チンパンジーの行動に共感的な態度を表明したり，チンパンジーとの間に培った感情的なつながりについて述べたりしている（Bard et al. 2014; Goodall 1986/1990; 松沢 2000; 中村 2009）。

　人とチンパンジーが同じ場所で関わるとき，相互行為にどのような記号論的資源が利用可能かは，その環境的なセッティングによって制約される。そうした制約のもとで人とチンパンジーが用いる記号論的資源は，部分的にオーバーラップしている。GARI のチンパンジーと人の飼育員や研究員は，そうした記号論的資源を用いて，相互にリズムを合わせながらおこなう相互行為を積み重ねてきた。こうした飼育員や研究員との関わりは，チンパンジーに野生下では決して発達させることがなかったスキルの習得をうながしている。いいかえれば，その長い対面的な関わりの歴史のなかで，GARI のチンパンジーと人の飼育員や研究員は，種の違いを超えて共通の文脈を確立するにいたっている。飼育下のチンパンジーに帰属される「能力」の多くは，こうした文脈を背景とするチンパンジーと人の相互行為のなかで引き出されるのだろう。これに対して，人に育てられた HT と大人のチンパンジーの間には，そうした十分な相互行為の歴史が蓄積されていない。その結果，両者の間には，同種の個体同士であるにもかかわらず，相互行為上の深刻なトラブルがもたらされている。

　このように，人とチンパンジーの種間・種内の相互行為がどのように組織化されているかを分析することによって，私たちは「自然」と「社会」の深い結びつきを

相互行為の実践者の経験の直接性に還りながら解きほぐすことができる（菅原 2002:7）。さらにそうした試みを積み重ねることは，歴史的にさまざまな変遷を経てきた人とチンパンジーの境界を改めて引き直すことにもつながる。たいていの認知科学的な研究は，方法論的個人主義の枠組みのなかでチンパンジーがなしうることを評価しようとしてきた。こうした研究は，観察されたチンパンジーの行為を，対象や記号を操作することを可能にする個人的かつ普遍的な能力に帰属しがちである。これに対して相互行為の人類学では，社会的な関係をあらわす言葉で行為のやりとりを記述・分析することを試みる。そして，ある行為が社会的な文脈に埋め込まれるとともに，その行為が次の行為のための社会的な文脈を構成する仕組みを明らかにしようとする（第2章）。前者と後者のどちらかが「正しい」というわけではないが，前者のアプローチからは人とチンパンジーが形づくる「社会」をとらえ難かったことは否めない。よくいわれるように，社会は個人の総和ではない。相互行為が時間的・空間的に組織化される仕組みを明らかにすることによって，私たちは人が築く社会，チンパンジーが築く社会，人とチンパンジーが共同で築く社会のそれぞれの基盤について再考することができるであろう。

第5節 まとめ

本章では，他者の理解は原理的に到達不可能であるとみなす懐疑主義を超え，他者との行為のやりとりをおこなうなかで達成される出来事としての相互理解の特徴や仕組みを考えていくために，グイ／ガナの道案内および人とチンパンジーの相互行為についての研究を紹介した。グイ／ガナの道案内に関する会話では，カラハリ砂漠の原野における移動に関して，スタンスが異なる参与者が日常会話のルールに従いながら相互理解を深めていく過程を分析し，さらにその過程にはしばしばその集団の文化的な特徴があらわれることを示した。人－チンパンジー間相互行為の分析では，人とチンパンジーが，部分的にオーバーラップしている記号論的資源を用いて，相互にリズムを合わせながら相互理解を達成する過程を明らかにし，さらにそうした相互行為を積み重ねることで，種の違いを超えて共通の文脈を確立することができると論じた。こうした分析や考察を進めていくことは，「自然」と「社会」のさまざまな次元に広がる深い結びつきを解きほぐすことにつながる。次章では，子どもの発達と社会化という観点，すなわち発話共同体における成員間のライフコースに関わる不均衡と関連づけて，この結びつきについて考えてみたい。

第 4 章についての Q&A

Q 4-1 他者を理解できるのかという素朴独我論の問いでは，他者は心をもっているはずだという前提があるのでしょう．その証拠に，（心をもっているという前提が必ずしも採用されない）動物や自然に対しては，それを理解できるのかという問いは人間の他者に対するほど問題にならない気がします．また，デカルトの「我思う，ゆえに我あり」との関連では，相互理解の達成が可能だと主張する相互行為の人類学は，ある人は自分自身の心やおこなっていることの意味をわかっていると考えるのでしょうか？

A 4-1 相互行為の人類学では，他者は心をもっているはずだという前提をとりません．また，私（だけ）は心をもっているという前提もとりません．そうではなくて，ある行為の「意味」はその行為が受け手に対しておこなわれ，それが受け手の応答を引き出すことによって成立すると考えます．したがって，行為者自身も受け手との交渉なしにはその行為の意味をわかっているとはいえません．独り言や思考は，こうした対話的なやりとりに一見あてはまらないように思われるかもしれません．しかし相互行為の人類学では，これらは対話の特殊なかたち，すなわち行為者自身が受け手であると考えます．この点で，「心」は人と人との間に成立する意味の複合体であるといえるでしょう．このため相互行為の人類学では，ある人たちがおこなっていることの意味はその参与者たちがその場で作り上げるものであり，研究者もまたその参与者たちの視点から相互行為を丁寧に分析していけば，その意味の振る舞いを理解できると考えます．

Q 4-2 日常的な実践では，究極の相互理解は必要とはされず，ほどほどのあるいはあいまいな相互理解によってやりとりが成り立っているように思われます．これを可能にしているのが，相互行為において相手が出す，あるいは相手から洩れ出る手がかりとそれにもとづいておこなわれる文化的背景の推測だと思います．そうだとすれば，文化的背景を異にする人類学者がフィールドに入ったときは，相互理解に相当苦労するのではないでしょうか？

A 4-2 はい．その苦労をすることが人類学者の目的であり，楽しみでもあります．上記の A 4-1 のように考えるならば，相互理解は究極の目的ではなく，会話のなかでその都度達成する作業目的のようなものです．また相互行為のなかであらわになる認識のズレはさらなる相互行為を生みます．「文化的背景」は文脈の一部を構成すると考えられ，文脈は行為の前提とされるだけではなく，行為によって作るものでもあります．本

文で示したように，文化的背景を異にする人類学者が相互行為に加わることによって，普段はみえにくい文化的な規範が顕在化することもあります。また，人類学者と現地の人びとはその場で新しい文脈，さらには文化を創り上げつつあるとみることもできます。その過程や仕組みを明らかにすることは，相互行為の人類学がおこなっていくべき重要な課題であり，その現代的な問題意識ともつながっています。

Q 4-3 「コミュニケーション」と「相互理解」は同義なのでしょうか？　たとえば，2人の人々が会話をしているときに，一方が言ったことを他方が理解できなかったのでそれについて質問したとします。この場合，会話は続いているのに対して，相互理解には達していないように思われます。また「理解」は，会話の内容に関わるものなのでしょうか？　あるいは，コミュニケーションの仕方に関わるものなのでしょうか？

A 4-3　コミュニケーションは，参与者が相互理解を目指しておこなう相互行為だと考えられます。したがって，相互行為はコミュニケーションを包含する概念です。質問の例は，相互理解には達していませんが，コミュニケーション（そしてそれを包含する相互行為）は進行中だと考えられます。また，参与者はある行為によって他者の行為や内的な状態についての自分の理解の候補を提示することもできます。ここでの「相互理解」や「理解の候補の提示」は，相互行為の形式から確認できる出来事を指す用語として用いられています。

Q 4-4　事例4-2，4-3でみた飼育員とチンパンジーの相互行為の大半は，人と（ペットの）イヌの間でもみられるように思いました。ただしこうしたやりとりは，チンパンジーが飼育員の命令に盲目的にしたがっているというよりは，チンパンジーが相互行為について実際に考えておこなっているように思えます。相互行為の人類学は，チンパンジーの行為の背後に何か（思考のようなもの）があることを証明するツールとなりうるのでしょうか？

A 4-4　（ペットの）イヌは人ときわめて多様なコミュニケーションをおこなうことができます。そのいっぽうで，人とイヌが用いる記号論的資源がオーバーラップする範囲は，人とチンパンジーのそれに比べてかなり小さいと考えられます。ある行為の受け手がその行為について理解する内容は，行為者間の関わりの歴史のなかで形成される文脈や，実際に観察された行為とそれ以外の取りえたであろう行為との対比によって大きく影響されます。チンパンジーを含む相互行為を分析することは，その両者についての理

解を深めます。これは，チンパンジーの行為の意味を正しく理解することにつながるでしょう。ただし，相互行為の人類学では他者が心をもっているという前提をとらないので，チンパンジーもまたその個体のうちに心をもっているとは考えません。

Q 4-5　事例4-2でみたチンパンジーは，飼育員に服従しているように思われました。これに対して事例4-3では，飼育員とチンパンジーが感情を通わせているようにみえました。またいずれの事例でも，飼育員はチンパンジーを理解しているようにみえました。しかし，チンパンジーが飼育員を理解しているといえるかどうかには疑問が残ります。こうした相互行為も相互理解と呼べるのでしょうか？

A 4-5　いずれの事例でも，飼育員が用いる記号論的資源は（やはり人である）観察者・読者が用いるそれとかなりオーバーラップしています。したがって，比較的理解しやすいでしょう。いっぽう，ここでチンパンジーがどういった記号論的資源を用いているのかは，チンパンジーとあまり，あるいはまったく関わったことのない観察者・読者にはわかりにくいかもしれません。しかし，この点で飼育員は，チンパンジーが用いる記号論的資源について観察者・読者よりも鋭敏な感覚をもっていると考えられます。またチンパンジーも，飼育員が用いる記号論的資源について，観察者・読者が気がつきにくい点についての感覚を働かせているように思われます。チンパンジーと飼育員は，こうした感覚にもとづいて行為を相互に調律することにより，相互理解を達成していると考えられます。

参考図書

James, W. (1976) *Essays in radical empiricism.* Cambridge, MA: Harvard University Press. [W. ジェイムズ（著）『純粋経験の哲学』東京：岩波書店（岩波文庫），伊藤邦武（編訳），2004年（原著は1912年）]
　＊根本的経験論についての思想を展開し，米国流哲学の道を切り開いた。

Premack, D., & Premack, A. (2003) *Original intelligence: Unlocking the mystery of who we are.* New York: McGraw-Hill. [デイヴィッド・プレマック，アン・プレマック（著）『心の発生と進化：チンパンジー，赤ちゃん，ヒト』東京：新曜社，鈴木光太郎（訳），2005年]
　＊「心の哲学」を経験科学の次元で検討することを可能にした著者のライフワーク。

木村大治・中村美知夫・高梨克也（編）（2010）『インタラクションの境界と接続：サル・人・会話研究から』京都：昭和堂.
　＊コミュニケーションの基盤についての現象学的理解を目指す野心的な論文集。

第5章　発達と社会化

　さまざまな次元に広がる「自然」と「社会」の深い結びつきを解きほぐすための一つの有力なアプローチは，子どもが成長にともなって自然的，社会的な環境とのアレンジメントをどのように変化させていくのかに注目することである。発達研究ではしばしば，人は生物学的に文化的な存在であるといわれる。すなわち，人という種を特徴づけている能力（例：言語，二足歩行，社会的協同）は，生物学的に準備されているものではあるが，それが表現される手段においては社会的，歴史的に形成されてきた文化に多くをよっている（Bruner 1983/1988:9），と考えるのである。したがって，人が示すある能力について理解したいのであれば，その能力がどのような構成要素から成り立っているのかについて問うだけではなく，それがいかに文化という媒体に助けられているかについても問わなければならない（Bruner 1983/1988:10）。

　文化的実践をおこなう主体となっているコミュニティはすべて，そのメンバーの間になんらかの不均衡（例：知識，体力，権力に関わる不均衡）を抱えている。新参者は，熟練者との関わりを通じて，そのコミュニティが社会的，歴史的に構築してきた知識や道具の使い方に習熟していく必要がある。そうした知識や道具の最たるものは言語であり，それを支えているコミュニティをガンパーツ（Gumperz 1964）は発話共同体（speech community）と呼んだ。どんな人も，生まれたときには複雑に構造化された言葉を話したり，道具を使ったりすることはできない。子どもたちは，その成長の過程で，特定の発話共同体が提供する思考の道具の使い方を徐々に学んでいくのである。

　本書で繰り返し述べてきたように，相互行為の人類学では，文化を個人に影響を及ぼす実体としては考えない。それは，相互行為のなかで展開する意味の振る舞いによって形づくられ，時には反省的に参照される社会的リアリティの一側面であり，過程的（procedural）なものである。そして相互行為を通じて，人々は文化過程の創造に貢献し，文化過程は人々の創造に貢献する。つまり個人と文化過程とは，互いに構成し合う（Rogoff 2003/2006）。この章では，子どもの発達と社会化という観点

から，こうした人々と文化過程の入り組んだ関係について考えてみよう。以下ではまず，この数十年の間に爆発的に盛んになった赤ちゃん研究（Baby Science）の領域で，乳児－養育者間の社会的相互行為をあつかった研究について概観する。

第1節　養育者－乳児間相互行為における社会システムの形成[1]

　赤ちゃん研究の領域では，1960年代ごろから巧妙で洗練された心理実験のパラダイムが発展してきた。これは赤ちゃん研究にとって大きな転機となった。さまざまな実験によって，乳児がこれまでに考えられていた以上に活動的で，刺激を求め，創造的に世界を構成しはじめる存在（Emde & Robinson 1979:74）であることがわかってきたのである。さらに最近では，こうした「有能な赤ちゃん」がそのもてる力を発揮していくためには，非常に早い時期から赤ちゃんの行動を解釈し，働きかけ，ともに相互行為をつくりあげていく他者の存在が必要であることが強調されるようになってきた（e.g., Adamson 1995/1999）。

　乳児と養育者との相互行為の発達的な過程については，ルイス・W・サンダー（Louis W. Sander）らが早くに優れた記録をおこなっている（e.g., Sander 1962, 1977）。アダムソン（Adamson 1995/1999:100）のまとめによれば，サンダーの結論は次の2点に要約される。まず，母親と乳児は誕生直後から，同じ時期に注意を高める可能性が着実に増加するように，自分たちの行動パターンを変えはじめている。第2に，養育者と乳児のペアは新生児を養育するために必要な仕事に有効な相互行為システムを普遍的なものとして構築するが，そのいっぽうで，それらのシステムは個別化された特徴を有している。

　サンダーらは，乳児と養育者を一つのシステムとみなし，両者の関係そのものの分析をおこなっていく必要性を認めるという点で，著者と共通の方向性を示している。こうしたサンダーらの考えをさらに検討・発展させたのがケネス・ケイ（Kenneth Kaye）である。ケイらは丹念な微視的分析にもとづく研究から，母子間の相互行為を一つの社会システムが形成される過程と考えてその特徴と発達的な移行について論じた（e.g., Kaye 1977, 1982/1993）。ただし，ここでいう社会システムとは，個々のメンバーが進化（発達）の歴史を共有すること（そのシステムの成員として関係をもった経験にもとづいてお互いの行動を予期できること）と共通の目的をもつこと（システムの成員が共通の目的に向かって働いていること）の2つを条件としている（Kaye 1982/1993:41-47）。

---

[1] この節および次節は，高田（Takada 2012）の一部を本書のために大幅に改稿したものである。

ケイ（1982/1993:69）によれば，初期の母子間相互行為は乳児の生まれもった規則性（反射などの刺激 – 反応パターン）を利用して，その時間的構造（ターン・テイキングなど）を母親がつくりだしたものにすぎない。したがって，この時期の母子は目的を共有しておらず，母子間の相互行為を真の意味での社会システムと呼ぶことはできない。だが，母親は子どもの力を実際よりも高くみなすことで，子どもをだんだんと高度な相互行為に巻き込んでいく。その過程について，ケイ（1982/1993:86-91,215-217）が仮定したモデルは以下のとおりである：リズムと調節の共有（誕生〜）－親が一方的に子どもに意図を読み込む（2カ月ごろ〜）－子どもによる意図の理解によって共有が両方向の過程になる（記憶の共有）（8カ月ごろ〜）－言語（シンボル）が共有される（14カ月ごろ〜）。

　ケイ（1982/1993:36-150）は，上の過程で子どもはだんだんと母親と共通の目的をもつようになり，母子間の相互行為は社会システムとなっていくと考えた。これが，ケイが発達心理学における社会・文化的アプローチのパイオニアであるレフ・セミョノヴィチ・ヴィゴツキー（Lev Semenovich Vygotsky）（e.g., Vygotsky 1956/2001, 1981 [1930]）から受け継いだ，「外から内へ」というアプローチの重要性を主張する基盤となっている。こうした初期の母親（あるいはより一般的に，主な養育者）－子ども間の相互行為については，その後もさまざまな研究がその詳細や新しい知見を明らかにしてきており，それにともなって実り多い展望が開けている。以下では，そうした成果のうち重要なものをケイ（1982/1993）が仮定したモデルの時間軸に沿って紹介する。

1　リズムと調節の共有（誕生〜）

　母親（あるいはより一般的に，主な養育者）と乳児は誕生直後から，相互に関わりながら自分たちの行動パターンを形づくっていく。これは初め，乳児のもって生まれた規則性を利用した随伴的な行動を，乳児と養育者が相互に調整していくことで可能になる。

　ケイら（Kaye 1977, 1982/1993; Kaye & Wells 1980）は，誕生後すぐの哺乳時に，母子間のターン・テイキングと相互随伴性のもっとも早い例を認めることができると主張している。ケイ（1982/1993:47-52）のまとめによれば，哺乳がおこなわれる際，新生児は一定期間（4〜10秒間）にわたって吸てつを続けるとしばらく（4〜15秒間）休止する。こうしたパターンは生得的で，しかも他の哺乳動物にはみられない。そして，ケイらが観察した母親はみなこの休止期間に乳児や哺乳瓶をゆするジグリングという行為によって吸てつのパターンに介入していた。ジグリングの休止は吸てつの再開を促進する。さらに，こうした吸てつ－休止－ジグリング－休止という

パターンは，次第にズレの少ないリズミカルな繰り返しへと洗練されていく（cf. 正高 1993:12-28）。

ケイ（1982/1993:36-150）は，こうした母子間の調整がその後，以下にみるさまざまな行動様式に拡張されていく過程で，母子はしだいに目的を共有するようになっていくと論じた。それとともに，乳児はこうした「随伴性検出ゲーム」を通じてしだいに感覚どうしのつながりを発見し，身体・対象物・他者（養育者）に関わるシェマ（認知的枠組み）をつくりあげていく（下條 1988:178）。さらにエムデら（Emde et al. 1991:260）は，ケイが示した母子間の相互行為に関する規則が，後に子どもがターン・テイキングのための動機および首尾一貫した手続きを形成する基礎となり，さらにはそれらが子どもの道徳性の基盤となると考えている。エムデら（1991:260）によれば，道徳性はこうした手続き的知識が内面化されていく過程で育まれる互恵性の感覚をその核としている。

上記以外にも，乳児の誕生直後から，養育者と子どもが相互に関わりながら行動パターンを形成していく現象が報告されている。なかでもサンダーらは，新生児とその母親の関わりを生後1週間にわたって観察し，その結果を先駆的かつ独創的な論文としてまとめている。たとえばチャペルとサンダー（Chappell & Sander 1979）では，乳児が覚醒している場合の覚醒水準と母親の行動との関係が調べられた。その結果，乳児は生後8日目までに安定した覚醒状態（alertness）の比率をしだいに増やしていた。また，乳児が母親に密着して抱かれる比率も増える傾向があった。しかも，乳児の安定した覚醒状態とそうした密着および母親の発声とが共起する比率もしだいに増えていた。続いて，母親が乳児の姿勢を変化させることの効果が調べられた。すると，乳児が安定した覚醒状態にあったときは姿勢の変化後も乳児の状態は変わらなかったが，それ以外の状態にあったときは姿勢の変化後に乳児の状態が変化する傾向があった。後者の場合は，姿勢の変化によって乳児の覚醒水準は（チャペルとサンダーの定義による）最適状態となる比率がしだいに増えていた。これらは，生後1週間のうちに乳児の覚醒水準と母親の行動との間での調整が増加していることを示している。すなわち，母親は1週間のうちに乳児の状態に影響を与えそれを制御しはじめるだけでなく，乳児の状態を操作するのに適したタイミングを見定めるようになる。

またパポウシェク（Papoušek 1992）によれば，2カ月児の発声の音響的な特徴はその行動－情動の状態の違い（例：快，不快）によって異なる。そして，両親はそうした発声から乳児の状態をあてることができる。また，母親は養育における文脈の違い（例：相互行為における乳児のターンを奨励する，むずかる乳児をなだめる）によって，自らの発声の音調曲線をはじめとする音響的な特徴を変えている。これら

は，後に養育者と乳児とが相互に発声を調和させていく（次項を参照）ための基礎となっていると考えられる。

ここで注意しておくべきことは，すでにサンダー（Sander 1977; Sander et al. 1970）やケイ（1982/1993:62-68）が指摘していたように，こうした非常に初期の関係でさえ，それぞれの母子間の調整の過程を反映して個別（母子ペアごと）に組織化されていくということである。また，私たちの知識体系や生活様式はこうした最初期の母子間相互行為にさえ反映しており，その組織化のされ方は文化により異なることも示唆されてきている（Barr et al. 1991; Super & Harkness 1982）。こうした論点については，第2節以降で詳しく考察する。

2 注意の共有（2カ月ごろ〜）[2]

はじめは乳児のもって生まれた規則性を利用した随伴的な行動にもとづいていた母子間の行動の調整は，しだいに意識の交流と呼べるようなものとなっていく（ただし，その起源や出現の時期にはさまざまな見解がある）。これを示す初期の興味深い現象として，共同注意（joint attention）すなわち「他者が見ているところ，もしくは指示しているところを見ること（Butterworth & Jarrett 1991）」の確立があげられる。

スケイフとブルーナー（Scaife & Bruner 1975）は，生後わずか2カ月の乳児でも，対面している母親が視線を変化させると，それに呼応して自分の視線を変化させることができることを示した。さらにブルーナー（Bruner 1983/1988:74）によれば，2カ月の終わりまでに発声をともなった視線の一致は十分に確立されるようになり，母親と子どもは，視線を合わせたりそらしたりして，ターン・テイキングをはじめる[3]。スターン（Stern 1974, 1985/1989）はこうした時期の母子の相互行為を観察して，視線，表情，発声，ジェスチャーが協応しながら，母子が交流する様子を記述している。

母親は共同注意の目標物としてものを導入する際にしばしば言語をともなわせる。ブルーナー（1983/1988:75-76）が指摘した興味深い点は，こうした言語的働きかけは，子どもが言語を理解したり，産出したりする徴候をほとんど示しそうもない時期において，もっとも顕著にみられるということである。こうした言語的働きかけ

---

[2] ケイ（1982/1993:66,161）はこの時期を「意図の共有」と呼んでいる。しかし，近年の研究における「意図」という用語の用いられ方を考慮して，この呼び名は「注意の共有」と改めた。

[3] その後，母親は共同注意の目標物としてものを導入する。ジョージ・バターワース（George Butterworth）らによる一連の実験（Butterworth & Jarrett 1991）によれば，子どもは一般に生後6カ月ごろまでに，母親が左右どちらかに向いたときその方向にある一番近い目標物を注視できるようになる。子どもはその後，12カ月ごろまでに視線の角度に応じて正しい目標物を同定でき，18カ月ごろまでに自分の背後にある目標物を振り返って同定できるようになる。

は，文法的に単純で，声の調子（ピッチ）が高く，抑揚を誇張し，音節数は少なく，ゆっくりしたテンポで，かつ発話間のポーズが長いといった特徴を備えており，マザリーズあるいは乳児向け発話（Infant Directed Speech: IDS）と呼ばれる（Ferguson 1964; Fernald & Kuhl 1987; Snow 1986; Werker & McLeod 1989）。マザリーズあるいはIDSは音楽的な要素を備えている（Malloch 1999; Papoušek & Papoušek 1981; Trevarthen 1999b）。また，明らかに子どもの注意を引きやすい（Fernald & Kuhl 1987; Schneider et al. 1980; Werker & McLeod 1989）。加えて，生後6カ月ごろになると乳児は母語に特徴的な音声に敏感に反応するようになるとともに自分の発声を統制することが可能になる（Kuhl et al. 1992; Trevarthen 1999b）。遅くともこのころから，乳児は音楽的な形式で養育者の音声を繰り返すことを楽しむようになる（Papoušek & Papoušek 1981; Trevarthen 1999b）。ただし，マザリーズあるいはIDSの普遍性に関してはその後，いくつかの研究が疑念を表明している（e.g., Ochs 1988; Schieffelin 1979; Takada 2005a）。

　ブルーナー（1983/1988:72-84）によれば，子どもは「見るべき何か」に，「母親」が注目していることを示す信号を母親の談話の中に発見している。母親はこうした関わりの文脈を整理し，単純化することで，子どもが注意を再方向づけするようになるのを助けている。その際に大人の言語の特徴である慣習的手がかりが用いられることは，子どもの後の発達を考えるうえで実に重要だと思われる。こうして，子どもはしだいに注意の対象を特定化し，「何が」他者の注意を占有しているのかをいっそううまく見分けられるようになる。

3　記憶の共有（8カ月ごろ〜）

　注意の対象を特定化することを学んだ乳児は，ものに没頭するようになる。さらにしばらくすると，子どもの認知発達研究の確立に大きく貢献したジャン・ピアジェ（Jean Piaget）（e.g., Piaget 1964/1968, 1967/1989）が第2次シェマ（すなわち，対象物に焦点を絞った動作シェマ）の協応と呼んだ動作の組み合わせ，手段と目的の分化といった行動があらわれてくる。それとともに乳児は他の人と共同してものに関わることができるようになる。この時期にみられる変化は多くの研究者に強い印象を与え，膨大な量の研究がおこなわれてきている。

　ケイ（1982/1993:原著89-90）によれば，この時期の子どもは，相互行為を通じて大人が枠組みを与えた活動のなかでさらにシェマを分化させる。それによって，子どもは他者の次の行動の予測，意図の理解が可能になる。いっぽう養育者は，一緒に経験した出来事についての記憶を子どもがもっているのだ，と感じるようになる。このようにして，相互行為は意識のレベルで両方向の過程になる。ケイはこれを

「記憶の共有」と呼んでいる。このケイの議論を発展させていくにあたって，コルウィン・トレヴァーセン（Colwyn Trevarthen），マイケル・トマセロ（Michael Tomasello）らは重要な指摘をおこなっている。

トレヴァーセンら（Trevarthen 1999a, 2001; Trevarthen & Hubley 1978; Trevarthen & Marwick 1986）は，9カ月ごろに生じる養育者－子ども関係の変化を第二次間主観性と呼んでいる[4]。これは「人（自分）－人（他者）」あるいは「人（自分）－対象物」関係から，「人（自分）－人（他者）－対象物」関係への移行と記述される。この変化は，これまで独立していた経験を，他者の興味や活動との目的のある協応にもちこむものである。いったんこうした共同目的が定義されると，共有された意識は相互行為において与えられる，あるいは創られる意味や行為についてのより豊かなものへと進歩する。こうした変化は養育者の乳児に対する関わり方にも大きな影響を与える。たとえば母親の「発話内行為[5]」（Austin 1975/1978; Searle 1969/1986）は，それまでの事実についての言明や質問，注意を惹きつける発話に代わって，（子どもに何かをさせる助けになる）要求や教示といった「行為指示」的な発話を多く含むようになる（Trevarthen 2001:111）。これは子どもの意図や協力的な認知スキルの発達に動機づけられ，母親の関わろうという意図がはっきりした内容をとるようになってきたことのあらわれだと考えられる。

いっぽうトマセロら（Carpenter et al. 1998; Tomasello 1999/2006; Tomasello et al. 1993）は，多くの精緻な実験研究によってこの時期の子どもの変化の過程を多面的に検討してきている。トマセロらの主張のなかでもとくに興味深いのは，意図の理解と模倣の関係に関するものである。カーペンターら（Carpenter et al. 1998）によれば，意図の理解は生後9カ月ごろから可能になる。その後，徐々にあらわれてくる共同関与（joint engagement），伝達的ジェスチャー（communicative gestures），注意追随（attention following），模倣学習（imitative learning），参照的言語（referential language）といった重要な社会的認知スキルは，こうした意図の理解を基礎としていると考えられる。また，トマセロ（1999/2006:原著59-60,81-84）は，模倣をミミック（mimic: 見えた行動をそのまま再現する），エミュレーション（emulation: 行動の結果を自力で再現す

---

[4] トレヴァーセンらは，この9カ月ごろからの三項間の関係性を第二次間主観性（Trevarthen & Hubley 1978）と呼び，2カ月ごろからの原会話（protoconversation）などにみられる母子間の一体的な関係性を第一次間主観性（Trevarthen 1979）と呼ぶ。さらにトレヴァーセン（1990:731）は，情動的共感およびコミュニケーションに直接役立つ表現の協応が含まれるようにその判断基準を広げれば，間主観性は誕生までさかのぼって観察できると述べている。しかし，第二次間主観性よりも前の関係性（意図の理解にもとづく共同目的の確立を前提としない関係性）を「間主観性」と呼ぶことには異論もある（e.g. Stern 1985/1989:158; Tomasello 1999/2006:原著59）。
[5] 発話内行為は，発話のなかでなされる行為。これに対して，発話行為は単に何かを言う行為，発話媒介行為は発話によって結果的に達成される行為のことを指す。

る)，イミテーション（imitation: 行動の意図を再現する）に分けて考える。このうちイミテーションは，相互行為における相手の意図の理解と視点の取得を前提としており，トマセロ自身は模倣という概念をこの意味に限定して用いている[6]。イミテーションでは，他者の意図的な行動を観察した場合，たとえその試みが失敗したとしても，その意図を実現する（その手段にかかわらず，失敗した結果の方をまねればエミュレーションだと考えられる）。トマセロは，イミテーションが有効に使われることが種としてのヒトの学習の特徴であると考える。

　トレヴァーセンとトマセロは，乳児はこのころから「文化」を学習しはじめるという点で，意見が一致している。トレヴァーセンは，この時期の協力的意識が，社会的な意味や行為についての理解の契機となり，言語への道を開くと考える。またトマセロ（1999/2006:原著77-93）によれば，乳児は意図の理解を獲得したころから大人に合わせはじめ，言語・慣習・技術等の歴史的に形成されてきた文化について学ぶようになる。

4　シンボルの共有（14カ月ごろ〜）

　トマセロは，以下のように考える。もしもある一人のヒトが無人島で育ったなら，彼／彼女は生涯を通じて類人猿とさほど違わない振る舞いをするだろう。しかしヒトは進化の結果，さまざまな視点をとることを可能にする新しい認知的表象を獲得し，他者の意図の理解に基づいた学習をとおして新しい発見・発明を共有し，それらを歴史的に積み重ねることで独自の文化をつくり出してきた[7]。そして子どもは，つねに変容しつつある文化の現行版を，大人の助けをとおして徐々に身につけていく。

　ブルーナー（1983/1988:121）は，言語もまたこうした文化の副産物（そして媒介物）であろうと述べている。加えてブルーナー（1990/1999:100-101）は，近年の言語獲得に関する研究にもとづいて次の3点を主張している：(1)子どもが言語を獲得するには，認知科学の成立と発展に大きな影響を与えたノーム・チョムスキー（Noam Chomsky）とその共同研究者たちが推測したよりも，はるかに多く養育者か

---

[6] 本書でも，とくに注記しない限り，模倣という用語はトマセロのいうイミテーションの意味で用いる。
[7] トマセロら（1993:497-502）は，このような学習を「文化学習（cultural learning）」と呼び，さらに文化学習を以下の3つのタイプに分けている。(1)模倣学習（imitative learning: 9カ月ごろからみられる。学習者が他者の行動の方略を内化する）。(2)教示学習（instructed learning: 4歳ごろからみられる。学習者が教師の教示を内化し，後にそれを用いて行動を自己制御するようになる）。(3)共同学習（collaborating learning: 6歳ごろからみられる。同輩集団が共同して何か新しいものを構築する）。さらにトマセロ（1999/2006:原著4-6,37-48）は，文化学習を通じて，個人あるいは集団による創造の結果は絶えず改修を経ながら集団に広まり，次世代に受け継がれていくと論じ，こうした過程を「ラチェット効果（ratchet effect）」と呼んでいる。

らの援助と相互行為を必要としている；(2)ある種のコミュニケーションの機能や意図は，子どもがそれらを言語的に正しく表現する「公式言語」を身につける以前にまさしく存在している；(3)母語の獲得は非常に文脈に敏感である。

　トマセロらが提唱する「社会プラグマティック・アプローチ」にもとづく研究（e.g., Brooks et al. 1999; Tomasello 1997, 2000）は，上記のブルーナー（1990/1999:100-101）の主張を実証的に裏づけている。すなわちトマセロらは，乳幼児が語の意味を正しく獲得するためには，言語の学習に特有の生得的な制約[8]だけではなく，社会的相互行為におけるプラグマティックな情報（例：視線の方向，感情表現，新奇性，強調）を利用することが必要であることを明らかにしてきた。

　つまり，語の意味は共同注意を効果的に達成したのと同様のやり方で習得される。大人からみれば，言葉は共有された社会的状況のなかで子どもに特定の要素を注目させるための手段の一つである。そして，子どもが徐々に社会的な認知スキルを獲得し，意味や行為を豊かにしていくとともに，大人もその関わり方や発話内容を変えていく。おそらく，ブルーナー（1983/1988:32）がいうように「言語は相互のコミュニケーションをより効果的に，きめ細かく調整されたものにするために形成される」のだろう。この形成の過程を明らかにするためには，相互行為を丹念に分析していくことが有効だと考えられる。

第2節　社会化に対する相互行為の人類学的アプローチ

　前節で概観した近年の研究は，先にみたサンダーの結論の1点目，すなわち乳児が誕生するとすぐから，母親と乳児は注意を共有できるようにお互いに行動のパターンを調整し，変化させていくという過程について精緻な実証的データを提供し，その詳細や新しい知見を明らかにしつつある。これは，概略的にいえば，さまざまな生得的コンピテンスを備えた新生児が，養育者による働きかけを通じてそれを開花させるとともに相互行為のパターンをつくりだし，そこで達成される「意図の理解」を基礎として，「文化」を学習しはじめるという過程である。

　けれどもサンダーの結論の2点目，つまり相互行為のシステムの個別化された特徴と普遍性の関係については議論が十分に深められてこなかった[9]。とくに，それらと文化的文脈との関わりを中心にすえて論じた研究はほとんどなかった。こうした観点から発達研究をとらえなおすうえで興味深いのが，以下にみる言語的社会化

---

[8] 語を事物全体のラベルとして優先的に学習すること（whole object constraint/assumption）や，学習した語を（主に形状的に）類似した事物にも自発的に拡張すること（taxonomic constraint/assumption）などが提案されている（cf. Markman 1989, 1992）。

アプローチをとる研究である（第1章，第2章も参照）。

　言語的社会化アプローチによる研究を中心となって推進しているオックスらによれば，このアプローチにとっての重要な論題は，あるコミュニティにおけるコミュニケーションのコード，慣習，および方略に関するハビトゥスが，そのコミュニティの社会・文化的論理とどのように関連しているかを正確に解析することである（Ochs et al. 2005:548）。そこでこのアプローチをとる研究者は，研究の対象とする社会における相互行為のなかで，ある行為がどうしてある特定の時点で，特定の方法で，そして特定の参加者によって実行されるのかを明らかにする（Duranti 1997; Ochs 1988; Ochs et al. 2005）。オックスら（2005:552-553）は，ある社会的集団のメンバーがどのように子どもと言語的または非言語的な相互行為をおこなうようになっていくのかを解明するための理論的なツールとして，「子ども向けのコミュニケーションのモデル」を提案している。このモデルでオックスらは，言語的社会化論における分析の範囲を言語的な発話以外のコミュニケーションのモードにも拡大している。この点で，「発話以前」の言語的社会化についての研究はとくに注目される。前節で紹介したような子どもの発達に関する多くの研究が示唆するように，顔の表情，視線の方向，うなずき，指さしといったジェスチャーは，子どもが話し始めるかなり前から養育者－子ども間相互行為において効果的に用いられる。これらのジェスチャーは，相互行為におけるその場の状況を指示しており，状況に埋め込まれているばかりでなく，状況を生み出す行為となることができる（Goodwin, C. 2000）。そこで言語的社会化アプローチでは，言語使用についての理解を深めるために，言語以外のさまざまな記号論的資源（Goodwin, C. 2000）を適切に用いることで，養育者と子どもがどのように行為を構成するのかを明らかにしつつある。以下では，第3章および第4章でも取り上げたサンのうちの2つの近縁なグループ，グイ／ガナにおける養育者－子ども間相互行為のデータにもとづいて，この点についての具体的な分析を提示する。

1　行動の相互調整における文化的基盤

　サンではさまざまな言語／地域集団を通じて，幼い子どもと母親の間に非常に密接な関係が認められる。たとえば，サンの母親－乳児間の身体的接触の程度は，西洋社会の母親－乳児間でみられるそれよりもはるかに大きい。コナーとワースマン

---

[9] 例外的にフォーゲルら（e.g., Fogel et al. 2006）は，この問題を検討するために「関係史的アプローチ」を推進してきている。米国における養育者－子ども間相互行為の縦断的観察にもとづいて，フォーゲルらは乳児のさまざまな認知スキルが二者関係における相互調整の歴史的な過程の産物であることを示している。

(Konner & Worthman 1980) は，サンのうちのジュホアン (Ju|'hoan) という集団では母子間にひんぱんな身体的接触がみられ，このため母親は乳児の状態の変化に素早く気づくと主張している。またコナーとワースマン (1980) は，ジュホアンでは乳児期を通じて母親が1回に数分のみの授乳を，1時間あたり約4回もおこなうというデータを示している。こうしたひんぱんで持続時間の短い授乳は，他のサンの言語／地域集団でも認められる。高田 (Takada 2005b) によれば，サンのうちのクン (!Xun) という集団での生後2〜4カ月における授乳の持続時間は，平均3分ほど，授乳間隔は20分前後で，ジュホアンでの報告 (Konner & Worthman 1980) とほぼ一致していた。さらに高田 (2005b) は，クンで授乳がおこなわれる日常的な状況を微視的に観察し，このような授乳のパターンが形成される理由として以下の5点を確認した。

(1)まず，母親が授乳をおこなう場面に時間的・空間的な制約がほとんどない。いいかえれば，母親はいつでも，どこでも乳児に授乳をおこなうことができる。たとえば母親は，他人がいるときでも躊躇せず授乳をおこなっていた。また，料理中，裁縫中，または喫煙中に授乳をおこなっていた例も認められた。(2)授乳はしばしば乳児がむずかることを契機として始まる。さらに乳児は，母親が授乳を始めるとむずかるのを止める傾向があった。

また乳児は一般に，その身体の仕組みから吸てつを20〜30秒程しか続けることができず，その度に休止することが知られている。授乳の持続時間が短いことは，この吸てつの休止の前後に起こる以下の相互行為と関連していた。(3)吸てつは，母親の視線と負の相関を示した。いいかえれば，母親は吸てつ中の乳児にはあまり視線を向けていなかった。これは，乳児がおとなしく吸てつをおこなっているときは，授乳している母親は通常よりリラックスしていたためだと考えられる。母親はたいてい，乳児がむずかる動きを始めてから行動を起こしていた。(4)過半数の母親が，乳児が吸てつを休止した直後にジムナスティック（乳児を膝の上で抱え上げ，立位を保持，あるいは上下運動させる一連の行動。本節の2，3も参照）をおこなっており，それが授乳終了の契機となっていた。(5)乳児が吸てつを休止した直後にジグリング（乳児を抱いた状態で乳児または乳房を優しくゆする行動。本節2も参照）があまりおこなわれない。第1節1で見たように，吸てつの休止中にジグリングをおこなうと，吸てつの再開が促進される。欧米や日本では母親が吸てつの休止期間にジグリングを繰り返しおこない，これが授乳を長時間続かせていることが知られている (Kaye 1977, 1982/1993; Kaye & Wells 1980; 正高 1993)。さらにケイ (1982/1993) は，こうした母子間の吸てつとジグリングの「ターン・テイキング」は，会話をはじめとする後のより発達したターン・テイキングの基盤となる，もっとも基本的で普遍

的な現象だと主張した。これに対して，クンでは吸てつが休止してもジグリングがあまりおこなわれず，母親は乳児のむずかりや泣き声に対して反応していた。その結果として，吸てつの再開が促進され難かった。こうした観察は，上記の吸てつとジグリングのターン・テイキングの普遍性についての主張に対する重要な反例となっているだけではなく，初期の養育者－子ども間における行動の相互調整に関する文化的基盤について，さらに深く理解するための重要な事例を提供している。以下では，やはりサンに含まれる2つの言語／地域集団であるグイ／ガナ（第3章と第4章を参照）の授乳場面の相互行為を分析することを通じて，この点についてさらに考察を進める。

　ここで分析するデータは，第3～4章で分析したものと同じく，おもに著者がボツワナ共和国のコエンシャケネで実施したフィールド調査に基づいている。動画の収録にあたっては，登場人物にはどのように相互行為をするかについて，いっさい指示はおこなっていない。また必要に応じて，人々に養育行動に関するインタビューもおこなった。その後，筆者はインフォーマントとともに動画資料，およびインタビューの一部について文字起こしをおこなった。これらのコミュニケーションは，すべてグイ語およびガナ語でおこなった。養育者－乳児間相互行為に関わる文字起こしでは，言語的社会化論の研究（e.g., Duranti et al. 2012; Ochs 1988）にならって，それぞれの参与者について言語的発話だけではなく身体的行動についても文字起こしを作成した。

2　養育の複合的文脈

　ジュホアンやクンでみられたようなひんぱんで持続時間の短い授乳のパターンは，グイ／ガナの母子間でも認められる。著者の調査データによれば，グイ／ガナの母親は通常，1回の授乳は数分で，1時間あたり約4回授乳をおこなっていた。以下にみる事例5-1[10]では，母親Mが彼女の小屋の前で生後6週の乳児Axに授乳していた。小屋の中には，3歳3カ月齢になるAxの姉Gt，およびMの甥にあたる10歳のPがいた[11]。

事例5-1

　事例の開始時，Gtはケチャップの瓶のふたを手に取り，それをなめた。Pはビデオカメ

---

[10] 事例5-1は，それぞれの参与者の非言語的行動，言語的行動を時間軸に沿って示している。これ以降の分析も，これと同じ動画資料のシステマティックな文字起こしにもとづいているが，紙幅の制約のため，本節3および本節4の分析では文字起こしは一部を除いて省略する。

[11] ただしPは，この場面では他の参与者との直接の相互行為がほとんどみられなかったので，文字起こしに含めなかった。

事例 5-1　授乳活動

カウンター (分：秒)	行	Gt (3歳3カ月齢) 身体	Gt 言語	Ax (6週齢) 身体	Ax 言語	M (GtとAxの母親) 身体	M 言語	A (筆者) 身体	A 言語	その他 身体	その他 言語
0:25:30	1	三脚の上に設置されたビデオカメラがMとAの間においてある。眠そうな大犬がMの左横にべってりいる。(画面では見えない)。ケチャップの入ったラジカセで何かの音楽がかかっている。		少し四肢を動かしながら、Mの左胸を吸っている。同時に目はビデオカメラの方を向いている。		小屋の前に座っている。この抜粋の4分ほど前に授乳を開始した。左胸でAxに授乳しながら目は前方を見ている。		Mの右に座っている。			
0:25:32	2			口が乳首から離れる。							
0:25:33	3			四肢を激しく動かし、反り返りながら四肢を動かしている。		Axを見ている。					
0:25:35	4										
0:25:35	5	犬が頭をあげ、若者たちを目で追う。				Axの顔を見ている。右手で乳首をAxの口に含ませる。					
0:25:38	6			四肢の動かすのを止め、吸てつを再開する。						若者がMとAxの前を通る。	
0:25:44	7	犬が頭を下げ、目を閉じる。				Axから目を離し、前方、次いで左の方を眺め始める。					
0:25:48	8	山羊の鳴き声がする。		乳首を受けつけ続けているが、眠たそうに見える。							
0:25:50	9						"Xakitire-si cial/ko xa tsere //naon xa //naan ya +oxoa" (Gt, お祖父ちゃんたちが小屋から出てきたよ。)				
0:25:53	10					左の方を眺めている。	hhh				
0:25:58	11			目を開ける。		咳き込む。					
0:26:00	12			目はビデオカメラの方を見ているように見える。		前方を見る。					
0:26:06	13										
0:26:09	14	犬が頭をあげ、左後足で頭を掻く。風の音が強くなる。				Axの顔をのぞき込み、続いてGtの方を振り返る。	"Etsera koma xa ci sii /aotsihaa-si wa //om cia mee //goa xa +oxoa" (あの人たちは今日中にオリツアーに着いて、《そして》日はもう《言ってたので》止まってくるよ、だけど、夕方になってから《ここを》発つのかもしれないね)				
0:26:15	15										

時刻	#	犬の動作	発話1	動作1	発話2	動作2	備考
0:26:20	16			Mの顔を見上げる。			いっよ。
0:26:22	17		a ha(h) a ha(h) a ha(h)			Gtに微笑む。	
0:26:24	18		[a ha(h)] a ha(h)			Gtに微笑む。	[hh]
0:26:25	19					Gtから目を離し、前方を見る。	
0:26:26	20			自分の右腕を動かす。		Gtの方を振り返る。	Khuri（終わり）
0:26:28	21		a ha(h) [ha(h)]	自分の右腕を動かす。		Gtに微笑む。	[hh]h hhh
0:26:32	22			自分の右腕を動かす。		Axの顔をのぞき込む。	[hh]
0:26:34	23			自分の右腕を動かす。		微笑みながらGtの方を振り返る。同時に、毛布でくるんだAxを抱っこする。	
0:26:35	24		e hhh [hh]	自分の右腕を動かす。		Axの顔をのぞき込み、続いて前方を見回す。	[hhh]
0:26:40	25		'hh	自分の右腕を動かす。		Axの顔をのぞき込む。	
0:26:43	26		hhh	Mの乳首から口を離し、口腔を動かし始める。			
0:26:47	27		'hh	カメラの方を見ながら口腔を動かす。			
0:26:50	28		ai(h)				
0:26:52	29		ayaa(hhhh)	自分の右手を吸ってつしようとするがそれに失敗する			
0:26:54	30			自分の右手を吸ってつしようとするがそれに失敗する		微笑みながらGtの方を振り返る。	
0:26:56	31		[hh]	自分の右手を吸ってつしようとするがそれに失敗する			[hh]
0:26:57	32		ai(h)	Mの乳首を口に含もうとする		Axの顔をのぞき込む。	
0:26:59	33	犬が頭を少しあげ、若者たちを見る。		Mの乳首を口に含もうとする		若者を眺める。	
	34		uuu(h)	Mの乳首を口に含もうとする			"maaxo e xa cie cie saa ezi//ax/aa"（さそれ、((=大陽))はどこにあるのか私はそれ((=衣類))をずいぶん前に洗ったのに。） 若者がMとAxの前を通る。
0:27:03	35			Mの乳首を口に含む。		右手で乳首をAxの口に含ませる。	
0:27:04	36			Mの乳首を口に含もうとする。		Axの顔を見る。	["ae"]
0:27:06	37	犬が頭を下げ、目を閉じる。		吸ってつを始め、口腔の動きは静まる。		前方を眺める。	"(')" "(')"

第5章 発達と社会化

ラを見ていた。Ax は母親の左胸から吸てつし，その四肢を軽く動かしていた。Ax はすぐに乳首から口を離し（1行目），四肢を強く動かして，反り返った姿勢になった（2行目）。母親は Ax を見つめ，右手で乳首を Ax の口に含ませた（3行目および4行目）。その後，Ax は四肢を動かすのを止め，再び吸てつを開始した（6行目）。しばらくして，母親は視線を Ax から外し，前方，次いで左の方を見た（7行目）。

このんびりとした授乳行為中，母親はより広い参与枠組みに関わっていた。10行目で母親は，Ax に授乳しながら，すこし離れたところに見える祖父および彼の仲間の男性について「Gt，お祖父ちゃんたちが小屋から出てきたよ。」という発話をおこなった。この発話の主たる受け手は Gt である。しかし，Gt からの反応は認められない。いっぽう眠そうであった Ax（9行目）は，この母親の注意の変化を感知したようである。母親が Gt からの反応の不在の後に笑い声と咳を発したとき，Ax は目を開けた（11行目）。彼女の注意は，著者が設置していたビデオカメラの光に向かった（13行目）。このとき母親は，Gt に向かって「あの人たちは今日中にアオツァー（地名）に着いて，《そこで》泊まるって言ってたのよ。だけど，夕方になってから《ここを》発つ《みたい》よ。」という発話をおこなっていたが，Ax の状態の変化に気づき，発話の途中で Ax の顔をのぞき込んだ（15行目）。これに対して Gt は，言葉にならない発声および笑い声によって母親の発話に応答した（16行目，17行目，および21行目）。

吸てつを開始してから約50秒後，Ax は右腕を動かし始めた（21行目）。母親は Ax の顔を2回見つめた（22行目および25行目）。しかしこのとき，母親は Ax を毛布にくるんでおり（23行目），さらなる吸てつをうながすために体を揺らすことはなかった。その結果，Ax は口を母親の乳首から離し，四肢を大きく揺らし始めた（26行目および27行目）。母親は Ax の顔を2回見たが（27行目および32行目），やはり吸てつをうながすような行為はしなかった。その代わり，母親は Gt を見つめ（30行目），P に向かって「それ《＝太陽》はどこにあるのかしら。私はそれ《＝衣類》をずいぶん前に洗ったのに。」という発話をおこなった（34行目）。その間，Ax は自ら右手を口に入れようとし（29〜31行目），それから母親の乳首を口に入れようとし始めた（32〜36行目）。Ax が口を乳首から離して約20秒後，母親はとうとう右手で Ax に乳首を含ませた（35行目）。そのとき母親は "ae" と発声し，Ax の顔を再び見た（36行目）。Ax は吸てつを開始し，むずかり始めていた四肢の動きは緩慢になった。母親は直ちに Ax から視線をそらし，前方を見た（37行目）。

横たわった姿勢にある生後6週の乳児 Ax がおこなうことのできる行動は，乳首や手を吸う，人の顔や光るものを見つめる，四肢を動かすなどに限られている。しかしながら，Ax はこのような限られた行動のレパートリーの範囲内で，与えられた状況に精一杯反応していた。いっぽう母親は小屋の前で座り，Ax に授乳している間により幅広い状況に対処していた。この短時間の相互行為場面でも，彼女は乳

児を抱いてその世話をしながら，彼女の前方を見て，上の娘 Gt と親戚の噂話をし，甥である P に天気について愚痴っていた。母親は日常的に，上記のような複合的な文化的文脈からなる，複雑な参与枠組みに関与している。これが，母親が授乳中に乳児をあまり見つめることなく，しばしば乳児がむずかってから応答する理由の一つである。

3　養育活動におけるリズムの共同的な創造

　言語／地域集団を通じて，サンの養育者は生後数週間ごろから乳児にジムナスティックをおこなう，すなわち膝の上で乳児に立位をとらせるかジャンプさせることが多い（Konner 1973, 1976; 高田 2002a, 2004; Takada 2005b）。吸てつはジムナスティックと負の相関を示し，授乳がジムナスティックの開始によって終了することもある（Takada 2005b）。グイ／ガナの養育者は，乳児にこのジムナスティックを平均して 7 分間隔で一日中実施する（高田 2004）。クン・サン（Takada 2005b），東部および西部アフリカ（Bril et al. 1989; Super 1976）の養育者も，このような行動をおこなう。

　ジムナスティックは，「U 字型」原始反射の一つとされる歩行反射を誘発する。一般に，歩行反射を含む原始反射は，生まれた直後には認められるが，生後数カ月以内に消失するとされる。その後，歩行行動は乳児が立って歩き始めるころに再びあらわれる（Bly 1994; Cole & Cole 1993:136-137,152）。しかしながらグイ／ガナやクンでは，養育者がひんぱんにおこなうジムナスティックが歩行反射を誘発し続け，生後 2 カ月を越える乳児でも歩行反射が消失しない（高田 2004; Takada 2005b）。これは，歩行反射はもともと消失するようプログラムされたものではなく，ある状況下では持続するような柔軟性のある行動であることを示唆する。

　グイ／ガナやクンでは，ジムナスティックは楽しい雰囲気の中でおこなわれる。著者のデータによれば，養育者はぐずついている乳児を，ジムナスティックに引き込むことによってなだめようとしていた（高田 2002a, 2004; Takada 2005b）。以下にグイ／ガナでの例をあげる。

事例 5-2

　事例 5-1 での相互行為の 1 分後。Ax は生後 6 週の女児，M は Ax の母親である。母親は小屋の前に座り，乳児 Ax に授乳している。短い吸てつ時間（約34秒）の後で，Ax は乳首から口を離し，四肢を動かし始めた。母親はすぐに Ax の顔を見て，右手で乳首を口に含ませようとした。しかし，この試みは失敗し，母親は「oʔo : oʔo」と発声し，Ax をなだめた。それでも Ax は四肢を動かし続けた。母親は手で Ax の体を抱き上げ，座った姿勢にし

図5-1　MはAxを引き上げ，立った姿勢にした

た。Axの動きは遅くなった。さらに母親はAxを引き上げ，立った姿勢にした（図5-1）。それによって，Axの連続的な歩行運動が直ちに誘発された。それから母親はAxの身体を2回つかみ，Axにジムナスティックをおこなう間，繰り返しAxの脇の下を軽くたたいた。母親は，Axの身体を支えている手の圧力を緩めた。Axは体重を自身で維持することができないため，徐々に身をかがめた。母親はAxを見つめ，再度Axを座った姿勢にした。

　以上のやりとりでは，授乳中およびジムナスティック中のいずれにおいても，母親および乳児の身体が乳児に心地よさをもたらしている。授乳中は，乳児は母乳によって空腹が満たされ，さらに単純でリズミカルな吸てつは乳児に喜びをもたらす。またジムナスティック中にとらされる立った姿勢は，むずかっている乳児をなだめる効果がある（Korner & Thoman 1972; Zelazo 1976/1982）。ここでは，Ax（6週齢）の脚の動きが反射的なものから自発的な運動へと変化しつつあることに注意すべきである[12]。このようにAxの母親は，ジムナスティックをおこないながら，乳児と協力してリズムを作り上げ，相互行為を楽しいものとしていた。

　養育者はこうして，乳児との身体的な関わり合いに共同的音楽性（communicative musicality: Malloch 1999; Trevarthen 1999b）を導入する[13]。共同的音楽性は，相互行為の過程で何をするべきか，および何をするべきではないかについての乳児の予期を発達させ，そのローカルな文脈に応じた望ましい反応をうながす。これによって，乳児に応答の可能性（ability of response）としての責任（responsibility）の感覚を発達させるための基盤を提供しているといえよう（Takada 2012; 高田 2016）。こうした

---

[12] 初期の乳児は授乳やジムナスティックといった養育行動に対して，いわゆる反射によって反応している。しかし，反応は相互行為を積み重ねるなかで徐々に随意的なものとなる。一般的に生後3カ月ごろまでに，乳児はその感情状態を，養育者の感情状態と共に調整することができるようになる。その後，乳児が応答する範囲はしだいに大きくなり，それに応じて養育者もまた期待の範囲を増大させる。その結果，乳児はさらに複雑な相互行為の構造に関わるようになる。

[13] マロック（Malloch 1999）によれば，共同的音楽性は「拍子」「質」「語り」によって構成される。「拍子」は一定の時間にわたる表出的イベントの規則的な連続からなる。「質」は，発声のメロディックで音色的な音調曲線からなる。「語り」は，発声とジェスチャーのなかにみられる拍子と質の組み合わせからなり，聴者に時間が経過する感覚を共有させる（第7章参照）。

人生のきわめて早い時期にあらわれる責任の感覚は，後のより複雑に組織化された相互行為に子どもが参加していくための道筋を準備するものである。

また母親は，座って乳児を抱っこしている間や抱っこひもで乳児を包んで村を歩き回っている間に，しばしば乳児の姿勢を変化させていた。母親はたいてい乳児を抱き，その身体に接触しているので，容易に授乳やジムナスティックへと移行することができる。このような身体の利用は，グイ／ガナにおける母親と乳児とのコミュニケーション・スタイルを特徴づけている。前掲のチャペルとサンダー (1979) が示したように，一般に母親はしばしば幼い乳児の姿勢を変化させ，これによって乳児の覚醒水準をその場の状況に適ったものにしようとする傾向がある。母子間の密着度の高いグイ／ガナでは，こうした乳児の姿勢への介入の方略がとくに発達しているようである。彼女らは，間身体性（Merleau-Ponty 2002/2015）を介して乳児とコミュニケートしているともいえよう。身体化された文化的実践をおこなう状況としての身体フィールド（Hanks 1996:257,265）は，グイ／ガナの特徴的な間主観性を生み出す基盤として働いているのである（以下を参照）。

4　共同的音楽性と発話共同体

幼い子どもへの働きかけは，その発話共同体において歴史的に構築されてきた文化的実践と関連しながら組織化されている（Ochs et al. 2005:550）。グイ／ガナの間では，いくつかの乳児に関わる共同的音楽性の形態が，制度化されている（Takada 2005b, 2012）。その一つが，乳児のための歌／ダンスである。グイ／ガナでは，歌とダンスを切り離すことはできない。民俗概念であるキー（|kii）は歌およびダンスを意味する。グイ／ガナの生活では，歌／ダンスが医療実践，恋人への語りかけ，娯楽といったさまざまな活動に用いられる。とくに夜には，彼らが歌／ダンスをおこなう光景をしばしば目にする。どこからともなく集まってきた人々が，次々と歌とダンスの輪に入っていく。

次の例は，短いツァンド（*tsando*）の歌／ダンスを示している。ツァンドの意味はジムナスティックの意味と一部重複する。ツァンドの実践では，養育者は歩行行動を真似るように乳児をジャンプさせるか，乳児の手をひいて歩くのを助ける。そしてグイ／ガナは，ツァンドを実践することは乳児の一人歩きをうながし，ダンスのパフォーマンスを上達させると信じている[14]。さらに乳児にツァンドをおこなうとき，養育者はしばしば「ツァンド，ツァンド，コアンリ・ココア・クリ（*tsando, tsando, |koā-rì kú-kùa khúri*）」というフレーズを独特のメロディーに乗せて歌う。ここ

---

[14] サンの言語／地域集団によってジムナスティックの解釈にはかなり違いが認められる（高田 2004; Takada 2005b）。

図5-2 ツァンドの歌／ダンス

で，|koáは「子ども」を意味する。riは通性，複数および主格を示す接尾辞である。kú-kûaはおそらくkōwā kōwāの圧縮された発声であろう。kōwāは「行く」を意味する動詞kônの交替形である。その反復形のkōwā kōwāは，「進み続ける」を意味する。khúriは「終わり」を意味する語彙である。グイ／ガナのインフォーマントは，この語彙は「ハイハイするのを止める」という意味であると示唆した。したがって，フレーズ全体の意味は，「ツァンド，ツァンド，子どもたちよ，進め，進め。ハイハイするのは終わりにしよう」といったものになる。

図5-2は，ツァンドの歌／ダンスの実際のパフォーマンスを歌詞と楽譜に起こしたものである。これは，グイ／ガナの歌／ダンスのいくつかの特性を示している。まず，音調曲線および楽譜から示唆されるように，メロディーはそれぞれの単語の声調[15]を活用している。次に，|koáに含まれる歯茎クリック（|）は，打楽器の音のように効果的に働き，リズムを刻む助けになっている。3番目に，歌詞の発音は，形態素の音節構造によって制約を受ける[16]が，いくつかの単語の発音は歌のリズムによって修正されている。たとえば，最初のtsandoの前に，語彙的には意味のないaが挿入されている。最初のtsandoの第3音節（do）およびkhúriの第1音節（khu）の発音は引き延ばされている。そして，|koáおよびkōwā kōwāの発音は，歌のリズムに合うように短くなっている。

この歌／ダンスは，ツァンドの実践と切り離すことはできない。さらに，ツァンドをおこなう者の回りにいた人々はこれに同調した動きを示し，陽気な雰囲気の中で手をたたいたり，歌詞を一緒に歌ったりする。事例5-3はこうした場面を示している。

---

[15] グイ語／ガナ語は，複合的な声調システムをともなう声調言語である。一音節形態素には2種類の声調（無標：高レベル，`：低レベル）が，二音節形態素には6種類の声調（無標：高レベル，´：高落下，ˆ：落下，ˉ：中レベル，ˋ：低レベル，ˇ：低上昇）がある（Nakagawa 1996:119-121）。

[16] グイ語の形態素は限られたパターンの子音−母音の組み合わせによって形成される（Nakagawa 1996:114-119）。グイ語の90%以上の形態素は2シラブルからなり，さらにそれらは2つのタイプ（CVCVあるいはCVN，ただしCは子音，Vは母音，Nは鼻音）に分類される。他の大半は1シラブルからなる形態素で，さらにそれらは2つのタイプ（CVあるいはN）に分類される。

事例5-3

　2人の成人女性, TkとGpが集落の人々に酒場として利用されている家庭を訪問した。TkとGpはそれぞれ乳児Mt（7カ月と3週齢）およびB（6カ月と3週齢）と一緒に地面に座っていた。他にその場にはTkの義理のキョウダイTt（Mtのオジにあたる），Gpの夫K，Kの友人N，および筆者Aを含む数人がいた。

図5-3　TkはMtの立った姿勢を維持し，Mtを2回ジャンプさせた

集まった人たちは，以前暮らしていた集落に戻るべきかどうかという話題について話し合っていた。この話し合いの傍らで，TkはMtにジムナスティックをおこない始めた。TkはまずMtを腕の下でつかんで身体を支え，Mtを引き上げた。TkはMtの立った姿勢を維持し，Mtを2回ジャンプさせた（図5-3）。これによって，Mtは直ちに自発的な歩行運動を開始した。TkはMtを座らせた後，Mtに，"[ai:]ʔabe kua ɬnaa khoa ʔii（「［まあ］彼はダンス・ステップをしているみたい」）"と陽気に話しかけた。

　上述の出来事の後，Aは，TkがMtにツァンドを実践していたかどうかについてTtと話した。ほぼ同時に，GpもBにジムナスティックをおこない始めた（事例5-4）。

事例5-4

　事例5-3で説明した相互行為の5秒後。Bは両脚を動かした。GpはBを持ち上げ，Bを見つめながら立った姿勢にした。Gpによるジムナスティックに続いて，BはGpに支えられながら地面の上で歩行運動をした。Gpに支えられて，Bは体重を自分の両脚に加重し，さらにそれぞれの脚に体重を順番に移動させた

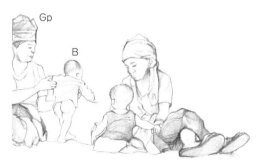

図5-4　Gpに支えられて，歩行運動をするB

（図5-4）。Bは側にあった水タンクに手を触れ，その取っ手を握った。

　Gpは，抱っこしていたBの両脚の動きに対して，すぐさまジムナスティックで応答した。同時に，GpはTkによって実施されたジムナスティック（事例5-3）を

見ており，さらにその後のAとTtによる会話を聞いていたため，ジムナスティックを始めることを動機づけられたのかもしれない．Aと言葉を交わした後，今度はTtが自分でツァンドの歌詞を詠じた（事例5-5）．

事例 5-5

事例5-4の相互行為の直後．TtはTkの義理のキョウダイ，KはGpの夫である．

1　Tt: *kana　cie　　　ʔama, ǁnoori, TSANDO EE*
　　　　or　　1:m:s:N　3:m:s:A　niece　　　　INT
　　じゃあ，私が「そいつ」の，姪のためにツァンドをする．

2　Tt: *TSANDO, TSANDO, |koã-de　　ku-kua khuri　　cia　　mee*
　　　　　　　　　　　　child-c:p:N　go go　finish　 1:m:s:N　say
　　ツァンド，ツァンド，子どもたちよ，進め，進め，ハイハイするのは終わりにしよう，と私は言っている．

3　K: *ʔesa ciexo na [ʔesa] aa ǁkae*
　　　 3:f:s:A put　and　3:f:s:A that teach
　　彼女を《立った姿勢に》して，［彼女に］それを教える．

4　Tt: *[aa]　cie-zi　　ǁkam |xoa |neẽ tana　　xoa　ciẽ*
　　　　 that stand-f:p:A sense with this like direction stand
　　あの立っている［人たち］，感じている間に，このように立たせる．

1行目でTtは，Mtと自分の親族関係を説明した．Ttの母親は夫（Ttの父親）が亡くなった後でTkの父親と結婚した．したがってTtとTkは義理のキョウダイとなる．Tkの娘であるMtはTtの姪となり，グイ／ガナの親族システムではǁnooriと分類される[17]．Mtの側からみると，Ttはオジでありciaǁkuと分類される．ciaǁkuは，冗談関係[18]を構成する彼らのǁnooriに対し，特別な世話をすることが期待されている（Takada 2005a）．

Aとの発話のやりとりを受けて，Ttはグイ／ガナの親戚関係の網のなかに自らの立場を位置づけながら，音楽的なパフォーマンス性を強めた新しい相互行為の連鎖を開始した．すなわちTtは，ツァンドの完全な歌／ダンスのフレーズを声に出

---

[17] ǁnooriは，Ego（自分自身）より下の世代の冗談関係に分類される親族を参照するときに用いられる親族名称，ciaǁkuはEgoより上の世代の冗談関係に分類される親族を参照するときに用いられる親族名称である（Ono 2010:63-65）．また，ここでTtは女児であるMtを指すために，三人称，男性，単数，直接目的格を示す「彼（*ama*）」という代名詞を用いている．インフォーマントによれば，グイ語／ガナ語の会話では，乳児の性は必ずしも代名詞の性と一致しない．事例5-3にもその例がみられる．

[18] 文化人類学における用語で，お互いに相手を揶揄・中傷したり，通常なら無礼とされる行為をおこなったりし，かつそれらが期待され喜ばれるような関係．これに対して，特定の規範（例：一緒に食事をしない，個人名を呼ばない，わいせつな言葉を口にしない）を守ることが厳しく義務づけられている関係を忌避関係という．

し，それに "*cia mee*（「私は言う」）" を続けた（2行目）。

　このTtの発話によってうながされ，今度はGpの夫であるKが発話をおこなった（3行目）。Kは，「彼女を((立った姿勢に))して，[彼女に]それを教える」という発話で，ツァンドの具体的な説明をおこなっている。続いてまたTtが，Kの発話と重複しながらツァンドの説明をおこなっている（4行目）。3行目のKの発話は，Bの左手をにぎっている彼の妻Gpに対する教示ともなっている。それに応じてGpは，徐々にしゃがみ込んでいったBの身体を起こした。そしてGpはBを見つめながら，Bを立った姿勢にして支えた。

　授乳やジムナスティックの例と同様に，乳児のための歌／ダンスは養育者－乳児間相互行為に共同的音楽性を導入する。ツァンドの歌／ダンスは，乳児と身体的な接触をともなっておこなわれることが多い。上述の例では，Ttによって歌われたツァンドの歌／ダンスはジムナスティックをともなっていた。こうした一連の行為は，養育者－乳児間相互行為のための文化的活動の枠組み（ここではツァンド）に非言語的行動，韻律特性，および言語的発話の文節構造をシンクロさせたものである。これと関連して高田（2005b）は，クン・サンも（ただしグイ／ガナとは少し異なる方法で）ジムナスティックの行動的リズムと名前の呼びかけの言語的なリズムとを関連づける養育行動の枠組みを発達させていることを報告している。

　大人の会話では通常，言語形式の詩的機能にはあまり注意が向けられていない（Hanks 1996:82; Jakobson 1960）。いっぽう，乳児向けの発話では，相互行為における養育者と乳児の相互的な関与を高めるために，しばしば言語の韻律特性および文節構造が活用される。ツァンドの歌／ダンスは，養育者が乳児の行動と自らの行為を調律しやすくするための記号論的資源として，とくにメロディーを提供している。たとえば，彼らはメロディーを乳児の脚の動きのリズムに合わせることができる。これによって乳児の脚の動きは乳児が歩いている，もしくはダンスをしているとみなされる。

　グイ／ガナの養育者は，ツァンドの歌／ダンス以外にもさまざまなリズミックなやりとりにおいて，乳児が適切なタイミングでおこなったターン・テイキングのような行動に肯定的な評価を与える。たとえば高田（2005a）は，生後27週の乳児が養育者の発話の終了が可能な点（possible completion point; 第2章を参照）で正確に非言語／言語的反応を示し，それに対して養育者が直ちに喜びに満ちた感嘆の表現で応答するというエピソードを報告している。乳児が適切なタイミングで反応をおこなうことが増えるにつれて，養育者も乳児の注意を引いたり，管理したり，褒めたりする方略を変化させていく。それによって，養育者は彼女らのコミュニケーションのフィールドに対する乳児の関与を積極的に調整しているのである。

しかしこのことは，養育者－乳児間相互行為における音楽性が二者関係に限定されることを必ずしも意味しているわけではない。実際，多人数の相互行為に乳児を引き込むことが歌／ダンスの特徴である。ツァンドの実践には，対象者（通常は乳児），ジムナスティックの遂行者，ツァンドの歌／ダンスの歌い手，聴衆，および傍観者が関わっている。これらの役割は，必ずしも別々の人物によって演じられるわけではない。むしろ相互行為のそれぞれの参与者は，その活動に関与する方法を臨機応変に調整し続けているのである。

5　養育者－子ども間相互行為における「文化」再考

　日常的な社会的相互行為では，多くの出来事がその参加者の間ではあたりまえのこととして進んでいく。けれどもその分析をはじめてみると，しばしば驚くほどたくさんのことを考えさせられる。前節の分析は，これまでの養育者－乳児間相互行為における社会システムの形成に関する研究では十分に検討されてこなかった視点を提供してくれる。第1節で整理したように，ケイ（1982/1993:36-150）は，母子間の相互行為では，ジグリングと吸てつのターン・テイキングが普遍的でもっとも基本的なパターンだと考えた。そして，これがさまざまな課題に転移することで，母子は，(1)リズムと調節の共有，(2)注意の共有，(3)記憶の共有，(4)シンボルの共有という段階を経て，しだいに目的を共有する社会システムとなっていくと論じた。その後，多くの研究がその詳細や新しい知見を明らかにすることにより，こうした社会的相互行為の発達の過程においては，文化は「記憶の共有」のころに達成される意図の理解を基礎として学ばれはじめると考えられてきている。すなわち，近年の乳児研究は，伝えられる「内容」としての側面を強調して文化をあつかってきた。

　しかしながら，文化は子どもの誕生の直後から，養育者－子ども間の相互行為と深く関わっている。この節では，上記のジグリングと吸てつのターン・テイキングが，グイ／ガナやクンといったサンの言語／地域集団では認められないこと，乳児のむずかった行動がしばしば養育者によるひんぱんな授乳やジムナスティックを引き出すこと，そうした養育者の行為は文化的に状況づけられた複合的な文脈に埋め込まれていること，乳児と養育者はそうした養育活動において共同的にリズムを生み出し，その特徴的な間身体性を構築していること，共同的音楽性は養育活動に参与する人々がその関与の方法を臨機応変に調整し続ける際に重要な役割を担っていることなどを明らかにした。つまり，乳児のむずかった行動が欧米や日本，サンの諸集団のいずれにおいても養育者－子ども間相互行為の契機となっているいっぽうで，養育者－子ども間相互行為のあり方は，それぞれの集団を成り立たせている文化的文脈の違いを反映して異なる。したがって，文化は最初期の養育者－子ども間

相互行為の「型」にもあらわれている。ここでは，養育者が特定の文化的文脈のもとで子どもと相互に行動を調整することによって，子どものさまざまな能力を引き出し，それとともに自分も変化していくことを「養育者－子ども間相互行為の発達」と呼ぶことにしよう（高田 2003b）。ジムナスティックやジグリングといった特徴的な養育行動は，こうした養育者－子ども間相互行為の発達過程で形づくられる。こう考えた場合，養育者－子ども間相互行為は，はじめから文化の「実践」に他ならない。そして言語的社会化アプローチをとる研究では，子どもはそうした文化的実践に巻き込まれ，その場における適切な振る舞いに習熟していくなかで，徐々に文化的な存在になっていくと考えるのである。したがって，第1節でみた研究では相互行為を通じて伝えられる「内容」と考えられてきた文化は，相互行為の「型」を含むものとしてとらえ直されなければならない。

次節では，こうした文化的な文脈と養育者－子ども間相互行為の「型」の関係についての理解を深めるために，さらにラディカルな問題，すなわち誕生以前の言語的社会化についての問いかけをおこなう。議論の舞台は南半球の暑く，乾いたアフリカの大地から，私たちの暮らす湿潤な日本のきわめて身近な日常へと移る。

第3節　誕生前の言語的社会化[19]

胎児は，超音波装置などの医療機器を使う場合を除き，通常はその外見を目にすることのないもの，いわば見えない存在である。その見えないけれど存在している「お腹の赤ちゃん」と家族のメンバーはどうやってコミュニケーションをとっていくのだろうか，そしてそれは家族のメンバーの関係性をどのように再編していくのだろうか？

妊娠をめぐるコミュニケーションに早くから注目してきた学問分野の一つに，胎教がある。中江（1983）によれば，日本における胎教の概念は，6～8世紀ごろに医書を通じて中国から伝わった聖人君子を育てるための教育思想，妊婦や子どもを保護するための在来の慣習などが合わさって形成された。さらに明治以降の西欧医学の導入により，いっぽうでは胎教の科学的根拠を検証しようとする動きが高まり，他方においては家庭教育の出発点としてこれを解釈し直し，妊娠中の実践的活動に用いるようになったという。東京女子高等師範学校の教育学の教授であった下田次郎が著した『胎教』（1913）と『母と子』（1916）は，当時のベストセラーとなった。これらの著作で下田は，胎教とは母体という自然が胎児に与える刺激と感受を研究

---

[19] この節は，川島理恵・高田（2016）および高田・川島（Takada & Kawashima 2016）を本書のために大幅に改稿したものである。

して，胎児にとって優良な母胎を保持させることであり，妊娠中の胎教は立派な人間をつくるためのきわめて経済的な方法だと論じている。さらにこれらの著作では，妊娠，出産，授乳といった女性の生理的・生物学的な働きを強調する「母性」と人間性を強調する「愛」を結びつけた「母性愛」の論理が説かれている（沢山 2013: 212-218）。「母性」についての社会史研究で（もっぱら批判的な）考察の対象となる，「子どもを慈しむ母性愛が女の本性だ」という主張の我が国における萌芽は，どうやらこの辺にありそうだ。

また最近では，胎児の立体像を動画で映し出す四次元エコーなどの進歩によって，胎児の能力を「科学的」に明らかにしようとする研究が増えている。こうした研究によれば，胎児は妊娠20週目には目で光を感じるようになり，甘さと辛さを区別し，音のリズム等に反応するようになる。さらに妊娠38週目には，母親とそれ以外の人の声を聴き分けるようになる。また生まれてすぐの赤ちゃんに母親の心臓の音などを聴かせるとおとなしくなることから，乳児は胎内にいたときの聴覚記憶を保持していることが示唆されるという（明和 2006:199-204）。こうした知見を受けて，胎児期の学習の成果はこれまで生得的といわれてきた新生児期の社会的能力の多くに連続的に活かされ，赤ちゃんは生後すぐから他者の注意を自分に惹きつけるためにそうした能力を行使する，といった指摘がなされている（明和 2006:212-213）。

いっぽう，言語的社会化アプローチは，個人としての子どもや母親の能力に注目する上記のような「科学的」な研究に対抗するようにして提唱されるようになったもので，子どもと母親の関係や社会的文脈そのものを研究の主たる対象とする。このため研究者は，言語が使用される場面の詳細な分析を通じて，当該の社会における相互行為において，ある行為がどうしてその時点で，そのように，その特定の人によっておこなわれたのかを精査する。著者たちもまた，こうしたアプローチから養育者-子ども間相互行為の共同研究を進めてきた。以下では，この共同研究の成果の一つとして，現代の日本における妊婦を含む家族の相互行為の分析を紹介する。

1 妊娠をめぐる家族コミュニケーション

本研究で用いたデータは，著者が代表を務める養育者-子ども間相互行為（Caregiver Child Interaction: CCI）に関する縦断的観察研究（CCIプロジェクト）の一環として収集された。研究チームは，2007年から2016年にかけて関西地域に在住しており，0～5歳の子どもがいる17家族への訪問をおこなった。このなかには，データ収集期間中に妊娠中であった母親も含まれる。対象となった家族は，京都大学・乳幼児発達研究グループ（https://www.bun.kyoto-u.ac.jp/~sitakura/infant_scientist.html）の活動に興味を示した家族のなかから選択した。選ばれた家族はすべて，日常のコ

ミュニケーションに関西弁を用いていた。チームの研究者は，家庭における自然な状況で，1カ月に約2時間の相互行為を記録した。録画した映像は合計約540時間に及び，これを文字起こししてデータセットとした。以下では，このデータセットから抽出した，おもに妊娠6～9カ月の母親とその家族（父親，胎児の兄や姉にあたる2～4歳の子ども）における会話の例を分析する。

　川島理恵・高田（2016）や高田・川島（Takada & Kawashima 2016）によれば，家族間の相互行為に胎児が登場する際には，その「お腹の赤ちゃん」に関わる発話の(1)時間的な展望，(2)空間的な布置，(3)フッティングがさまざまなかたちをとる。

　「時間的な展望」としては，「お腹の赤ちゃん」は大きく分けてまさにそのときおこなわれている相互行為の参与者として扱われる場合（例：おもちゃの食器でままごとをしている際，2歳8カ月の姉が自発的に「お腹の赤ちゃん」の皿を用意する。すると，妊婦である母親が胎児の動きに言及して，「あ，ほら，喜んで動いてはるわ．」と言う）と，その場にいる人々との将来的な相互行為への参与者として扱われる場合（例：上記と同じ場面。おもちゃの食器でままごとをしている姉（みさと）に対して，妊婦である母親が「みさと，これも貸したげんねやろ？」と言う）がある。

　「空間的な布置」としては，大きく分けて，「お腹の赤ちゃん」がまさにそのときおこなわれている相互行為における特定の空間的な位置を占める場合（例：絵本の付録である衣類のシールで遊んでいる2歳9カ月の姉に対して，妊婦である母親が「お腹の赤ちゃん，たぶんこれお尻やで。ここお尻やし，はかしたげて．」と言う）とそうした特定の空間的な位置が特定されない場合（例：電車のおもちゃで遊んでいる3歳1カ月の兄に対して父親が，「今度，赤ちゃん（が）生まれたら　阪京あげよっか，赤ちゃんに．」と言う）がある。「お腹の赤ちゃん」が位置づけられる空間的な布置と時間的な展望は，しばしば連動する。そのときおこなわれている相互行為の参与者として扱われる場合は，その相互行為における特定の空間的な位置を占めることが多い。また，その場にいる人々との将来的な相互行為への参与者として扱われる場合は，そうした空間的な位置が定まっていないことが多い。

　「フッティング」については，少し説明が必要だろう。胎児は直接発話をおこなうことはできないので，「お腹の赤ちゃん」が相互行為に導入される際には，しばしば他の参与者がその声を代弁する必要が生じる。その結果，発話者のフッティング（足場の意。第2章を参照）は複雑な構造をとることが多い。著者たちのデータセットでは，母親が生まれる前の赤ちゃんの代わりに発話をおこなう例（おもちゃの食器でままごとをしている際，2歳8カ月の姉が自発的に「お腹の赤ちゃん」の皿を用意する。この姉の行為に対して，母は「うれしいなぁ」と「お腹の赤ちゃん」の発言を代弁し，さらに「人参さんも欲しいなぁ」という発話でその要求を伝える）が比較的多く

みられた。

　以下では，具体的な妊婦を含む家族の相互行為において，上記の諸側面がどのように組織化されているのかを分析する。分析では，相互行為のなかで語られる妊婦の身体的な感覚，とくに胎動に焦点をあてる。

2　家族コミュニケーションの資源としての妊婦の身体感覚

　一般に胎動をはじめとする身体的な感覚はその場で，いわばアドホックに起こると考えられる。しかしながら妊婦がそうした感覚を行為として表明する場合には，その場の相互行為の枠組みとの間でしばしば調整が生じる。これはたとえば音楽会で，くしゃみやせきが演奏の進行を妨害しないように楽章の合間に起こることが多いのと似ている。こうした例が示すように，一見すると「生理的」な現象は，相互行為においてはきわめて社会的な行為であり得る（Goffman 1981）。

　事例 5-6 は，母親 M が姉 KT の行為への応答として胎動に言及した事例である。このとき，母と姉はままごとをしていた。2 人分の皿の上には姉が置いたおもちゃのトーストがあった。

事例 5-6 [20]

KT：姉（2歳8カ月），M：母（妊娠9カ月）

1　M：はい，じゃあお腹の赤ちゃんとお母さんにください．
2　KT：《コンロをいじる》
3　M：お弁当も作ってな？
4　KT：《トーストを指でなぞる》
5　M：あ，バターぬってくれたん？
6　KT：《トーストがのっているお皿2つを母のほうに持ってくる》
7　M：食べさせてくれるの？
8　KT：《母の膝あたりに1つ，もう一つをもう少し離れたところに置く》
9　M：お母さん自分で食べるし，赤ちゃんにあげて，いただきます：：．《自分から遠い方のお皿を取る》
10　KT：《母の膝近くの皿からトーストを取り上げる》
11　M：熱いし，ふぅふぅしたげてな？
12　KT：《トーストに息を2回かけた後，トーストを母のお腹にあてる》
13　M：あ，動いてる．《お腹に手をあてる》動いて-うれしいなぁって動いてはる．
14　KT：《床にトーストとお皿を置く》

図5-5　KT は，トーストを M のお腹にあてる

[20] この節の日本語の会話事例の文字起こしでは，紙幅の制約のため，単語ごとの文法的な注釈は省略する．

15　M：みいちゃん，お腹の赤ちゃん触った(0.5)時，
16　KT：《母のお腹に手をあてながら，顔を近づける》
17　M：びっくりした？
18　KT：《顔を母のお腹に近づける》
19　M：どんなやった？
20　KT：どんどん！《手をぶんぶんと上下に動かす》
21　M：どんどんしはった？

　1行目で母（M）は，姉（KT）の方に皿を差し出しつつ「お腹の赤ちゃんとお母さんにください．」と要求する。ここでは生まれる前の赤ちゃんが現在進行中の相互行為の参与者として導入され，「お腹の赤ちゃん」という定型句によってその空間的な位置づけも示されている。それに対して姉は，おもちゃのコンロをいじってお腹の赤ちゃんと母にやはりおもちゃのトーストを与える準備を進める（2行目）。しかし，これはまだ直接の回答にはなっていない。そこで，母はさらに「お弁当も作ってな？」（3行目）と要求の内容を補足している。

　これに姉はジェスチャーで応答する（4行目）。続く「あ，バターぬってくれたん？」（5行目），および「食べさせてくれるの？」（7行目）という母の発話は，姉の応答の内容を言葉で確認している。さらに母は，「お母さん自分で食べるし，赤ちゃんにあげて．」（9行目）という発話で1行目の要求を再定式化している。また「熱いし，ふぅふぅしたげてな？」（11行目）という発話は，お腹の赤ちゃんにトーストを食べさせる準備に言及することで，次に姉がなすべき行為を特定している。これに応じるように，姉はトーストに息を2回かけた後，トーストを母のお腹にあてる（12行目；図5-5）。

　ここまでの母の発話では，姉が一連の要求に対して十分な応答をおこなっているかどうかについての評価は，はっきりとは示されていない。こうした状況で母は，胎動に関する発話をおこなう（13行目）。まず「あ，動いてる．」という部分は「あ，」という気づきを示す言葉から始まり，続いて胎動があったことが報告されている。それに続く部分「うれしいなぁって動いてはる．」は，母がお腹の赤ちゃんの声を表明することにより，姉の行為に対する肯定的な評価を提示している。この評価は，連鎖の構造のうえでは要求（第1要素），応答（第2要素）に続く，第3要素となっている。したがってこの発話は，それまでの姉の行為が要求に対する応答として十分に機能していたこと，またそれが肯定的な評価に値するものであったことを示している。

　その直後，母は「みいちゃん，お腹の赤ちゃん触った(0.5)時，びっくりし

た?」(15, 17行目)という発話で新たな連鎖を開始している。ここでは,胎動を感じるということがトピックとなることで,直前の胎動に関する報告との関連が示されている。そして姉は母のお腹を手で触ったり,顔をお腹の近くに寄せたり(16, 18行目)して,戸惑いをみせることなくお腹の赤ちゃんと関わっている。これは,直前の連鎖で自分の行為に対する肯定的な評価として胎動が用いられたことにより引き出された行為だといえよう。

次に示す例では,事例5-6とは異なり,胎動に関する報告がやや唐突に始まる。このとき,母(M)と姉(KT)は外遊びから自宅に戻ったところで,姉は自転車を片付けていた。

事例5-7

KT:姉(2歳5カ月),M:母(妊娠6カ月)

1　M:そこ置いとくの?
2　(1.5)
3　KT:かちゃ.《三輪車を玄関先に置いている》
4　M:かちゃ.
5　KT:ちゃぁ:むい[てね.]
　　　《三輪車の方向を直している》
6　M:　　　　　[は　は]
7　KT:.hh　こっちむい[てね.]
8　M:　　　　　　　　[あぁ]みいちゃん,みいちゃん?
9　M:動いた,動いた.赤ちゃん,動いた.
10　KT:.hh　ひゃ,.hh　hhh《母のほうへ駆け寄る》
11　M:《上着を開けて,お腹をもつ》
12　KT:《お腹をぽんぽんと両手で軽く2度たたく》
13　M:いてて,言うてはるわ.《服を上げてお腹を見せながら姉の方へ近づく》
14　KT:《後ずさる》
15　M:もっかい動いた.ほら,もっかい動いてるよ.《姉の方へ近づく》
16　KT:《両手をお腹の前あたりで組みながら,お腹を見つめる》
17　M:お::い,言うたげてよ.
18　KT:《走り去る》

図5-6　KTはMのお腹を軽く2度たたく

1〜7行目で姉(KT)は,三輪車の位置を調整している。母(M)の「そこ置いとくの?」(1行目)という質問で始まった連鎖は,姉が「こっちむいてね.」(7行目)と言いながら三輪車の位置を調整している部分で終了しつつある。ここで母は,直前の姉の発話の終了部とオーバーラップしながら気づきを示す感嘆詞「あぁ」を

用い,さらに「みいちゃん,みいちゃん?」と姉に呼びかけることで何か報告すべきことが起こったことを示している(8行目)。そして「動いた,動いた.赤ちゃん,動いた.」という発話で胎動を報告する(9行目)。

まず注目されるのは,この報告が参与者の活動の切れ目,すなわち三輪車遊びという活動がまさに終了しようとしている時点でなされていることである。その点では,この報告は相互行為の流れに逆らうものではない。また,お腹の赤ちゃんは現在進行中の相互行為の参与者として導入されており,その空間的な位置づけが明確(母のお腹の中)であることは事例5-6と同様である。しかしながら,この事例は8~9行目の発話が基本連鎖を開始する位置で生じている点で事例5-6とは決定的に異なる。事例5-6の胎動に関する発話は,年長児の行為への評価という連鎖上の第3要素の位置に置かれていたため,年長児は報告に対して直接応答をおこなう必要はなかった。それに対してこの例では,報告が連鎖を開始する第1要素の位置に置かれ,姉がそれに適切に応答することが必要となっている。だが以下にみるように,ここでは姉がどんな応答を行うことが適切なのかが明確に示されておらず,それがトラブル源となっている。

母の報告の直後,姉は母の方に駆け寄る(10行目)。いっぽう,母は上着を開けてお腹を姉の方に向ける(11行目)。このジェスチャーは報告された内容を言葉で受け止めるだけでなく,実際にお腹を触って確認できるように提示している。ここで姉は,母のお腹を軽く2度たたくことによって母のジェスチャーに応答している(12行目;図5-6)。ところが母は,姉のこの反応に対して「いててて,言うてはるわ.」という発話でお腹の赤ちゃんの身体的な反応について代弁する(13行目)。この発話は,姉の応答への母親のネガティブな評価として働き,それに対する非難を含意する。これに応じるように,姉はその場からすぐに後ずさっている(14行目)。

母はさらに「もっかい動いた.ほら,もっかい動いてるよ.」という発話でさらなる胎動の報告をおこなう。ここでは「もっかい」というフレーズを用いることで,これが9行目で開始された報告の続きであることが示されている。この報告が最初の応答への非難の直後に置かれているため,姉はより適切な応答を求められる。すなわち姉は,直前に軽くたたいたことを非難されたにもかかわらず,また触ることを要求されるというアンビバレントな状態に置かれている。そして姉は,お腹を見つめた後,走り去ってしまった。

この例は,妊婦の身体感覚に関する報告が連鎖上のどの位置で起こるかによって,受け手に求められる応答にかなりの違いが生じることを示している。妊婦が自身の身体感覚について語ること自体はトラブル源ではない。だがその語りは,相互行為における位置によってはトラブル源となりうる。トラブルが生じた場合の解決策と

して妊婦は、まだ生まれていない赤ちゃんの代弁者として振る舞ったり、さらに報告を連ねたりする。これによって妊婦は、その場の相互行為の枠組みにおける胎児という、他の参与者には見えない存在の位置づけをよりはっきりさせていく。それは、妊婦が胎児について語る正当・真正な権利を主張することでもある。

3　妊娠期における家族関係の再編

　前項では、妊娠というライフイベントをめぐって家族メンバーの間で繰り広げられる相互行為の分析を通して、その家族を特徴づける社会関係がどのように再編されるのかを論じてきた。ここでみてきた相互行為上の方略は、家族メンバー間の相互理解を促進するためにも重要な役割を果たしている。たとえば、養育者はしばしば要求や提案をおこなって子どもから望ましい行為を引き出そうとする。その際に養育者は、前節でも繰り返しみられたように、しばしば発話を再定式化して子どもに要求される主体性の程度を操作する。じつはこれは、妊娠期以外の養育者−子ども間相互行為でもよく用いられる方略である（Takada 2013）。養育者はこれにより、発話の受け手である子どもに要求される主体性と子どもが示す主体性のミスマッチから生じる子どもの体面（face）に対する脅威を解消しようとしているのであろう（次章も参照）。

　また養育者は、直接子どもに要求や提案を行うという二者関係の枠組みより、前項で示したような三者関係の枠組みを用いた相互理解のかたちをしばしば好む。これは間接的な提案や要求が直接的なそれと比べて発話の受け手の体面を脅かす程度がより低く、その応答をより引き出しやすいからであろう（Takada 2013）。生まれる前の赤ちゃんはしばしばこうした三者関係の一翼を担う。さらにそうした相互行為では、しばしば家族メンバーのカテゴリーをあらわす語（例：お兄ちゃん、お姉ちゃん）が用いられる。これは家族関係に関する道徳性をともなった規範を呼び起こし、それにより子どもが望ましい行為を行うことをうながす。

　こうした場面では、生まれる前の赤ちゃんは冒頭で見た胎教や胎児の能力についての研究の示唆よりもはるかに自由に振る舞う。言い換えれば、生まれる前の赤ちゃんには幅広く、柔軟な役割が与えられる。これにより妊娠時のコミュニケーションは、養育者にとっては年長児がその場に適切な行為を行うように仕向ける教育の場であるとともに、年長児にとっては家族メンバー間の新たな社会関係への参加を通じた学習の場となっている。さらに、妊娠時には家族の枠組み自体が変化しつつあり、その変化は両親にとっても新たな経験である。このため母親や父親が、要求や提案といった教育的な働きかけを通じて、生まれてくる赤ちゃんを含む子どもたちの親であることを自ら学ぶ場ともなっている。

こうした家族関係の再編は，簡単に達成されるわけではない。むしろ，最初はうまくいかないことの方が多いだろう。たとえば，生まれる前の赤ちゃんが位置づけられる相互行為の時間的枠組みが明確に示されていない状況（本節2を参照）や，養育者による生まれる前の赤ちゃんの報告発話が連鎖の第1要素となり，子どもによる適切な応答を必要とする状況（事例5-7を参照）は，しばしば相互行為上のトラブル源となる。だが妊婦とその家族は相互行為を展開するなかでそのトラブルを解消していく。こうした解消の動的な過程には，家族関係をめぐるゆらぎやひだがあらわれる。それを分析することは，家族が一つのシステムをなしていることを示すとともに，現代日本における家族のあり方の特色を明らかにすることである。
　著者たちの資料では，「お腹の赤ちゃん」を参与枠組みに含んだ相互行為を開始していたのはほとんどの場合，妊婦であった。したがって，生まれる前の赤ちゃんの相互行為上の役割設定を主導するのはたいてい母親だといえそうである。また，相互行為において生まれる前の赤ちゃんの声を代弁していたのもたいてい妊婦で，年長児がこれをおこなう例は現在進行中の関わりのなかで母親や父親に求められた場合などに限られていた（事例5-6を参照）。
　妊娠期にみられる上記の相互行為と類似する構造は，子どもが生まれた後の母子間相互行為にも認められる。たとえば，母親は子どもが乳幼児期になってからも，ひんぱんにその身体的な位置取りや姿勢をアレンジし，相互行為におけるその役割設定を主導する。またしばしば代弁によって赤ちゃんのために発話し，その赤ちゃんの主体性を肩代わりする。さらに，自身と赤ちゃんとの境界が曖昧になり，赤ちゃんを自らの身体の一部として扱うこともある（次章を参照）。母子間相互行為の研究では，近年こうした母親の特権的な立場や特徴的な振る舞いが注目されている（Takada 2012, 2013）。出産が生まれてくる子ども，その子を産む母親，そしてその周囲の人々にとって，人生の大きな転機であることは間違いない。しかしながら，その前後の相互行為のパターンは完全に分断されているわけではなく，上のような連続性がみいだせる。妊娠や出産によって再生産されるのは，子ども自身というよりは社会関係のセットである（Strathern 1992）。そうした社会関係は子どもが生まれる前からつくられ始め，生まれた後のその子どもを支えている。この点で，胎児期の学習の成果を強調する研究（e.g., 明和 2006）とはまた異なった意味で，子どもは生まれる前から社会的存在である。
　前項の分析は，妊婦は相互行為のなかで，胎動をはじめとした身体感覚をしばしばその文化で受け入れられている慣習的な枠組みと関連づけてあらわすことを示している。たとえば，要求-応答-評価という連鎖構造のなかで，妊婦はしばしば連鎖の開始部である要求（第1要素），あるいは終了部である評価（第3要素）として

第5章　発達と社会化　119

胎動を報告したり，生まれる前の赤ちゃんの声を代弁したりする。そして，その慣習的な枠組みから期待される行為を年長児から引き出そうとする。また妊婦はこれらを通じて，生まれる前の赤ちゃんの声を語る正当・真正な権利をもつという主張もおこなっている。さらに妊婦の身体へのアクセス権は，通常はおもに彼女自身に属しているが，妊婦の言動によってはその場の相互行為の他の参加者にも開かれる。

したがって，一見すると「生理的」な現象である妊婦の身体感覚の表明は，きわめて社会的な行為でありうる。ここでは「母性愛」の論理を説いた下田（1913, 1916）の主張とはずいぶん異なるかたち，すなわち家族メンバー間の社会関係の再編を志向するかたちで「自然」と「社会」の入り組んだ癒合が達成されている。妊婦とその家族メンバーは日常的な相互行為において，そしてまた日常的な相互行為によってその社会関係を再編していく。それぞれの親と子の関係には定まった見取り図はない。それは，生まれる前の赤ちゃんを含む相互行為の参加者たちが社会的な行為を積み重ねることによって徐々につくり上げていくものである。

第4節　まとめ

この章では，個人と文化過程とが互いに構成し合う仕組みについての理解を深めるために，まず第1節では，養育者－乳児間相互行為において社会システムが形成される過程，すなわち養育者と乳児が徐々に進化（発達）の歴史を共有するようになっていくとともに，共通の目的をもつようになっていく過程について概観した。続いて第2節では，この過程において文化が果たす役割をより積極的にとらえ直すため，言語的社会化というアプローチから，乳児はその誕生直後から歴史的に構築されてきた文化的基盤に立脚して養育者と行動を相互に調整していくことを論じた。養育者が乳児に働きかける場合は，複合的な文化的文脈のもとでこれをおこなっており，乳児は養育者としばしば共同的にリズムを作り上げて相互行為を楽しいものとしている。そうした音楽性は，乳児を含む相互行為に母親以外のさまざまな人々をも巻き込み，乳児をその発話共同体における文化的実践のなかに位置づけるために重要な働きをする。したがって，養育者－乳児間相互行為はその最初期から文化的実践であり，これまで相互行為を通じて伝えられる「内容」と考えられてきた文化は，相互行為の「型」を含むものとしてとらえ直すべきである。こうした視座に立てば，言語的社会化は誕生以前から始まっている。そこで第3節では，妊婦を含む家族コミュニケーションに焦点をあてて，以下を論じた。家族間の相互行為に胎児が登場する際には，その「お腹の赤ちゃん」に関わる発話の時間的な展望，空間的な布置，フッティングがさまざまなかたちをとる。この際にはしばしば，妊婦の

胎動が年長児の行為に対する評価をおこなうための資源として用いられる。いっぽう胎動についての語りが基本連鎖の開始時におこなわれた場合は，受け手がどういった応答をすることが適切なのかが明確に示されていないとそれが相互行為上のトラブル源になる場合がある。そうした場合の解決策として妊婦は，その場の相互行為の枠組みにおける胎児という，他の参与者には見えない存在の位置づけをよりはっきりさせていく。これにより妊娠時の相互行為は，それぞれの参与者が「お腹の赤ちゃん」を含む文化的な文脈に照らして適切な行為をおこなうようにうながすことで，家族関係を再編する場となっている。さらに，こうした妊娠期にみられる相互行為と類似する構造は，その子が生まれてからの母子間相互行為にも認められる。以下では，この章をまとめるにあたって，前節までの分析の背後に想定されていた個人と文化過程の相互構成というテーマに再び光をあてることにしよう。

　子どもの発達に関する多くの研究，とりわけ近年著しく発展した赤ちゃん学は，初期の養育行動の普遍的側面に注目してきた。これに対して，本書で提案するアプローチは，養育者−乳児間相互行為が特定の時間および場所においてどのように組織化されているかを明らかにしようとするものである。このパースペクティブは，養育者−乳児間相互行為の文化的実践としての側面を再認識させてくれる。

　「一見すると中立的かつ物理的な身体のように見えるもの」は，実際にはしばしば「各種の社会的および文化的な力の複雑で，微妙な相互関係」に実践者が長らく巻き込まれることを通じて生じてきたものである（Hanks 1996:248）。ケイらは，吸てつとジグリングの間のターン・テイキングが母親−乳児間相互行為のもっとも基礎的かつ普遍的な特性であると主張した（Kaye 1982/1993）。しかし，この相互行為パターンはサンのグループの間ではまれにしかみられない。代わって，乳児のむずかる行動が，ひんぱんで持続時間の短い授乳やひんぱんなジムナスティックのような文化的に特徴的な養育行動を誘発していた。これらの知見からは，吸てつの中断直後におこなわれるジグリングもまた，米国や日本のような，特定の言語コミュニティで生じる文化的実践であることが示唆される。

　文化的実践としての養育者−乳児間相互行為は，相互行為の参与者のハビトゥス（Bourdieu 1977[1972]）とそうした参与者が暮らすマイクロ・ハビタット[21]（Ochs et al. 2005）との関係として理解できる。たとえばグイ／ガナのひんぱんで持続時間の短い授乳とジムナスティックはいずれも，乳児に喜び（心理学的な用語を用いるな

---

[21] マイクロ・ハビタットは，相互行為において参与者が「住んで（dwell）」いるとみなされる微視的な環境のことを指し，「身体的ニッチ」（たとえば，乳児を立位，あるいは寝かして抱いている養育者の腕）および「物質的ニッチ」（たとえば，スリング，毛布）の両者が含まれる（Ochs et al. 2005:554-555）。

らば，快刺激）を与える。これらがグイ／ガナの日常的な活動における行為連鎖，親のイデオロギー，および環境のなかで出会う状況との相互関係をとおしてグイ／ガナの養育者のハビトゥスを構築していく（高田 2004）。同時に，それは乳児の社会的な関与をもたらすマイクロ・ハビタットとなる。

ケイ（1982/1993）は，養育者および子どもが社会システムを形成するためには，それぞれが共通の目的を共有しなければならないと考えた。トマセロらも，文化学習の研究ではこの見解を支持している（e.g., Tomasello 1999/2006）。これに対して言語的社会化アプローチは，養育者－乳児間相互行為により広い展望をもっている。言語的社会化アプローチでは，「言語活動への参加を通じて，子どもが社会・文化的に構成された世界の概念を発達させる」過程を探究する（Ochs 1988:14）。したがって，このアプローチをとる研究は，子どもの内面世界の状態（すなわち心）について考えるのではなく，どのように子どもが既定の発話共同体における参与枠組みに参入していくのかを検討する。

サンの養育者－乳児間相互行為や妊娠期における日本の家族間相互行為についての研究は，養育者は，子どもが他人の意図および観点を理解できるようになるはるかに前から，子どもを社会・文化的に組織化された慣習の参与枠組みに関わらせようとしていることを示唆する。同時に，乳児は限られた行動のレパートリーを駆使して身近な状況に反応しつつ，成長とともにその関わり方を徐々に変化させていく。この過程は，生物学的であり，かつ文化的でもある養育者－乳児間相互行為の重要な一面を構成している。さらに，養育者－乳児間相互行為に関わる多くの活動は，複合的な文脈のもとにおこなわれる。そうした複合的な文脈に応じて，乳児はだんだんと広い相互行為の文脈に関わるようになっていく。この過程では，乳児を取り巻く複合的な文脈が，文化を維持し，創造する行為を形成するための豊富な資源を乳児に提供する。

まとめよう。本章では，養育者－乳児間相互行為に文化をどのように位置づけるかについて再考した。文化は時間的に調整された行為の絶え間ない蓄積であり，これに立脚して発話コミュニティの子どもとそれ以外のメンバーは新たな文化的意味を生み出し続けている。相互行為の実践は，子どもが生まれる前からその子を応答的な身体的関与の型に引き込み，文化学習を促進するとともに文化を更新するのである。

第5章についての Q&A

Q 5-1 「社会システム」について，(1)互いの行動を予期できることと(2)共通の目的をもつことがあげられていましたが，両者とも満たされなければ社会システムが成立したとはいえないのでしょうか？ たとえば，家族関係では(1)は満たされているが，(2)は満たされておらず，サークルの人間関係では(1)は満たされず，(2)は満たされていると感じるのですが，いかがでしょう？

A 5-1 ケイが想定した「社会システム」は固定的なものではなく，一つひとつの行為を積み重ねるなかで構築され，修正され，変化していくもののように思います。その過程で，メンバーの異動があったり，社会システムとして機能しなくなったりすることも考えられます。また，(1)と(2)のいずれについてもさまざまなレベルが考えられるので，そのすべてのレベルにおいて満たされているとは限りませんが，基本的なレベルではいずれもが満たされている必要があります。野球チームのような組織を例として考えるとわかりやすいかもしれません。(1)については，野球のルールとの関連で一つひとつのプレイがもっている意味をそれぞれのメンバーが理解できている，(2)については，チームの勝利あるいはメンバー間の親睦といった目的を共有している場合は，その野球チームが社会システムとして機能しているといえるでしょう。家族関係やサークルの人間関係では何が(1)と(2)になりうるのか，何がなくなると社会システムと呼べなくなるのかなどについて考えてみることは興味深い課題だと思います。

Q 5-2 注意の共有以前に起こる「新生児微笑」は，どのように解釈すればよいでしょうか？

A 5-2 ケイの理論枠組みを採用すれば，注意の共有以前に起こる「新生児微笑」は，乳児のもって生まれた規則性の一つを示しています。そこではまだ，意識の交流と呼べるような出来事は起こっていないと考えられます。いっぽう，著者たちが推進する言語的社会化および相互行為の人類学のアプローチからは，「新生児微笑」をとりまく養育行動はその新生児を含む相互行為の参与者たちが繰り広げる文化的実践であり，その発話コミュニティが歴史的に構築してきた慣習を反映して，さまざまな型をとりうると考えられます。

Q 5-3 養育者が乳児の発達段階に合わせて働きかけをしたり，ちょっと先に行くよ

うな働きかけをしたりするのは無意識におこなっているのですか？　初めて子どもを育てる人でもそうしたことが可能なのは，(1)もともともっている母性のようなものなのか，(2)自分もそうやって育てられたからなのか，(3)今まで周囲の養育を見ていたからなのか，(4)養育中に周囲（赤ちゃんや親戚など）の反応を見て体得していくのか，いろいろな理由が考えられると思います。

A 5-3　相互行為の人類学ではフロイトがいうような「心」の構造を想定しませんから，無意識という用語は用いません。(1)〜(4)のような説明のどれが「正しい」のかを判断することも，方法論的に難しいと思われます。しかし，上記のような養育者の行為がどのようにして選ばれているのかは，言語的社会化および相互行為の人類学のアプローチでも熟考に値する問題です。その行為がなされた場面で他にどんな行為をとりえたのかについて考えることは，その行為がなされた理由を考えることにつながります。そうした理由が，(1)〜(4)のような説明の例とどのように関わっているのかを考えてみることによって，個人と文化過程とが互いに構成し合う仕組みについての理解はさらに深まるでしょう。

Q 5-4　ツァンドの歌／ダンスのスライドで楽譜が載っていましたが，サンにも楽譜の概念があるのでしょうか？　音楽は世界共通であっても，西洋由来の音楽形式は必ずしも普遍的なものとはいえないのではありませんか？　さらに進んで，音楽をもたない民族というのはあるのでしょうか？

A 5-4　音楽は楽譜にあるのではなく，音と音の間に生まれるとよくいわれます（Mantel 2007/2011:21）。楽譜はさまざまな記号の組み合わせからできており，そうした記号とその組み合わせは，音とその連なりの特定の側面をあらわしているにすぎません。したがって，どんな楽譜でも，音楽そのもののすべてを写しとることはできません。さらに，西洋音楽で用いられている楽譜は，西欧での音楽実践の歴史にもとづく慣習を反映しています。グイ／ガナの音楽は，西欧音楽とは大きく異なる音楽実践にもとづいており，そこでは西欧音楽における楽譜の概念は用いられてきませんでした。したがって，西欧音楽の記号を用いてその楽譜にグイ／ガナの音楽を表現することは，あまり適切ではないでしょう。本章で載せた楽譜は，ツァンドの歌／ダンスについての私たちの理解を深めるための，あくまで便宜的なものだと考えてください。また本書では音楽性と音楽という用語を分けて使っており，ヒトが基本的に備えている音楽性があるコミュニティにおいておこなわれてきた音楽実践の様式を反映して表現されたものを音楽と呼んでいます。この意味で，すべての民族は音楽性をもっていると考えています。

Q 5-5　妊娠期にみられる相互行為と子どもが生まれてからの相互行為に類似した構造がみられるという指摘はおもしろかったです。しかしやはり「お腹の赤ちゃん」と生まれた後の乳児では，行為をおこなう主体性に大きな違いがあるように思えます。「お腹の赤ちゃん」は，お母さんによって言葉を与えられる受動的な存在なのでしょうか？

A 5-5　言語的社会化および相互行為の人類学のアプローチでは，主体性は行為者の内部から発現するものではなく，その行為を観察していた相互行為の参与者がその行為者に帰属するものとしてとらえられます。こう考えると，母親にとっては「お腹の赤ちゃん」と生まれた後の乳児はいずれも，胎動をはじめとする身体的な感覚，発声，表情，行動などを観察して，その主体性を帰属する対象になりうるという点で共通性があります。そのいっぽうで，そうやって観察可能な身体的な感覚，発声，表情，行動などには，「お腹の赤ちゃん」と生まれた後の乳児とで組織的な違いがあります。この違いは，母親が相互行為において利用可能な資源，あるいは相互行為において受ける制約の違いでもあります。そうした違いが相互行為の構造にどのように反映しているのかを経験的なデータにもとづいて考察することは，言語的社会化および相互行為の人類学のアプローチにおける重要な課題です。

参考図書

Kaye, K. (1982) *The mental and social life of babies: How parents create persons.* Chicago, IL: University of Chicago Press.［ケネス・ケイ（著）『親はどのようにして赤ちゃんをひとりの人間にするか』京都：ミネルヴァ書房，鯨岡 峻・鯨岡和子（訳），1993年］
　＊社会システムが形成される過程として養育者−乳児間相互行為の発達を論じた名著。

Rogoff, B. (2003) *The cultural nature of human development.* Oxford, UK: Oxford University Press.［バーバラ・ロゴフ（著）『文化的営みとしての発達：個人，世代，コミュニティ』東京：新曜社，當眞千賀子（訳），2006年］
　＊ガイドされた参加という観点から心理学と人類学をつなぐ発達観を提示するテキスト。

高田 明・嶋田容子・川島理恵（編）(2016)『子育ての会話分析：おとなと子どもの「責任」はどう育つか』京都：昭和堂．
　＊責任の発達を鍵概念として，相互行為論的アプローチから子育てを解析する。

第6章　言語とコミュニケーション

　本章では，言語とコミュニケーションに対する相互行為の人類学からの研究アプローチについて紹介する。言語人類学から派生してきた相互行為の人類学にとって，言語とコミュニケーションについての議論はその関心の中心を占める。第2章でも述べたように，言語人類学は，米国人類学における4つのアプローチのうちの言語学と文化人類学を橋渡しするような研究領域として生まれてきた。そして現在では，いっぽうではミクロな言語使用，相互行為，談話やナラティブを分析対象とする語用論，エスノメソドロジーと会話分析（EMCA），談話分析など，他方ではマクロな言語使用，文化，歴史，そしてコスモロジーを論じる社会言語学や文化人類学という，広大な領野をつなぐような問題設定をおこなっている（小山 2008:40）。以下では，こうした問題設定へとつながる，相互行為の人類学における言語とコミュニケーションの位置づけについて，これまでの研究史を紐解きながら考えてみる。

第1節　文化相対主義の隆盛

　米国流の人類学を先導したフランツ・ボアズ（Franz Boas）は，早くから言語構造の記述の重要性を熱心に説いていた。ボアズの薫陶を受けた多くの若手の研究者が，さまざまなフィールド，とくに広大な南北のアメリカ大陸に住んでいた多様な民族のもとでの精力的なフィールドワークを敢行した。そして，現在は消滅してしまったものを含む多くの言語について，その文法体系や音韻構造の正確な記述が蓄積されるようになった。こうした動きは，世界的にみればまだ新興勢力であった米国の人類学が，言語構造の記述にはあまり積極的でなかったヨーロッパ列強の人類学とは異なる独自の学派を形成・確立することに大きく貢献した。

　こうした言語構造の正確な記述を重視する動きのなかであらわれてきたのが，「言語相対性仮説」である。この仮説はそれを提唱したとされる2人の研究者の名をとって，「サピア＝ウォーフ仮説」とも呼ばれる。このうちエドワード・サピア（Edward Sapir）は，ネイティブアメリカンの言語であるウィシュラム語やアサバス

カン語の文法構造の研究等で名をなした優れた言語学者で，一時はボアズのもとで学んでいた。もういっぽうのベンジャミン・リー・ウォーフ（Benjamin Lee Whorf）は，保険会社の防火技師から言語学者に転身したという異色のキャリアをもつ。ウォーフはサピアの弟子で，幅広い活動を通じて言語相対性仮説を世の中に広めるのに大きく貢献した。

　言語相対性仮説は，思考は言語に規定されるという強い仮説と，思考は言語に影響されるという弱い仮説に大別される[1]。後の研究は，どちらかといえば，弱い仮説の方を支持している。たとえば，使用している言語によらず，人間の色彩認識には共通する基本的な特徴があることが認められている（第3章参照）。また言語を使用する以前の乳幼児も，思考の基盤となるさまざまな社会的認知のスキルを段階的に発達させていくことが示されている（第5章参照）。

　言語相対性仮説における言語と思考の関係についての議論は，まもなく言語と社会・文化の関係についての議論へと拡張されるようになった。「文化相対主義」の登場である。「ボアズの娘たち」とも呼ばれた，ボアズの優れた教え子たちの一人であり，日本文化の研究に強力なインパクトを与えた民族誌『菊と刀』（Benedict 1946/1967）でも知られるベネディクトによれば，「社会生活を可能にする選択肢は無限にあるが，ある文化においてはその中の限られたものが選ばれる。そして，それはその文化に特異な目標に向かって統一され，意味を与えられる。このため，それぞれの文化は他の文化からみれば基本的な点を無視し，比較ができない（Benedict 1970［1934］/1973:原著第2章）」。

　こうした力強い主張は，さまざまなフィールドで地道な記述的研究を精力的に進めていた米国の人類学者たちを鼓舞した。文化相対主義は，文化の多様性を重んじ，諸文化の独自性と自立性を主張する，米国の人類学を主導するスローガンとなっていった。現在にいたるまで，米国流の社会・文化的なアプローチをとる人類学者が採用してきた常套的な研究方略の一つは，民族誌的資料にもとづいて，影響力の大きな研究分野が主張している一般化の誤りを指摘し，それが文化と結びついた現象であると証明しようとすることである（LeVine 2007:250）。さらに文化相対主義は，植民地主義が終焉を迎えつつあった世界のなかで，急速に影響力を増しつつあった米国の社会にも広く受け入れられるようになっていった。

　ベネディクトはまた，盟友のM・ミードらとともに，上記の文化相対主義に世

---

[1] たとえば，色彩・模様に関する語彙が豊富なボディ（第3章参照）とそれよりは色彩・模様に関する語彙が少ない民族とを比べた場合，強い仮説では後者はボディ語では区別されているが自民族の言語では区別されていない色彩・模様の違いについて認識できないであろうと考える。これに対して弱い仮説では，後者はこの色彩・模様の違いを見逃しやすいが，注意深く観察すればこれを認識することができると考える。

界秩序の崩壊と再編の過程で注目を浴びつつあったニーチェ（Nietzsche, F.）の哲学や精神分析の考え方を取り入れた。『菊と刀』は，こうしたアプローチによる研究の白眉であった。ベネディクト，M・ミードらは，その旺盛な活動を通じて人類学界でのこうしたアプローチの影響力を強め，文化とパーソナリティ論と呼ばれる学派を築いていった。また，第3章で概観した認識人類学は，民俗分類の分析をおこなうことを通じて，人間に普遍的な認知機能とは何かという問いかけへの回答から文化に特有なコスモロジーまでをつなげて論じてみせた。優れた認識人類学の成果は，言語学や認知科学の急速な発展を反映した厳密なデータ収集手法と人類学が磨いてきた言語相対性仮説や文化相対主義の「幸せな結婚」の産物だといってもよいだろう。

　ただし，文化相対主義を押し進めることには問題も多い。たとえば，文化の担い手には国家，民族，家族などさまざまなレベルが想定される。これらは複雑に関係しあっており，その境界ははっきりしない。これらすべてについてその独自性と自立性を明らかにしていく必要性，重要性はどれほどあるのか？という問いに満足に答えることは容易ではない。ベイトソン（Bateson, G.）がいうように，文化は直接観察できるものではなく，社会科学者が人々を一般化して述べた記述として存在するにすぎないからだ（Ruesch & Bateson 1968/1995:45）。また，文化間の異質性を強調しすぎることは，その成員間や研究者間の相互理解を妨げかねない。とくに互いに利害が対立し，ときには憎み合うことさえある2つの集団の関係を，文化相対主義をもってわかったことにしてしまうことは，研究者としてのみならず，人道的にもとても容認できる姿勢ではない。さらに，文化を比較が不可能な統合された文化要素のセットとしてとらえる上記の見方は，文化間を貫く真理のようなものはないという懐疑論に結びつきやすい。次節でみるように，ラディカルな文化相対主義は他者を理解し，その正当性を主張することへの懐疑についての議論とつながって，多くの批評的な研究を生み出した。だがそのいっぽうで，研究が深化するとともにその主張は初期の輝きを失い，「主義」としての勢いは沈静化していった。

第2節　相互行為の人類学における言語とコミュニケーション[2]

　文化の重要性が広く認められるようになったことは，皮肉なことに，この概念の形骸化を導いた。いうまでもなく，民族誌的なアプローチをとる文化人類学や言語学にとって，文化は最重要概念の一つである。しかし，それだけに研究者間のコン

---

[2] この節および次節は，高田（2015）の一部を本書のために大幅に改稿したものである。

センサスを得ることは容易ではない。研究領域によって，また研究対象に対するスタンスによって，文化のとらえ方は大きく異なるのが実情である。前節でみたように，社会・文化的なアプローチをとる人類学者たちが学界を超えて大きな影響力をもつようになった。だが，まさにそのことによって，文化という概念は一般化し，十分に定義されないままにさまざまな社会的文脈で用いられ，教育・政治・経済においても大きな実効をもつようになったのである。

　こうした状況を鑑みて，一般には文化を研究する主要な担い手だと思われている人類学者の中からも，クワイン（Quine 1960/1984）による翻訳の不確定性についての議論（第2，4章参照）などに示唆されて，研究者が安易に文化概念を用いることに対してさまざまな角度から辛辣な批判をおこなうものがあらわれてきた（Clifford 1988/2003; Clifford & Marcus 1986/1996; Marcus & Fischer 1986）。こうした動きを先導してきたクリフォード（Clifford, J.）は，人類学者が「他者」としてのフィールドの人々の声を代弁することの正当性に懐疑を示す（第4章参照）とともに，いまや窮状にある文化という概念にきわめてアンビヴァレントな態度を示している（太田 2003:534-536）。

　他者を理解し，その正当性を主張することに対する懐疑は，すべての社会的意味が権力の働きによって成り立っているという考え方に結びつきやすい。政治を扱う学問としてのポリティクスは，さまざまな言説の分析にもとづいてこうした権力をめぐる動向を論じる。さらには政治的な場面における権力の行使に直接働きかけることもある。たとえば第4章や第5章でみたサンについても，その特徴や政治的な位置づけをめぐって激しい論争が闘わされてきた（第4章第2節1参照）。

　しかしながら，第4章でも概観したように，相互行為の人類学はそうした権利と承認をめぐる政治学とは異なるアプローチから，人々の言語とコミュニケーションを分析し，他者を理解し，さらには文化について論じようとする。相互行為において私たちが相互理解を達成する場合は，発せられた言語的音声以外のさまざまな記号論的資源を利用している。こうしたさまざまな記号論的資源から成り立っている文脈を分析していくことで，クワインが提起した困難を相互行為の実践者がどのように克服しているのかを明らかにすることができるであろう。

　こうした観点から考察を進めていくうえで，ゴフマンの一連の論考は示唆に富む（第2章参照）。ゴフマンは，そのキャリアの最後の十数年間をペンシルバニア大学ベンジャミン・フランクリン記念講座の人類学・社会学教授として過ごした。この時期にはアメリカ社会学会の会長に選任された期間（1982年）が含まれるいっぽうで，現在も活躍する多くの人類学者を育てている。そして彼自身のアイデンティティは，ずっと社会学者と人類学者の間でゆれていたという（M・H・グッドウィ

ン私信)。もっとも，ゴフマンの個人的な志向や関心のいかんにかかわらず，彼が人類学に多大な貢献をしてきたことに疑念をさしはさむ余地はない。ゴフマンは，時期によるテーマや主張の違いはある (cf. 速水 2015) が，一貫して人類学に新鮮な問題提起をし続けた。この遺産は，現在の相互行為の人類学にも発展的に受け継がれている。もっともゴフマンの影響は広く，深くに及ぶため，こうした研究でゴフマンの仕事が直接言及されていることもあれば，いないこともある。こうした影響を眺望するため，高田 (2015) では，(1)社会的状況，(2)関わり，(3)参与枠組みという3つのキーワードを軸として，ゴフマンが人類学に提起した問題をたどった。社会的状況と参与枠組みについてはすでに第2章で概観したので，ここではこのうち2つ目のキーワードである「関わり (engagement)」についての議論を紹介したい。

　私たちは，ある場面にふさわしい活動に携わるために，その活動に自分の心理生物学的な資質を向ける，すなわち認知的・感情的に関わりをもつ。これをゴフマンは，その活動に「関与する (involve)」と表現する (Goffman 1963/1980:40)。ゴフマンは，関わりと「関与 (involvement)」をしばしば言い換え可能に用いている (Goffman 1963/1980:272-273)。ゴフマンの分析では，その場の状況における義務や期待と実際の行為のズレに鋭利なまなざしが向けられる。関わりは，こうしたゴフマンの分析を読み解いていくうえで必須の概念である。

　米国四大プラグマティストの一人として知られるG・H・ミード (Mead, G. H.) は，個人は他者がその人に対してとる態度を自らもとるようになることで社会化されていくと論じた (Mead, G. H. 1934/1995)。しかし，ゴフマン (1967/2002:85) はこれを単純すぎるという。これはまず，相互行為の経験的な分析にもとづいて考察すれば，他者がその人に対してとる態度は自分が自分自身に対してとる態度と本来的に同じものではなく，それぞれいっぽうが他方を正当化し，保証しあうにすぎないから (Goffman 1967/2002:82-86) であり，また周囲からの義務や期待と実際の行為には不可避的にズレが生じ，その個人の自己はこのズレによって特徴づけられるからである。これと関連してゴフマン (1961/1985:85-172) は，「役割」という伝統的な社会学の分析概念が，実際の相互行為においてどのように実現し，働くのかを論じている。ゴフマンは，実際の行為によって示される，個人とその個人が担っているとされる役割とのズレを「役割距離 (role distance)」と呼ぶ。役割距離のとり方によって，個人はその役割へのコミットメント，愛着，受け入れの程度を周りの人々に伝えることができる。いいかえれば，その個人の社会的な次元での特徴は，役割距離のとり方によって示される。これらの概念によって，心理生物学的な過程だと想定されている関わりを社会的な過程として分析することができる。

　また『集まりの構造』(Goffman 1963/1980) は，丸ごと一冊が関わりの分析に捧

げられた著作である。私たちが社会的状況に関わるときに適切な行為とは何か，この問いに答えるためにゴフマン（1963/1980）はまず，対面的な相互行為における「焦点（focus）」という概念を導入する。集まりにおいて，参与者がその注意を一つの焦点に維持しようと協力し合い，それをお互いに認めている場合の相互行為は「焦点の定まった相互行為（focused interaction）」，そうでない相互行為は「焦点の定まらない相互行為（unfocused interaction）」と大別される（Goffman 1963/1980:27）。両者のうち，ゴフマン（1963/1980）がより力を入れて考察を展開したのは，焦点の定まった相互行為である。そして，焦点の定まった相互行為の代表的なタイプの一つに「対面的な関わり（face engagement）」がある。ゴフマンは，対面的な関わりを「出会い（encounter）」と同義に用いている（Goffman 1964:135）。出会い＝対面的な関わりでは，ある社会的状況におかれた二人以上の人々が，ともにお互いを視覚的および認知的な注意の焦点を正当に共有する者として認める。こうした状況では，参与者は一つの相互行為に従事していると感じ，その相互行為が他の行為に優先する。対面的な関わりには境界があり，その外にいる人々は相手の存在を認めたことを表すいっぽうで，それ以上の好奇心や意図はないことを示す，すなわち「儀礼的無関心」を装うことが多い。こうした状況では，対面的な関わりは焦点の定まらない関わりの一部となる。

　ゴフマン（1963/1980）によれば，私たちの社会には，対面的な関わりに参加する権利と義務に関連した制度がある（ただしそれらの多くは日常生活に埋め込まれており，しばしば制度であることすら意識されていない）。「知り合い」という社会関係はその具体例を示している。知り合いは，さまざまな種類や強さの人間関係の基礎にあるような関係である。知り合い同士では，社会的状況で対面的な関わりを開始することが義務となっており，これを拒否するためにはそれなりの理由がなくてはならない。これに対して知り合いでないもの同士では，対面的な関わりを始める場合に，それを正当化するためのそれなりの理由が求められる。こうした場面（例：サーヴィス業者とその顧客，道に迷っている旅行者とそこに居合わせた地元の人）では，その人々は自己のある側面を相手に開示しながら社会的な認識を実行することになる。この点で，知り合いでないもの同士の対面的な関わりは，まさに面目（face）への関わりである[3]。

---

[3] ゴフマン（1967/2002:5,9,18）は面目を，出会いの際，ある人が打ち出した方針（line），その人が打ち出したものと他人たちが想定する方針に沿って，その人が自分自身に要求する積極的な社会的価値，あるいは認知されているいろいろな社会的属性を尺度にして記述できる，自分をめぐる属性と定義している。この定義に示されているように，面目は相互行為の過程で構築され，維持されたり，失われたり，修正されたりする。さらに，ある人が面目によって表現される自己イメージをいったん身につけてしまうと，その人はそのイメージにふさわしく生きることを期待されるようになる。

同時に，ある社会的状況における個人の行為は，その社会に特徴的な価値（例：米国と日本では，知り合い同士に公共の場で許される接触の程度はずいぶん異なる）や関与の規範（出会いのなかでどの種類の関与をどの程度示すべきかについての規範）によって規制されている。関与の規範による規制は社会的場面ごとにずいぶん異なり，緩やかなもの（例：休日の公園でみられる光景）から厳しいもの（例：軍隊における式典）まで連続的に分布している。対面的な関わりにおける自己の一側面の開示と社会的価値あるいは関与の規範による規制は，同じコインの裏表である。したがって対面的な関わりでは，その社会的状況における適切な行為が定まることによって，それとの関係で個人の行為によって提示される自己の特徴も定まる。

　上記のような関わりの分析を通じてゴフマンは，日常的な相互行為において面目を維持しようとしておこなわれる行為がどのように組織化されているか，さらにその行為者の道徳的なアイデンティティがどのように構成されるかについて考察した。これは「社会における自己（self in society）」の研究に一つの新しい道筋をつけ，言語人類学における相互行為論的アプローチ（本書でいう相互行為の人類学），会話分析，語用論におけるポライトネス理論（Brown & Levinson 1987/2011）などに大きな影響を与えた。このうちゴフマン自身は十分な考察を展開しなかったが，関わりの特徴がもっともよくみられる領域の一つに社会化があげられる。この点で，言語人類学の一翼をなし，オックスらが推進している言語的社会化アプローチ（第5章参照）は，ゴフマンの構想を発展させるものである。次節では，こうした視点からオックスとイズキエルド（Ochs & Izquierdo 2009）がおこなった，コミュニティや家族の活動に対する子どもの特徴的な関わりについての分析を紹介する。

第3節　米国における依存性ジレンマ（Ochs & Izquierdo 2009）

　オックスとイズキエルド（2009）は，ペルーのマシゲンカ，サモア，米国ロサンゼルス（LA）の中産階級における責任の発達について比較・考察している。ゴフマンと同様，オックスとイズキエルド（2009）は，子どもたちの日常的な生活から特定の社会的状況を切り取る。そしてその丁寧な分析を通じて，子どもたちが，責任の普遍的な基盤として想定される，他者の面目の要請（face-wants）（Goffman 1967/2002）に対して応答する方法をどのように学んでいるのかについて論じる。さらに責任は，文化的な次元での特徴も備えている。オックスとイズキエルド（2009）は，3つの社会それぞれにおける，コミュニティや家族の活動に対する子どもの特徴的な関わりについても分析をおこなっている。

　オックスとイズキエルド（2009）によれば，マシゲンカは，家族的なつながりを

基盤とする小規模で平等主義的な社会である。マシゲンカの家族と社会で有能なメンバーになるためには，社交性を身につけ，日常的な課題について自律的（self-sufficient）であることが何よりも求められる。こうした考え方はマシゲンカの日常生活に浸透しており，子どもは早くから両親らのさまざまな手伝いをおこなうようになる。

　これに対してサモアの社会では，明確な階層構造が認められ，多様な課題を成し遂げるための責任の所在が細かく分割されている。子どもは早くからさまざまな大人の手伝いをする。両親らは子どもにしばしば行為指示を行い，子どもがそれに従わないと諭したり罰したりする。

　LAの中産階級の子どもを取り巻く環境は，上の2つの社会と大きく異なる。子どもの乳児期から青年期を通じて，両親の生活の中心は子どもにおかれている。両親は，実質的な子どもの手伝いはほとんどなしに家事をおこなう。子どもをおだてるようにして何かを丁寧に頼むことはあるが，これが組織的，日常的におこなわれるわけではない。多くの両親は，子どもに手伝いをさせるのは，自分でやるよりもたいへんだという。逆に子どもが，両親に子どもの課題（例：食事や着替え）をおこなうように行為指示することさえある。

　3つの事例の間にみられる子どもによる家族の手伝い，および家族による子どもの手伝いについての差異は，どのように説明できるであろうか？　オックスとイズキエルド（2009）は，従来の研究から示唆される説明の候補として，(1)社会政治的組織，(2)必要性，(3)発達，(4)学校の第一義性，(5)相互独立性−相互依存性，(6)注意の実践，(7)非一貫性という7つの議論をあげ，それぞれに関して上記の差異との関連を検討している。ここで7つの議論は，順に説明力が強くなるように並べられている。以下それぞれについて解説しよう。

　まず上記の差異は，(1)〜(3)から予想されるものとはなっていない。すなわち，(1)の説明からは，階層的な社会だとされるサモアと平等主義的な社会だとされるマシゲンカとでは大きく異なる結果が予想されるが，そうはなっていない。(2)の説明は，LAの親たちには子どもたちの貢献は必要ないと想定するが，LAの親たちの状況は多様で必ずしも子どもたちの助けを必要としていないわけではない。(3)の説明は，LAの親たちが必要としている助けは子どもたちには発達的に難しすぎるというものだが，実際にはそんなことはない。したがって，これらは上記の差異を説明するための根拠としては不十分である。

　(4)米国における学校の第一義性は，LAの子どもがあまり両親の手伝いをしないことを部分的に説明する。しかし，これだけでは子どもがほとんど時間を必要としない手伝いをおこなうことにさえ抵抗することは説明し難い。

（5）興味深いことに，LAの両親は子どもの独立性を理想としているが，家庭での社会化の実践はむしろ依存性を推進している。逆に，マシゲンカやサモアの家族とコミュニティは相互依存性を推進しているが，子どもは実際的な課題においては高い自律性をもつように社会化される。こうしたパラドクス（逆説）は，自己，相互独立性，相互依存性に関する従来の比較文化的な研究（e.g., Markus & Kitayama 1991, 2010）が，理論的にはあいまいで，民族誌的には単純すぎたことを示している。オックスとイズキエルド（2009）が示した一連のデータが示唆するように，自主性と相互依存性は両立可能である。またクセロウ（Kuserow 2004）が指摘するように，相互独立性にはいくつかのバリエーション（例：ソフトな個人主義とハードな個人主義）が想定できる。

（6）社会化の実践は，社会的な世界に身体や感覚を向けることによって子どもの注意を組織化し，道徳的責任の基礎を育む。マシゲンカやサモアの子どもは，LAの子どもと比べて他者や他者がおこなっている課題により注意を向けている。これは，相互依存性（例：社会的気づき，社会的責任）と相互独立性（例：自己への信頼）の双方に基盤を提供する。

（7）家事や子守りの手伝い，セルフ・ケアといった実際的な課題に対する責任についての子どもの見方は，そうした課題を与え，その実施をモニターする養育者の側の一貫性に大きく影響される。この点で，マシゲンカやサモアの養育者は，LAの養育者と比べてより一貫している。慣習化がもたらす安定性は，規範的な意味での道徳的自己の発達の鍵となる。

3つの事例のうちではLAの家族のみにおいて，相互独立性を推進し，子どもをケアするための価値と家庭における実践との矛盾が，はっきりと表明されるようになっている。そしてこうした状況は，LAの子どもにおける「依存性ジレンマ」（Whiting 1978），すなわち子どもが独立性と他者への依存のいずれかというよりもむしろ，その双方が強調される環境において育つこと，を生み出している。

オックスとイズキエルド（2009）がいうように，社会的気づき，自己への信頼，社会的責任は，後のより高次の責任を形成していくうえで核となる特徴である。そして子どもたちは，家庭における対面的な関わりのなかでこれらを示すようになる。すなわち，そうした対面的な関わりは，他者の需要に対する応答性への気づき，および他者の判断を考慮に入れた知識への信頼というかたちで社会的責任を形成し，さらには自己を道徳的な主体として制御する道徳的責任を育んでいく。道徳的責任を特徴づけている価値は，ここでの事例が示しているように，それぞれの社会によって異なりうる。そして，そこから導かれる文化的に特徴づけられた実践の違いは，子どもによる社会的気づき，自己への信頼，社会的責任の達成を促進したり，

困難にしたりすることを通じて，再帰的に子どもたちにおける道徳的責任の発達にも影響を与える。

　我が国でも，西欧的な相互独立的自己と東アジア的な相互依存的自己という区分（e.g., Markus & Kitayama 1991, 2010）はよく知られている。公の場でしばしばそういう価値観が表明されたり，そうした価値観に合わない言動が非難されたりすることも否定できないように思う。たとえば大きな災害に直面したとき，我が国のメディアや政府は，被災者への共感と草の根からの助け合いの大切さを繰り返し確認しているのに対して，米国のメディアや政府は，困難を乗り越えるための確固たる目標の設定と強いリーダーシップの必要性を強調しているように思える。

　しかしながら，文化的実践としての対面的な関わりにおいては，時にこうした価値観とは矛盾する逆説的な事態，たとえば上記の米国における依存性ジレンマ，が生み出されている。そしてそこにこそ，人類学的なフィールドワークを推進する醍醐味が見出せる。すでにゴフマンは，こうした逆説的な事態に敏感であった。相互行為の人類学においては，義務や期待と実際の行為のズレについてのゴフマンの考察が，通俗的な文化の特徴づけやそれに同調するような安易な比較文化的研究に対する批判的な分析というかたちをとって受け継がれている。このうち言語的社会化アプローチをとる研究は，あるコミュニティにおいて，子どもや他の新参者がその「文化の文脈」との関連で「状況の文脈」を理解し，実演する場面を分析的に記述することを通じて，彼ら・彼女らがどのようにしてそのコミュニティのメンバーになっていくのかを明らかにしつつある（Duranti et al. 2012）。以下ではこうしたアプローチのさらなる具体例として，日本文化における「思いやり」についての議論を再考した研究を紹介する。

第4節　「思いやり」の実践[4]

　この節では，日本の養育者－子ども間相互行為（CCI）における「思いやり」と行為指示（directive）連鎖の関係について論じる。さまざまな分野の研究者たちが，日本文化における「思いやり」の重要性を指摘してきた。この「思いやり」の概念には，他者への思慮深さと配慮，他者の感情や状況への共感，他者の意志，望み，感情についての認識と理解などが含まれる（遠藤 2000:23-25）。「思いやり」は，英語では"empathy"（共感）（Clancy 1986），"sensitivity to others"（他者に対する敏感さ），"understanding others"（他者を理解すること）（裳岩 2003:13）といった訳語をあてら

---

[4] この節は高田（Takada 2013）の一部を本書のために大幅に改稿したものである。

れることが多い。また「思いやり」はしばしば，日本文化における支配的価値観であると説明される（Shimizu 2001）。さらに研究者たちは，「思いやり」という価値観は，これを内包する仏教，儒教，神道の理念にさかのぼることができると主張してきた。そして，人間と神仏と自然との間の調和という理想はこれらの日本における宗教の基盤となっており，人間と無生物や死者の魂を含めたさまざまなアクターとの間の関わり合いという考え方は日本人の日常生活にも深く浸透していると論じている（Earhart 2004:7-8,14-15; Johnson 1993/1997:原著76）。行為指示は広義には，その受話者（addressee）に目標志向型の行為を遂行させるためにデザインされた発話（Austin 1975/1978; Searle 1976），あるいは「聞き手に何かをさせるための発話」（Goodwin, M. H. 2006:107）と定義される（第4章参照）。多くの行為指示についての研究は，非常に直接的な行為指示（命令：「マッチをくれ」）から非常に間接的な行為指示（ほのめかし：「マッチがなくなってしまった」）にいたる連続的なスケールによって，行為指示を理解することができると論じている（Ervin-Tripp 1976; Falsgraf & Majors 1995）。また，ほとんどの言語で，この連続線上に位置づけることが可能な，固有かつ多彩な表現が認められる。これと関連してクランシー（Clancy 1986）は，日本の母親たちが2歳児に対しておこなう行為指示についてのデータにもとづいて，日本のCCIに適用可能な「直接性スケール」を提唱している。クランシーの研究は，行為指示の直接−間接性を調節するために，幅広い文法形式が使用されることを示している。

　クランシー（1986:222）によれば，行為指示は本質的に，受話者にとって「面目侵害的（face threatening）」な行為である（Brown & Levinson 1987/2011; Goffman 1967/2002）。したがって，日本人が理想とする共感を妨害することにつながりやすい。このことを考慮すれば，日本人がしばしばより高圧的でない間接的な行為指示の表現を用いることは理解可能である。子どもに対して何をすべきで何を慎むべきかを伝えることは，社会化の重要な方法の一つである。クランシー（1986）が考案した「直接性スケール」を，日本語の熟達者と初学者との対話の分析に適用した研究もある（Burdelski 2006; Falsgraf & Majors 1995）。また高田（Takada 2013）は，クランシー（1986）の直接性スケールの修正版（下記を参照）を提案している。

　行為指示の直接−間接性は，発話の行為主体，おこなうべき行為，行為をおこなう対象が特定される程度に応じて分類される（Burdelski 2006:90）。それは，発話の文法形式のみならず，韻律的特徴，発話と共起するジェスチャー，ならびに発話がおこなわれた文脈の影響を受ける。したがって，特定の文法形式はしばしば話者が行為指示の直接−間接性の程度を示すために利用されるが，その働きは常に同じだとはいえない。実際の相互行為におけるトーク（talk-in-interactions）の過程における

行為指示の意味を分析するにはさらなる経験的な研究が必要であり，そうした研究は言語と文化と社会組織の入り組んだ関係を分析する機会を提供してくれる (Duranti & Goodwin, C. 1992:23)。

　興味深いことに，行為指示連鎖は，しばしば「思いやり」を教える目的で使用されると考えられてきた（Burdelski 2006; Clancy 1986）。行為指示は，教えるという活動と密接に関連している（Ochs 1988; Schieffelin 1990）。たとえばCCIにおける行為指示は，子どもの良くない行為，または一般的に受け入れられた価値観に対する違反を養育者が目にした場合に発せられることが多い。日本の社会化に関するいくつかの研究では，こうした状況が，他者のニーズ，望み，感情に対して敏感になるように子どもを訓練するための文脈，つまり「思いやり」を教えるための文脈を養育者に与えると主張されている（Burdelski 2006; Clancy 1986; 裴岩 2003）。そこで以下では，著者たちのグループが収集した日本におけるCCIのデータの分析を通じて，「思いやり」に関連する実践と行為指示連鎖の関係について考察する。分析ではとくに，相互行為の参与者の視点から，行為指示連鎖によって複数名による相互理解がどのように達成されるかに焦点を合わせる。バーデルスキー（Burdelski 2006: 280）によれば，日本人の養育者は，「単純化」または「言い換え（paraphrasing）」の一つの形式である擬人化発話（animating speech）は，子どもにとって他の形式の発話よりも理解しやすいと考えている。以下の分析では，この考え方についても検討をおこなう。

　本研究で用いたデータは，第5章第3節と同様，著者が代表を務める養育者−子ども間相互行為に関する縦断的観察研究（CCIプロジェクト）の一環として収集された。以下では，CCIプロジェクトのデータセットから抽出した，おもに幼児，その弟や妹，その養育者における会話の例を分析する。

1　養育者による行為指示：直接−間接性の次元

　データセットから行為指示連鎖を抽出し，養育者による行為指示とそれに対する子どもの応答を複数のタイプに分類した。まず，養育者による行為指示のタイプについて考察する。筆者らのデータセットでは，単独の隣接対のうちで行為指示連鎖が完了することはめったになかった。養育者が行為指示をおこなったとき，子どもはさまざまなタイプの発話によって応答していた（本節2を参照）。そうした子どもの応答を受けて，養育者はしばしば異なるタイプの行為指示を繰り出し，それによって子どもの行動を制御しようとしていた。

　上述したように，先行研究では，行為指示の分類のために「直接性スケール」が提案されてきた。ここで筆者は，本研究のデータセットの分析にもとづいて，クラ

表6-1 養育者の行為指示：「直接性」の諸次元 (n=316)

	n	比率
1. 行為指示の強さ		
命令	37	12%
要求	111	35%
示唆	70	22%
うながし	50	16%
誘い	14	4%
2. フッティングの変化		
報告発話	29	9%
フィギュアへの発話	5	2%

ンシー（1986）が提案した直接性スケールの修正版を提案する。直接-間接性の程度に応じて発話の分類をおこなうことは，行為指示のバリエーションを理解するうえで有益である。直接性から間接性までを単一次元の連続体（continuum）で説明しようとしたクランシー（1986）のモデルとは異なり，ここで提案するモデルでは複数次元からなる直接性スケールを用いる。表6-1は参与者がとったそれぞれのタイプの行為の割合を示す。この表が示すように，本研究では少なくとも2つの独立した次元に重点を置いている。

事例6-1から6-5までのタイプは，発話形式における行為指示の強さ，いいかえれば受話者に対する強制力が相対的に高いものから低いものへと並べられている。行為指示の直接性もまた，この順に低くなっていくと考えられる。事例6-1は「命令（command）」で，動詞（V）の命令形「V-なさい」のような発話に該当する。次の事例6-2は「要求（request）」，すなわち「V-てくれる（V＋て＋give）」という複合動詞のかたちをとる発話などである。事例6-3は「示唆（suggestion）」，すなわち「V-たら？（V＋条件）」という条件形をとる発話などである。事例6-4は「うながし（prompt）」，すなわち複合動詞「V-てごらん（V＋て＋try）」のかたちをとる発話などであり，最後の事例6-5は「誘い（invitation）」で，意志による選択（volition）のかたちをとる発話などである。

このうちもっとも多く観察されたのが要求であり，示唆とうながしがそれに続いた（表6-1）。下の例は，筆者らが収集したデータセットから文字起こししたものである。各行はそれぞれオリジナルな発話，単語別の文法的注釈が示されている（読みやすさのため，意味の明白な単語の注釈は省略した）。それぞれの事例では，例示するタイプの行為指示（命令，要求など）があらわれた行に矢印（->）を記してある。

事例6-1 命令[5]

K（3歳1カ月），M：母（妊娠9カ月），F：父

K： お．
　　IJ

->F： ト．トンネルを作りなさい．トンネル
　　　　　　ACC　make　IMP

事例 6-2 要求
　　K（3歳1カ月），M：母（妊娠9カ月）

->M：閉めといて，　ここ．
　　　close-TE-put-TE　here

　　K：なんで？
　　　why

事例 6-3 示唆
　　C（2歳9カ月），M：母（妊娠9カ月）

->M：ここにしまっといたら？《母はおもちゃのバッグを指さす。》
　　　here DAT store-TE-put-COND

　　C：《Cはおもちゃのネックレスをおもちゃのバッグに入れる。》

事例 6-4 うながし
　　Ko（1歳1カ月），S（3歳1カ月），M：母

　　M：じゃあ それ おね:ちゃん に　どうぞ　　して
　　　then　it　HON-e.sister DAT "here you are" do

->M：おね:ちゃん に　どうぞって
　　　HON-e.sister DAT "here you are" QT

　　Ko：う:《Koはパズルのピースを手に持って，父と姉のところへ行く。》

事例 6-5 誘い
　　K（3歳1カ月），M：母（妊娠9カ月）

->M：じゃあ 一緒に 乗ろうか？
　　　then　together ride-VOL-Q

　　K：うん．

　上で示した文法項目は，日本語学の伝統では主観性（subjectivity）の表現とみなされている（Takubo 2009:151-152）[6]。行為指示の直接性は，これらの文法形式によっ

---

[5] 日本語のグロスの略号は以下をあらわす：ACC；対格，ASP；相，BEN；受益格，CAU；使役，COND；条件，COP；コピュラ（文の主語とその後に置かれる語を結ぶ補助的な品詞），DAT；与格，DIM；指小辞，HON；敬語，IJ；感嘆詞，IMP；命令，INV；誘い，LK；リンカー（語や句などを結びつける補助的な品詞），LOC；所格，NEG；否定，NOM；主格，PFT；完了，PN；個人名，POL；丁寧，PP；語用論的小辞，PST；過去，Q；質問，QT；引用，SSW；音象徴語，TAG；付加疑問，TE；接続（-te形），TOP；焦点，VOL；意思

て決定されるように思われるかもしれない。しかしながら実際には,これらの文法形式は,相互行為におけるトークを編成する,より広範な資源の一部であるにすぎない。したがって各文法項目の作用はあらかじめ決定されてはおらず,相互行為の過程におけるその使われ方によって決まるのである。

　第二の次元として,行為指示の直接性はそのフッティング(第2章参照)の変化に影響される。本研究のデータセットでは,事例6-6「報告発話(reported speech)」と事例6-7「フィギュアへの発話(speech to a figure)」がすべてのケースのなかでそれぞれ9％と2％を占めた(表6-1)。報告発話には,他者の発話を引用または報告すること,あるいはある発話を他者が言ったことにすることが含まれる。クランシー(1986)の「直接性スケール」では,報告発話は,直接性が相対的に低い「帰属的行為指示(attributive directive)」とみなされている。ただしここでは,日本語での報告発話には認識論的な(epistemological)ニュアンスの違いを反映しうる多様な文法形式が用いられること,したがって日本語での報告発話は英語のそれとは必ずしも一致しない複雑な現象であることに注意が必要である(e.g., Aoki 1986; Burdelski 2006; Clancy 1985; Maynard 1996)。この特徴は「フィギュアへの発話」,すなわち無生物を含むフィギュア(Goffman 1981)に対して話者がおこなう発話にもあてはまる。

[事例6-6] 報告発話

　Ko(0歳11カ月),S(2歳11カ月),F：父

　F： それ. それ たすけ あそんでたよ いま. 貸してあげて
　　　　it　　 it　 Name play-PST-PP　　　 lend-TE-CAU-TE

->F： ほら: たすけ, こっちの 大っきなバスが いいな:って いってる.
　　　 IJ　　Name　 here LK big　　　　NOM nice QT　 say-ASP

[事例6-7] フィギュアへの発話

　C(2歳9カ月),M：母(妊娠9カ月)

　C： おまわりさんは？《Cはおもちゃのレールに囲まれた場所に座っている。》
　　　 policeman Mr. Q

->M： おまわりさん ひとりでやってあげて
　　　 Policeman Mr.　alone by do-TE-CAU-TE

　以下では,実際の相互行為において養育者がこれらの方略をどのように用いて子

---

[6] これらは法あるいは法助動詞(modals or modal auxiliaries)であり,それが接続される動詞形式に関連する多様な形態論的クラスならびにその活用形(inflection)が含まれる。

どもの注意を引き，その行為を引き出しているのかを検討し，さらにその文化的な特徴を明らかにする。事例 6-8 では，3 歳 1 カ月児の男の子 K が家でおもちゃの電車で遊んでいる。父親 F は床に座って K を見ている。母親 M も床に座って K を見ている。母親は妊娠 9 カ月で第二子を出産予定である。

事例 6-8　行為指示の強さの変更

K（3 歳 1 カ月），M：母（妊娠 9 カ月），F：父

1　F：　やい。
　　　　　IJ

2　F：　トンネル つくってあげたら，トンネル
　　　　　　　　　make-TE-CAU-COND

3　K：　お．
　　　　　IJ

4　F：　トンネルさ:ん, つくってあげたら．
　　　　　　　　　Mr.　　make-TE-CAU-COND

5　F：　じゃ::んと（汽車出てくるわ）
　　　　　　IJ　　　as　　come out PP

6　K：　お．
　　　　　IJ

7　F：　ト, トンネルをつくりなさい, トンネル
　　　　　　　　　　　　ACC　make　IMP

8　F：　どっかに　　　　　トンネルさん．
　　　　　somewhere DAT　　　　Mr.

9　F：　トンネル, つくってみたら
　　　　　　　　　　make-TE-try-COND

10　K：　トンネル(.)つくゆ
　　　　　　　　　　make-VOL

《15 行省略》

26　K：　どうすえばいい？
　　　　　how do-COND good

27　F：　折り紙みたいに折ってごらん(.)折り紙[（みたいに）
　　　　　like　　fold-TE-try　　　　like

28　M：　　　　　　　　　　　　　　　　［つくって], トンネル
　　　　　　　　　　　　　　　　　　　　　make-TE

図 6-1　F は K に「トンネルつくってあげたら」と示唆する

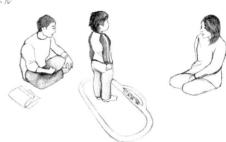

図 6-2　K は「トンネル(.)つくゆ」と宣言した

29 F: 折り紙みたいに折って
        like   fold-TE

　やりとりのはじめに，Kは父親（F）に近づいていき，その横にとどまった。2行目で父親が，「トンネルつくってあげたら」と示唆する（図6-1）と，Kは動くおもちゃの電車を見ながら「お」という発話をおこなった。この発話は，Kがトンネルの作り方を理解していないことを示しており，それゆえに前の父親の発話に対する修復の開始（repair initiator）として機能する。4行目で，父親は示唆を繰り返した。ここで注目したいのは，父親が，2回目の示唆を試みたときに，トンネルに「さん」という敬称を付け足し，それから，トンネルから電車が出てくる様子を演劇的に示すために「じゃ::ん」という擬音語を発したことである。述部である「つくってあげたら（つくる-て-使役-条件）」のうちの使役接尾辞（causative suffix）である「あげ」は，文章の目的語（＝行為の受け手）に動作主性（agency）があることを示す。敬称の使用（「トンネルさん」）はトンネルを擬人化し，そうすることで受け手であるトンネルの動作主性を強めている。さらに擬音語によって劇的効果を高めることにより，示唆された行為の実行をうながしている。これらによって父親は，Kの理解を促進するために，示唆をよりカジュアルで遊び心のある言い方へと再定式化したのである。

　だがKは6行目で，再び修復の開始となる「お」を口にした。そこで父親は，自分の発話の最後の部分を「つくりなさい（つくるの命令形）」へと変更することで，行為の強さを高めた（7行目）。この命令は，Kからすぐに応答を引き出すにはいたらなかった。父親は前の命令を補完する発話を追加し（8行目），それから，若干の変更を加えて示唆を繰り返した（9行目）。するとKは立ち上がり，10行目で「トンネル(.)つくゆ」と宣言した（図6-2）。この発話は，行為指示の受諾を示すものであった。

　15行分の会話を続けた後，Kは26行目で「どうすえばいい？」と尋ねた。これに対して父親は「折り紙みたいに折ってごらん(.)折り紙[（みたいに）」と示唆した。この発言の最後の部分と重なるタイミングで，母親（M）が「[つくって]，トンネル」という要求をおこなった。それから今度は父親が，自身の前の発話を部分的に繰り返した（29行目）。この発話は，要求として機能した。

　この例が示すように，養育者は，子どもが受諾しない場合は，それに応じて行為の強さを高めたり低めたりしながらさまざまな行為指示を繰り返すことが多い。子どもが行為指示を理解していない状況に直面したこの父親は，示唆の表現を変更することで，楽しく遊べるような状況を作り出していた。ここで子どもがすぐさま，

それに続く相互行為において親と協力すれば，そのまま遊びの活動の枠組みを維持することができたであろう。だがこの子どもは，この会話の流れをはっきりと理解してはいなかった。そこで父親はより強制的な命令による行為指示へと移行し，続いてその命令を補完するような示唆を繰り返した。このように養育者は，自身の動きを子どもの応答にあわせながら自身のアプローチを変化させ，子どもから目指す行為を引き出すことができる。

日本語の文法的な特徴は，こうしたやりとりにおいて，文末（しばしば発話の末尾でもある）で特定の文法項目，たとえば「なさい」「って」「てあげたら」「てみたら」「てごらん」を用いることで，行為の強さを調整することを可能にしている。文があらわす法（mood）[7]を示すこれらの文法項目（cf. Pizziconi & Kizu 2009）は，話者の相互行為における関心を反映しうるものであり，養育者が自らの行為を子どもの行為に合わせて調整していくことを可能にする。

さらに，こうした文法項目は，文末のわずかな一部分にしか現れないため，変奏された行為指示はある種の形式的類似性を有するものとなる。行為指示の反復と変奏は，動的な相互行為にリズムをもたらすことで，子どもをそれに関与させる助けとなる。たとえば，10行目のKによる行為指示の受諾は，その発話の大部分がその直前の父親による示唆（9行目）の部分的な繰り返しという形式をとっている。

行為指示は「聞き手に何かをさせるための発話」（Goodwin, M. H. 2006:107）と定義され，聞き手は，「はい」のようなシンプルな発話を通じて適切かつ望ましい応答をすること，または単に指示された行動をおこなうこと，あるいはその両方によって受諾を示すことができる（第4章参照）。したがって行為指示は，子どもが言語的な流暢さを発揮することなしに，子どもの相互行為への参加をうながすことができるという点で，幼い子どもと養育者の関わりを促進するのに適しているといえよう。

上述の行為の強さを変えることに加えて養育者は，たとえば報告発話を用いることによって，しばしば発話のフッティングを変え，それによって多様な行為指示を繰り返す。事例6-9では，母親が3歳7カ月児の娘Aの隣に座り，生後8カ月の赤ん坊Ktを抱いている。Aは，床に寝転んでKtを見ている。

[事例6-9] フッティングの変化

Kt（0歳8カ月），A（3歳7カ月），M：母

1 M： 蹴らない，蹴らない．
　　　 kick-NEG　kick-NEG

---

[7] 法（mood）は，話し手の主観的な心的態度などをあらわす文法カテゴリーである（例：命令法，仮定法）．

```
 2  A: ね::ちょ::
        IJ   IJ

 3  M: (ねえ)ちゃん, あのボールとって.
        e.sister-DIM  that  ball  take-TE

 4  M: こうちゃんと 一緒にコロコロしよう.
        Name-DIM with together SSW  do-VOL

 5  A: <いっせ:[:]の::>
         all. together

 6  M:       [はい]
              IJ

 7  M: はい, とって.
        IJ   take-TE

 8  M: うん, うん, はい, コロ-
        yes  yes  come.on SSW

 9  M: あ:ん. コロコロしてあげて.
        IJ    SSW    do-TE-CAU-TE

《3行省略》
13  M: はい, つぎ, こうちゃん,
        IJ   next  Name-DIM

14  M: えい.
        IJ

15  M: [あ
        IJ

16  A: [あ
        IJ

17  M: 欲しい, 欲しい.
        want    want

《4行省略》
22  M: hhh ちょうだ:[:い,
            receive

23  A:            [hhh =

24  M: =ちょ[うだ:::い.
           receive

25 Kt:     [あああああ::
            IJ
```

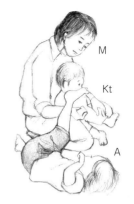

図6-3 Mは,Aに「蹴らない,蹴らない」と行為指示する

図6-4 Mは,Aに向けて「えい」と声を上げ,Ktの報告発話をおこなう

図6-5 Ktも興奮して,「あああああ::」と叫び出す

この相互行為が開始されたとき，Aは両脚を動かして，片足でKtを触っていた。母親（M）は，Ktを守るためにAの脚を押しながら，「蹴らない，蹴らない」と行為指示した（1行目；図6-3）。その後，母親がボールを指さして，「（ねえ）ちゃん，あのボールとって．」と要求した（3行目）。さらに母親は「こうちゃんと一緒にコロコロしよう．」と示唆して，次の行為をおこなう用意をした（4行目）。だがAはこの示唆には適切な応答をせず，代わりにボールを強すぎる勢いでKtの方へと投げた。母親はこれについて，「あ:ん．コロコロしてあげて．」と不平を伝えた（9行目）。

　母親はボールを転がした後，Ktに向かって「乳児向け発話」（IDS；第5章参照）でささやいた（13行目）。それからAに向けて「えい」と声を上げ，Ktの報告発話をおこなった（14行目；図6-4）。ここで彼女はKtの発声体（animator）の役目を果たしている。さらにそれに続くやりとりでは，母親はKtの手を握りながら，Ktの「ための」発話と行為を続けた（cf. Schieffelin 1990）。Aは笑いながらボールを転がし続けた。Ktも興奮して，「あああああ::」と叫び出した（25行目；図6-5）。つまり母親とAとKtはここで，相互に自分たちの行為を調整し，相互理解を達成したのである。

　この例では，母親はAに対し命令，要求，示唆をおこない，そしてKtとの共同的な活動へのAの参加をうながすためにKtの報告発話を述べ始めた。この過程で母親が，母親がAと遊び，AがKtと遊ぶという入れ子型の構造によって特徴づけられる参与枠組みを導入した。とくに注目すべきは，この入れ子型の構造が言語面（すなわち発話の産出フォーマット）だけでなく，空間的（すなわち身体の位置の配置）にも認められるということである。

　報告発話は，話者の意図を明示的に伝えず，それゆえ話者は主体（principal）だとはみなされないため，発話の間接性が高まる。上の例では，母親は赤ん坊の発声体の役割を果たしていた。さらに報告発話中は，話者のフッティングが発声体，作者，フィギュアなどに分割されるため，話者は引用されることの意味や解釈を操作することができ，発話の責任は分散されるのである（Besnier 1993; Goodwin, M. H. 1990）。

　こうした報告発話の特徴は，相互理解を達成するために用いることができる方略の多様性に大きく貢献している。とくに興味深い点は，話者のフッティングを分割することにより，報告発話では参与者が，主体と発声体を含む三者関係の枠組みを採用できるという点である。この枠組みはトライアンギュレーション[8]，すなわち

---

[8] トライアンギュレーション（三角測量）は，社会科学では複数（3つ以上）の方法・立場・視点から分析の妥当性を高めることを指す。ここではこれを援用して，複数（3名以上）の参与者が相互行為を通じて相互理解を達成する，あるいは対立を解決することを指している。

複数（3名以上）の参与者による相互行為における相互理解または対立の解決をもたらすのに効果的である。複数の参与者による相互行為は，実際のCCIにおいてひんぱんに生じることであるにもかかわらず，相互理解に関する研究では往々にして見過ごされてきた。

　日本のCCIでは，養育者が，まだ生まれていない赤ん坊または無生物を導入することでトライアンギュレーションを推進することが少なくない。事例6-10はその実例である。これは事例6-8で引用されたのと同じ家族から得られた。録画は，事例6-8と同じ日の，事例6-8よりも若干早い時間に行われた。母親Mは床に座っており，父親Fは3歳1カ月児の息子Kを見ている。Kは父親にもたれて父親の顔を見上げていた。

事例6-10 生まれていない赤ん坊の導入によるトライアンギュレーション
　　K（3歳1カ月），M：母（妊娠9カ月），F：父

1　F：今度, 赤ちゃん(が) 生まれたら　　　阪京あげよっか, 赤ちゃんに.
　　　　 next.time　 NOM be.born-COND　Name give-VOL-Q　　　DAT

2　K：だって(.)けいたの:
　　　　but　　 Name LK

3　F：けい(h)た(h)の:(h)?
　　　　Name　　 LK

4　M：(じゃ) 赤ちゃん(に) 何あげよっか.
　　　　then　　　　 DAT what give-VOL-Q

5　K：°う：ん°
　　　　Well

6　F：赤[ちゃんに（よ）]
　　　　　DAT PP

《5行省略》
12　K：全部けいたの:
　　　　　 Name LK

13　M：かわいそ, 赤ちゃん泣いちゃうよ:
　　　　　　　　　　　　　cry-PFT　　PP

14　F：や: ひどいやつや:
　　　　IJ　bad　 guy PP

15　F：[さん, 三歳くん　　やろ でも.
　　　　 three three.years.old-DIM　PP　 but

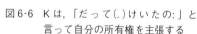
図6-6　Kは，「だって(.)けいたの:」と言って自分の所有権を主張する

図6-7　Mは，お腹の赤ちゃんの報告発話として「↑えんえ::ん, おにいちゃん, なんかちょうだ:[い」と述べる

146

16 M：[↑えんえ::ん
　　　　SSW SSW

17 M：↑おにいちゃん，なんか　ちょうだ:[いって．
　　　　HON-e.brother something　receive　　　　QT

　この相互行為の開始時，父親（F）はおもちゃの電車（「阪京」）を指さし，それから，Kに「今度，赤ちゃん(が)生まれたら阪京あげよっか，赤ちゃんに．」と尋ねた（1行目）。だがKはすぐに，「だって(.)けいたの:」と言って自分の所有権（すなわち正当性）を主張した（2行目；図6-6）。次に母親（M）が「(じゃ)赤ちゃん(に)何あげよっか．」と尋ねて，別の選択肢を示唆した（4行目）。
　Kはこの示唆を受諾せず，「全部けいたの:」と言うことで，拒否を強化した（12行目）。続く13行目では，母親が「かわいそ，赤ちゃん泣いちゃうよ:」と述べた。この発話は，赤ちゃんの状態を評価する働きをしている。それから母親はKに向かってより詳細にその状況について論じることで不平を述べた。それから彼女は，赤ちゃんの視点を採用し，想像による赤ちゃんの反応として「↑えんえ::ん，おにいちゃん，なんかちょうだ:[い」と述べた（16，17行目；図6-7）。報告の枠組みを示す指標となるのが，これに続く「って」である。これは，発話の遂行的側面（performative aspect）を示す引用マーカーであり，高い調子の声で発せられている。また「おにいちゃん」という語の使用は，参与者と赤ん坊との間に家族としての関係があることを強調している。
　この例では，まだ生まれていない赤ん坊をフィギュアとして導入することで，養育者が，報告発話の一種である「赤ちゃんのために話す」という方法（Schieffelin 1990）を採用し，それによってまだ生まれていない赤ちゃんを，現在の家族関係にとりこんでいる。さらに，日本におけるCCIでは時折，養育者が無生物をフィギュアとして導入することもみられる。バーデルスキー（2006）からの引用である事例6-11では，1歳10カ月児が，本棚から複数の本を出している。これを見て父親は「早く《本を戻しなさい》．」という行為指示をおこない，続けて母親が「《本が》泣いてはるわ．」と言う。それから父親は，本の代理としての報告発話「《本が》え:ん　え:んってゆうたはんで．」をおこない，この発話を強化している。

|事例6-11| **無生物の導入によるトライアンギュレーション**（Burdelski 2006）

　　Ms（1歳10カ月），M：母，F：父

《本棚から本を取り出したMsに向かって》
　F：早く．
　　　quickly

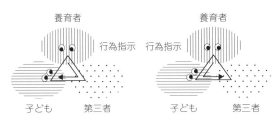

M： 泣いてはるわ．
　　cry-TE-HON PP

->F： え:ん え:んって ゆうたはんで．
　　　IJ　 IJ　　　QT say-TE-HON PP

図6-8　報告発話（左）とフィギュアへの発話（右）におけるトライアンギュレーションの構造

従来の研究ではしばしば，日本人の養育者がこうした発話を用いて，子どもに人間ならびに生きとし生けるものへの「思いやり」を教えようとする，あるいは，こうした発話は日本的な価値観，たとえば「八百万の神」に対する畏敬の念を反映したものだと論じられてきた（Burdelski 2006; Clancy 1986; Earhart 2004; 裵岩 2003）。本分析では，その逆方向の因果連鎖が作用しうるということを提唱する。すなわち養育者は，子どもから目指す行為を引き出すために，トライアンギュレーションのフォーマットを採用し，まだ生まれていない赤ん坊あるいは無生物をフィギュアとして導入するということである（例：事例6-10の16，17行目，事例6-11）。このフォーマットは，構造的には，養育者が相互行為の第3の参与者の声（voice）を用いて行為指示をおこなう状況に類似している（例：事例6-9の17，22，24行目）。ここではフィギュアはトライアンギュレーションをおこなうために構造的に必要な要素であり，「思いやり」という親の信念（parental ideology）は，こうした手法を実践する「理由」としてというよりは，むしろ相互行為の「結果」として生じてくるのである。またトライアンギュレーションのフォーマットでは，まだ生まれていない赤ん坊，あるいは子どもが操作することのできる無生物に対して行為指示をおこなうことも可能である（例：事例6-7）。

　ここで紹介したトライアンギュレーションの構造の模式図を図6-8に記す。養育者の行為指示は，受け手である子どもにとって本質的に面目を脅かす性質をもっている。これに際して養育者は，第三者を導入することで，子どもがその行為指示に直接的に応答する必要のない，遊戯的で演劇的な状況を作り出すことができる。こうした過程は参与枠組みを直接的な行為指示のそれよりも複雑にし，子どもにとってはより想像力が要求されるもののように思われる。しかしながら，ここにあげた各種の例では，2，3歳の幼児であっても養育者がアレンジしたこの参与枠組みにうまく関わることができていた。したがって，言語理解が十分でない幼い子どもを含んだCCIにおいてでさえも，必ずしもより単純な構造をもった参与枠組みの方が相互理解を達成しやすいとは限らないことがわかる。ここで注意しておきたいのは，多くの社会において，共感的過程が奨励され，増幅される文脈と，それが推奨

されず，抑圧される文脈が存在する（Hollan & Throop 2011:7）ということである。日本のCCIにおいては，養育者が子どもの注意を引こうと試みる文脈で「思いやり」に関連した実践があらわれることが多いと考えられる。

表 6-2　行為指示に対する子どもの反応
（n = 171）

	n	比率
受諾	83	49%
修復の開始	15	9%
枠組みの変更	23	13%
正当性の主張	5	3%
異議申し立て	7	4%
拒否	38	22%

2　養育者の行為指示に対する子どもの応答

　子どもは行為指示の受動的な受け手ではなく，時には養育者のコントロールから逃れる能動的な行為主体（agent）である。以下では，子どもが養育者の行為指示をすんなりと受諾しなかった例をとりあげる。表 6-2 は，CCI プロジェクトのデータセットを用いて，養育者による行為指示に対する応答として子どもが産出した行為をタイプ分けしたものである。ただし，これらのタイプはあくまで実際に観察された応答の例を説明するためのもので，可能な応答を網羅する包括的なものではない。観察された応答は，受諾，修復の開始，枠組みの変更，正当性の主張，異議申し立て（challenging），拒否の 6 タイプに分類されており，その右側には，観察されたすべての行為（n = 171）のなかでそれぞれのタイプが占めた割合が示されている。

　以下にそれぞれのタイプの例をあげる。ここにあげる応答は，行為指示に対する 2 つの対極的な応答，すなわち受諾と拒否の間で不均等に分布している。

事例 6-12　受諾

　K（3 歳 1 カ月），M：母（妊娠 9 カ月）

M：じゃ，赤ちゃんに　聞いてみ　一緒に阪京　乗ろうって．
　　then　　　　　　DAT ask-TE-try together Name ride-VOL QT

《K は M の腹部に近寄る》
-> K：一緒に　阪京　乗ろ．《K は恥ずかしそうに笑いながら M を見上げ，両手を自分のおでこにあてる》
　　together Name ride-VOL

事例 6-13　拒否

　Ko（0 歳 8 カ月），S（2 歳 8 カ月），F：父

《Ko は S の前に置いてあるおもちゃのティ・ポットに手を伸ばす》
S：u: a:《S は Ko の手を払いのける》
　　IJ

F：ちょっと貸してあげてよ
　　a little　lend-TE-CAU-TE PP

->S： いやや:
　　　no PP

　表6-2では，応答の49%が直接的な受諾にあたること，ならびに22%が直接的な拒否にあたることが示されている．行為指示への抵抗は，直接的な拒否に加えて複数の方法，すなわち修復の開始（9%：事例6-14），枠組みの変更（13%：事例6-15），正当性の主張（3%：事例6-16），異議申し立て（4%：事例6-17）などによって表明される．

事例6-14 修復の開始
　　K（3歳1カ月），M：母（妊娠9カ月）

　M： けいた 丸いの　ここに入れて．
　　　Name round-thing here DAT put-TE

->K： 丸いの．こえ？
　　　round-thing this

　M： うん．そうそうそう．
　　　yeah right right right

事例6-15 枠組みの変更
　　Ke（2歳2カ月），M：母（妊娠7カ月）

　M： これ貸して．
　　　this lend-TE

->Ke： ふ:ふ:[ふ:ふ:《息を吹きかける音を真似る》
　　　SSW

　M： [なにが　ふ:してんのよ．
　　　what NOM IJ do-ASP Q PP

事例6-16 正当性の主張
　　B（1歳8カ月），T（5歳0カ月），M：母

　M： もう，嫌がってはんのにやめ:よ
　　　IJ　dislike-TE-HON but stop PP

->T： 自分で こけたんやで
　　　by herself fall-PST PP

　M： も:::
　　　IJ

150

事例6-17 異議申し立て
　　K（3歳1カ月），M：母（妊娠9カ月）

　M：　閉めといて．　　ここ
　　　　Close-TE-put-TE　here

->K：　なんで？
　　　　why

　M：　おもちゃ入ってない．
　　　　　　　enter-TE-NEG

->K：　なにおもちゃ？
　　　　what

　M：　おもちゃ入ってない．
　　　　　　　enter-TE-NEG

->K：　なんで？
　　　　why

　拒否と修復の開始，枠組みの変更，正当性の主張，異議申し立てを合わせると，応答の51％が養育者の行為指示に対する抵抗をあらわしていた．以下では，このなかでとくに興味深い応答として，全体の13％を占めており，幼児においてひんぱんにみられる枠組みの変更について論じる．

　事例6-18は，事例6-15で一部を引用したのと同じ例である．母親Mは妊娠7カ月でソファに横になっている．ソファの前には，2歳2カ月児の息子Keがおり，キーホルダーを手に持っている．

事例6-18 子どもによる枠組みの変更
　　Ke（2歳2カ月），M：母（妊娠7カ月）

1　M：　じゃ:も:これ貸して．
　　　　then　IJ　this lend-TE

2　Ke：　ふ:ふ:[ふ:ふ:《息を吹きかける音を真似る》
　　　　SSW

3　M：　[なにが　　ふ:してんのよ．
　　　　what NOM IJ do-ASP Q PP

4　Ke：　できた．=
　　　　can-PST

5　M：　=あ，できた．
　　　　 oh　can-PST

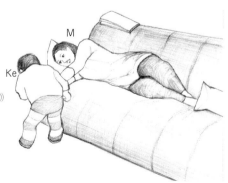

図6-9　Keはキーホルダーのひもに向かって息を吹きかけ始める

6 M: ありがと.
    thanks

7 Ke: ふ:ってできた.
    IJ　QT　can-PST

8 M: ふ:ってできた.
    IJ　QT　can-PST

　この相互行為のはじめに，母親（M）は「じゃ:も:これ貸して.」と要求し，キーホルダーのひもを引っ張った。Ke は，この要求に直接応答する代わりに，キーホルダーのひもに向かって息を吹きかけ始めた（図6-9）。これは，会話の枠組みを変えようとしたのだと考えられる。母親は，Ke がキーホルダー以外の何かを吹いているふりをしているのだと気がつき，3行目で「なにがふ:してんのよ.」と質問した。すると Ke は，母親の顔を見ながら「できた.」と宣言した。その後におこなわれたインタビューで母親は，このフレーズは，Ke が誕生日のケーキの上に置かれたろうそくを吹き消したことを示すと述べた。これは，この時期に Ke と母親との会話で繰り返し使われていたフレーズであった。続く「あ」は，「状態の変更のしるし」（change-of-state token）（Heritage 1984）として機能しており，Ke が言いたいことを母親が認識したことを示している。それから母親は，Ke の前の発言を繰り返した（5行目）。これによって，母親は Ke による話題の転換を承認した。そのいっぽうで，母親は続けて「ありがと.」と言いながらキーホルダーを Ke から取り上げた。7行目で Ke が再定式化した報告（reformulated report）をおこなったことに反映されているように，この応答は Ke にとって十分なものではなかった。彼はこの報告を通じて，前の発話を言い直し，これによって母親の理解の正しさを確かめようとした。そして母親は，Ke の直前の発話を繰り返すこと（8行目）で，それを承認したことを再び明示した。

　この例が示すように，子どもは養育者の行為指示に対して，誕生日のパーティーで実践される伝統のような，向道徳的な（pro-moral）行動への自らの関与を引き合いに出すことにより，しばしば会話の枠組みを変えていた。この方略は，養育者が道徳性（morality）に関連した会話をさらに発展させる手がかりを与える。このため，しばしば子どもに向道徳的な教示をおこなっている，あるいはそれをおこなう機会をうかがっている養育者から効果的に応答を引き出すことができる。言い換えれば，子どもは，養育者の行為指示に抵抗するために，しばしば発話の含意（implicature）（Grice 1975, 1978）を利用する。この方略がうまくいけば，子どもと養育者は協調的に会話の話題を変えることができる。

事例 6-19 は，向道徳的な活動への子どもの関与を示すもう一つの例である。この相互行為では，2歳8カ月の女児Sが生後8カ月の弟Koの前でおもちゃを握っている。すると父親Fが「じゃあ，他のやつ？　他の使ってないの((を弟にあげなさい)).」という行為指示をおこなう。Sはこの行為指示に直接的な受諾または拒否を示さず，代わりに「手，拭いてく(る).」と応答している。この応答は，養育者が衛生の重要性を強調するためにひんぱんにおこなっていた行為指示と対応するものであった。

事例 6-19　向道徳的な行動への関与を示すこと
　　S（2歳8カ月），Ko（0歳8カ月），F：父

```
    《Sはおもちゃを持っている》
    F： じゃあ，他のやつ？　　 他の使ってないの.
        then   other LK thing  other LK use-TE-NEG thing
->S： 手，拭いてく(る).
        hand  wipe-TE-come
```

　養育者の応答を引き出すことに関連するもう一つの方略は，「アラーム・コール」を出すことである。これには，子どもまたは養育者が直面している，またはこれから直面することになる危険へと注意を向けさせようとする行為が含まれる。この方略は，うまくいけば養育者からその危険を避けるための応答を引き出すことができる。養育者は迫り来る危険から子どもを守ることに動機づけられ，またそれを義務だと感じるからである。その点で，アラーム・コールもまた向道徳的な行為に関わるといえよう。事例 6-20 では母親Mが，ピザを食べていた2歳2カ月児の息子Keに「噛み噛みごっくん」という行為指示をおこなっている。このピザには辛いスパイスは使われていなかったにもかかわらず，Keはすぐさま「辛い！」と言った。この発話は，アラーム・コールとしてデザインされている。すなわち，Keは行為指示によってもたらされた面目侵害的な状況から逃れるため，母親（M）に自らが直面している危険を知らせるという方略を選んだ。これは他の考えうる応答（例：噛んだり飲み込んだりすることは難しい，ピザは嫌いである，お腹がいっぱいである）よりも素早い応答を養育者に求めるものである。しかしながら，母親はこの訴えを即座に否定し，アラーム・コールを退けた。Keの試みは失敗し，それに続く長い沈黙の後でKeは自分の口の中にあったピザのかたまりを吐き出した。

事例6-20　アラーム・コール

Ke（2歳2カ月），M：母（妊娠7カ月），F：父

《Keは夕食時に両親とテーブルを囲んでピザを食べている》
M：　噛み噛みごっくん.《＝オノマトペに由来するフレーズ》
　　　bite-bite　swallow

->Ke：　辛い！
　　　spicy

M：　辛くない！
　　　spicy-not

《長い休止の後，Keは口の中のピザのかたまりを吐き出す》

　子どもは，養育者の情動に訴えるようにデザインされたこれらの方略（向道徳的な行為を実行したり，アラーム・コールを発したりすること）を用いることにより，その場の会話の枠組みを面目侵害的な状況を回避できるようなものへと変えようとすることが少なくない。こうした試みはその受け手にさまざまな解釈の余地を残すが，養育者の注意を引くことに成功した場合は，首尾よく会話の話題を移行させることができる。その後，養育者が道徳性に関する会話をさらに発展させることもある。したがって，こうした方略を実践することは，文化的に共有された道徳性を相互行為に導入することが可能な文脈を構成することでもある。

3　日本の養育者-子ども間相互行為における文化的な特徴の再検討

　この節（第4節）では，行為指示連鎖において相手の注意を引くために養育者ならびに子どもがとる，複数の方略について分析してきた。

　子どもが養育者の行為指示を容易に受諾しない場合，養育者は，子どもの行動をモニターしながら，変奏された行為指示を繰り返しおこなうことが多い。この方略は，図6-10に要約される。行為1～3は，受諾が達成されるまで循環的に適用できる。そして日本語の文法的な特徴により，文末に特定の法を示す文法項目（本節1参照）を用いることで，こうした発話行為の強さを調整することができる。またこうした特徴は，行為指示の反復と変奏をともなうことで行為指示連鎖を特徴づけ

行為1　養育者：　行為指示
行為2　子ども：　非受諾
行為3　養育者：　行為指示の変奏
行為4　子ども：　受諾

図6-10　行為指示の循環的適用

行為1　養育者：　行為指示
行為2　子ども：　養育者の注意を引く行為
行為3　養育者：　行為2への応答

図6-11　枠組みの変更

るリズムをもたらし，それゆえに動的な相互行為への子どもの参加をうながす。

　さらに養育者は，変奏した行為指示をおこなうときに，報告発話またはフィギュアへの発話を効果的に用いており，そうすることで子どもの行動を間接的に抑制しようとしていた。ここで導入される第三者は生まれていない赤ん坊や無生物のこともある。こうした第三者を相互行為の枠組みへと導入することで，養育者はトライアンギュレーションのフォーマットを採用し，子どもがその面目を侵害される状況を避けやすくしている。

　さらに，報告発話やフィギュアへの発話を通じて複数の声を用いることは，遊び心のある演劇的な状況を生み出し，相互行為の枠組みへの子どもの積極的な参加をうながす。そしてこうした手法は，「思いやり」のような，文化に特有の価値観に合致するとされる行為が実践される文脈を確立する。

　そのいっぽうで，子どもが養育者の行為指示に抵抗する際には，その会話の枠組みを変えようと試みることもままある。これは先行する行為指示とはややずれた事柄によって養育者の注意を引き，それに対する養育者の反応を引き出すことによって会話の枠組みを変えるという方略である。図6-11はこれを要約したものである。行為2は，面目侵害的な状況を回避するために会話の枠組みを変えようとする子どもの試みを示す。子どもは，この方略を採っているとき，道徳的な活動への関与を引き合いに出したり，アラーム・コールを発したりすることが多い。この試みが成功すれば，会話の話題を移行させることができ，その際には行為2が新しい話題を導入する役割を果たす。こうした手法の実践もまた，日本文化に特有だとされる価値観と関連した，文化的に共有された道徳性が導入される文脈を確立する。

　相互行為の人類学およびその源流の一つとなったコミュニケーションの民族誌の研究においては，「いつ話すべきか，いつ話すべきでないか，何について誰と，いつ，どこで，どのようなやり方で話すべきか」についての考察，すなわちコミュニケーション能力（communicative competence）の探究が重要な役割を果たす（Hymes 1972）。この節で考察した発話の利用は，日本のCCIにおけるコミュニケーション能力の特徴的な表現型（phenotype）を構成している。これらの方略があらわれた動的な過程を分析することにより，こうした発話は，おもにどのような文化でもみられる普遍的な要素にもとづいてはいるが，それらをユニークなかたちで組み合わせ

ることによって生じた会話状況の構造的な要件によって誘発されることが示された。さらに本分析は，少なくとも以下に論じる2つの相互に関連する領域に関して，コミュニケーション能力についての研究に新たな光をあてるものである。

　まず，行為指示連鎖を分析することで，コミュニケーション能力を実現するために用いられるさまざまなコード間の関連性についての理解を深めることができる。行為指示は，さまざまな文化における CCI を通じてひんぱんにみられ（cf. de León 2010; Goodwin, M. H. 2006），とくに社会化に関わる実践と密接に関わっている。すでに述べたように，行為指示の受諾にはさほど言葉の流暢さを必要としない。このため，言語的な表現の力が限られている子どもとスムーズにコミュニケーションをおこなうためには，養育者が行為指示を用いることがきわめて効果的である。

　ただしこのことは，行為指示連鎖の組織が単純であるということを意味しない。この節では，養育者と子どもが，受け手の注意を引くために，発話の文法形式，韻律的特徴，それにともなうジェスチャーなどのマルチモーダルな資源をどのように活用しているかを示した。コミュニケーションに用いるコードの数を増やすことで，相互行為はより複雑に組織化されることになる。この過程が時には，日常会話における相互理解の文化的に特徴的なフォーマット（例：生まれていない赤ん坊や無生物をフィギュアとして導入することによるトライアンギュレーション）の採用という帰結をもたらすこともある。

　第二に，この節の分析では，文化的に共有された道徳性がどのようにして世代を超えて受け継がれていくのかを論じた。クランシー（1986:245）は，「ある文化に特有のコミュニケーションのスタイルは，（その文化において）人について共有されている信念，すなわち人とはどのようなものであるか，ならびに他者とのどのような関係性が望ましいのかについて共有されている信念から生じており，またこうした信念を永続化させるための重要な方法でもある」と述べた。こうした考え方に沿って，日本文化が「思いやり」の価値観にもとづくという見方はしだいに人気を博すようになった。そしてこうした考え方は，一般的に「日本人論」(Japanology) と呼ばれる分析スタイルにおいて広範に用いられるようになっている。しかし，信念と行動との関係がもっと複雑なものであることは明らかである。本研究では，コミュニケーションのスタイルがこうした因果連鎖（causal chain）において逆の役割を果たしうること，すなわち，人や現象についての道徳的な信念が特定のコミュニケーションのスタイルによる相互行為の帰結として生じることもあるということを例証した。

　ただし，本研究の結果は，相互行為の参与者が相互行為の構造に従属しているということを示すわけではない。この節で分析した事例では，子どもと養育者の双方

が，相互行為の展開に応じて使用する方略を能動的に選択していた。社会化の実践は，相互行為の参与者たちがありふれた活動のなかでおこなっているきわめて微細な間主観的交渉の積み重ねのうえに成り立つ（Besnier 2013）。こうした交渉の文脈では，話者の主体性（agency）は参与者間の関係における構築物（relational construct）としてあらわれ，この構築物は行為とそれが埋め込まれている状況との関係を通してみてとれる。さらにある行為をおこなうことは，次の行為のための文脈を準備する（第2章参照）。コミュニケーションは，会話状況において，文化的に共有された道徳性を（再）生産する。そして会話状況は，CCI において相互理解を促進するために用いられる枠組みによって構成されている。

第5節　まとめ

本章では，まずこれまでの研究史を参照しながら，相互行為の人類学における言語とコミュニケーションの位置づけについて概観した。続いて，相互行為の人類学における言語とコミュニケーションについての分析の視座をよく反映した研究として，米国における依存性ジレンマおよび日本における「思いやり」の実践についての研究を紹介した。こうした研究は，子どもの言語的な表現手段が限られるなかで，養育者と子どもがマルチモーダルな資源を効果的に用いて，相互行為をスムーズにおこなうための方略を生み出していることを示している。こうした方略は，おそらく大部分は文化を通じてみられる要素からなるが，その要素の組み合わさり方はしばしば文化によって異なる。さらに，こうした方略によって提供される文脈に応じて，相互行為の参与者は文化的に特徴的な行為を産出している。言語は，文脈を反映するとともに文脈を構成する（Duranti & Goodwin, C. 1992）。文化的実践においては，時にその社会の価値観とは矛盾する逆説的な事態（例：米国における依存性ジレンマ）やそうした価値観が再生産されたり，創造されたりする状況（例：日本における「思いやり」の実践）が生み出される。相互行為の人類学は，フィールドワークを通じてそうした状況に注目し，それを精査する。人類学は，自らの身を削るようなフィールドワークと安易な結論づけを許さない「厚い記述」（Geertz 1973/1987:3-30）をもって旨としてきた。その系譜にある相互行為の人類学の使命は，ステレオタイプを生産・再生産することではなく，フィールドの知によってそれを打破し，乗り越えることであろう。

第6章についての Q&A

Q 6-1 (1)文化相対主義は何となくいいものだと思っていましたが，すべての文化的集団についてその独自性や自立性を明らかにしていくことの必要性や重要性がどれほどあるのか，という問いかけは論理の矛盾を指摘されたような感じで興味深かったです。

(2)マシゲンカのような狩猟採集民はだいたい平等社会ということでしたが，それでも男女による分業はしていると思います。いっぽう，現代の日本の社会では性別役割の押しつけが不平等だと考えられている気がします。両者の違いは，経済とか強制性の問題なのでしょうか？

A 6-1 (1)いくつかの文化的集団の間の違いを強調する文化相対主義が大きな意味をもつのは，それらの文化的集団の間に何らかの関わりがあり，交渉が必要とされている場合だと思います。こうした状況で文化相対主義に思いをはせることによって，いっぽうの文化的集団の価値観に他方の文化的集団の価値観や実践を還元する（その帰結には，往々にして暴力がともないます）ことなく，交渉を進めることが可能になると考えられます。逆にいえば，そうした交渉が必要とされていない状況では，文化相対主義をとることはそれほど意味をもたないといえるのではないでしょうか。

(2)日本をはじめとする産業社会で指摘される男女間の不平等は，就業や昇進の機会が公正に与えられていないことを問題視しています。これに対して狩猟採集民が平等社会を形づくっているというときは，その集団のなかで動けるメンバーがみな集団の生業活動に貢献することを前提として，得られた生業活動の産物をそれぞれのメンバーの必要に応じて平等に分配すること，つまり結果の平等が特徴です。経済の仕組みの複雑さの程度は，こうした産業社会と狩猟採集社会の間の違いをもたらす条件の一つだと思われます。ただし，経済はその社会における相互行為のパターンや価値観を規定するわけではない（なぜなら同じような経済状況でも相互行為のパターンや価値観はさまざまでありうるから）ことには注意が必要でしょう。

Q 6-2 マシゲンカ，サモアの親は子どもをケアするための価値と家庭における実践との間に一貫性があるのに対して，ロサンゼルス（LA）の親は子どもをケアするための価値としては独立性を強調するのに，実践面では独立性，依存性の両方が強調されるという矛盾が生じているといっていました。しかし，マシゲンカ，サモアでもそうした矛盾が生じる可能性はあるように思います。たとえば父と母で教育方針，教育理念が異なる場合はどうなるのでしょうか？　立場の強い方の意思が反映されるのでしょうか？

A 6-2　まず，LAにおける矛盾は，価値と実践との関係を特徴づける構造的なものであることに注意しましょう。いいかえれば，通常の日常実践を進めているとその社会に支配的な価値観との矛盾に不可避的に直面することがLAの社会の特徴だといえるでしょう。この点では，マシゲンカやサモアの社会はLAのそれほどねじれた関係をもっていないというのがオックスとイズキエルド（2009）の主張です。ただそれが正しいとしても，マシゲンカやサモアで父と母で教育方針，教育理念が異なることはありえそうです。たとえば，父と母がいずれもその社会に支配的な価値観を認識しているが，父はそれに沿った伝統的な教育を進めようとするのに対して，母はそれに反発して革新的な教育を導入しようとするような場合です。この場合，両親が（実践ではなく）参照する価値観は一致しているので，そうした価値観と具体的な教育方針，教育理念との間で調整が起こり，構造的な矛盾の程度はLAほど大きくはならないと考えられます。

Q 6-3　一番驚いたのは，フィギュアの導入のところで「（本が）泣いている」という言葉を英語に訳したら意味不明なものになってしまうということでした。日本語では普通にこのようなことを言います。また，たとえば赤ちゃんがボールを強くたたいているときに，母親が「ボールが痛い痛い言うからやめたりー」などと言うでしょう。英語圏ではこのような場面で母親は何と言うのですか？

A 6-3　どういった事物が動作主体としての主部になりうるのか，それに関する表現がどの程度あるいはどのように文法化されているかは言語によって異なります。英語では，"cry"といった感情表現に関わる動詞を述部にとる場合，"ball"のような無生物を動作主体として主部にもってくることは通常ありません（詩的な表現ではそうした文も可能ですが，それが詩的な表現になるのはまさに通常はそうした文が用いられないからです）。同じような状況において英語で行為指示をおこなうとすれば，"Don't bounce the ball too much. Or it will burst with a big noise." あるいは "You shouldn't bounce the ball in such a strong manner." といった表現が考えられます。ただし詩的な表現も含め，文法的に許容されにくい表現が会話において用いられることはありえます。そうした表現がどういった文脈で生じ，会話のなかでどのような働きをしているのかを考えることは，相互行為の人類学にとっての興味深い研究テーマとなるでしょう。

Q 6-4　「思いやり」の精神は日本古来の神道や儒教，仏教の影響を受けた考え方によるものだと思っていましたが，日常会話の結果であるという面もあると思いました。ただこの分析から，たとえば神道や儒教，仏教が浸透していたとは考えにくい弥生時代

の人々が，今と同じような「思いやり」の精神をもっていたといえるでしょうか？　そう考えると，現代の「思いやり」の精神にはやはり宗教の影響も大きいのではないでしょうか？

A 6-4　第4節の分析は，「思いやり」の精神を生み出すのが日本古来の神道や儒教，仏教か，あるいは行為指示連鎖の特徴なのかという二者択一の問いに答えようとするものではなく，日常的な相互行為の内容や構造と文化的に共有された道徳性の関係を明らかにしようとするものです。日常的な相互行為の内容や構造と文化的に共有された道徳性との関係には，実際には前者が後者を（再）生産する面と後者が前者に影響する面の両面があり，さらにこの2つの面の間には循環的な相互作用があると考えられます。ただこれまでの日本人論では圧倒的に後者が前者に影響するという面が強調されてきたので，第4節では前者が後者を（再）生産する面に光をあてました。また第3節で述べたように，後者に属する道徳観や価値観は，決して日常的な相互行為のすべてを説明することはできないこと，いいかえれば道徳観や価値観と日常的な相互行為には必然的にズレが生じることにも注意が必要です。相互行為の人類学は，道徳観や価値観と日常的な相互行為の関係を問い直すこと，そして両者の間にどうしてどのようなズレが生じてくるのかを説明することをその重要な理論的課題としています。

Q 6-5　無生物を含むトライアンギュレーションについての議論と関連して，無生物を人格化することと産業界でしばしばマスコットやロゴ（いわゆる「ゆるキャラ」を含む）を作ることはどのように関連しているのでしょうか？　マスコットやロゴは消費者からの何らかの反応を得るために作られているように思われます。

A 6-5　たいへん興味深い指摘です。確かに現代の日本社会では，他の社会よりもずっとたくさんの無生物を含む事物を人格化したようなマスコットやロゴがみられます。本章で扱ったような日常的なコミュニケーションにしばしば無生物を含むフィギュアを導入する慣習がその背景となっていることは，十分にありえます。また，そうしたマスコットやロゴが実際のコミュニケーションにおいてどのような機能を果たしているのか，具体的な研究プロジェクトを考えてみるとおもしろそうです。

参考図書
串田秀也（2006）『相互行為秩序と会話分析：「話し手」と「共・成員性」をめぐる参加の組織化』京都：世界思想社．
　＊人々が会話に参加するやり方について，精緻な会話分析をおこなった重厚な研究書。

小山 亘(2008)『記号の系譜:社会記号論系言語人類学の射程』東京:三元社.
＊記号論の展開というパースペクティブから言語人類学の諸研究をレビューした書物.

Enfield, N. J. (2013) *Relationship thinking: Agency, enchrony, and human sociality.* New York: Oxford University Press. [N. J. エンフィールド(著)『やりとりの言語学:関係性思考がつなぐ記号・認知・文化』東京:大修館書店, 井出祥子(監修);横森大輔・梶丸 岳・木本幸憲・遠藤智子(訳), 2015年]
＊相互行為論と記号論を結ぶことでみえてくる, 言語人類学の豊かな可能性を示している.

第7章　感情

　本章が焦点をあてるテーマは，感情である。現代社会に流布している素朴な見方によれば，感情とは，ものごとによって身体的に喚起されるさまざまな情的過程のことを指す。それは表情，ジェスチャー，言語などを通じてあらわされる。感情は表出されることによって，社会的な意味をもつようになる。それゆえ，私たちの共感の基盤をなすとともに，深刻なコンフリクトを引き起こす危険性をはらんでいる。感情の表出をコントロールし，社会的な文脈に適合したかたちでこれをおこなうことは，一人前の社会人として生活を送っていくために必須の能力だとみなされている。本書では，こうした感情についての見方は，必ずしも普遍的・生物学的な真理をあらわすものとはいえず，むしろ近代的な自己観や社会システムを反映しつつ，比較的最近になって形づくられたものだと考える。そこで本章では，そうした感情についての見方を相対化するとともに，相互行為論的アプローチから感情を分析していくための論点を整理する。以下ではまず，現代社会に生きる私たちには広く親しまれている，小説における表現を例にとって感情について考えてみる。

第1節　小説における感情

　「さびしさは鳴る。耳が痛くなるほど高く澄んだ鈴の音で鳴り響いて，胸を締めつけるから，せめて周りには聞こえないように，私はプリントを指で千切る。細長く，細長く。」（綿矢りさ『蹴りたい背中』2003:7）

　これは，綿矢りさの小説『蹴りたい背中』（2003）の書き出しである。『蹴りたい背中』は，2003年に河出書房新社から発売され，第130回芥川龍之介賞を受賞した。当時，可憐な女性による最年少受賞記録の大幅更新ということに焦点があたり，本書は巷で大きな話題となった。純文学を書く若手小説家の登竜門であることを自負するとともに，純文学の読者を広げるための話題作りを積極的におこなってきた芥川賞の目論見が成功したという見方もあるかもしれない。しかしながら，少なくと

も本書を執筆していたときの著者は，そうした目論見とは独立した生活世界のなかで文字を連ねていったにちがいない。そしていったん公表された作品は，しばしば著者の思惑すら越えて，さまざまな人々の生活世界とつながるようになる。

　『蹴りたい背中』では，顔をもたげ，声を上げつつある若い自我が，見慣れた日常の風景とその先に広がる世界への鋭敏さを増幅し，ぎこちなく揺れ動くようすが丁寧に描かれている。とくに，「さびしさ」という感情語彙から始まる書き出しは，著者の苦心の跡が垣間見える，よく練られた記述となっている。

　この100文字に満たない文章では，まず「さびしさ」という全身を覆う曖昧模糊とした気持ちが無機質で純粋な鈴の音色という聴覚，およびそれに起因する痛覚についての表現と結びつけられる。続いてそれと対比するように，「プリント」という他者の手垢にまみれた日常的な具体物が導入され，それを指という能動的な器官を用いて細く切り裂くことで，視覚的な動きと聴覚的なノイズがあらわされる。そしてこの文章の全体が，冒頭の「さびしさ」の多元的な説明となっている。さまざまなモードが交叉する簡潔な表現を通して読み手が多様な感覚を展開することをうながし，その注意の焦点をドリフトさせることによって直接には書かれることのないその場の全体像を照射する手法は，さながら秀逸な短歌のようである。

　感情についての表現をもう一つ，別の小説から紹介しよう。ロシアの文豪ドストエフスキーの代表作の一つとして知られる『白痴(はくち)』(1868/1970)のクライマックスからの引用である。

　「ロゴージンはときたまどうかするとだしぬけに，大声で，鋭く，取りとめのないことをつぶやきはじめた。叫び声をあげたり，笑いだしたりした。と，公爵は震える手をさしのべて，そっと彼の頭や髪にさわって，頭や頬(ほお)をなでたりするのであった……それ以上，彼は何ひとつすることができなかった！　彼自身もまた震えがおこって，急にまた足がきかなくなったような気がした。何かしらまったく新しい感覚が，無限の哀愁となって彼の胸を締めつけるのであった。」(ドストエフスキー『白痴(下)』1868/1970:666)

　『白痴』は，ドストエフスキーが1868年に発表した長編小説である。ロシアの若い公爵ムイシュキンは，幼いときから重度のてんかんのためスイスのサナトリウムで療養していた。成人して軽快したムイシュキンは，故郷へ戻ることになった。その途中で，莫大な財産を相続したばかりのロゴージンと知り合いになる。ペテルブルグに着いたムイシュキンは，遠縁にあたるエパンチン将軍のもとでロゴージンが思いを寄せていたナスターシャと知り合う。幼いころからある資産家の情婦となっていたナスターシャは，悪女として知られていたが，じつは誇り高い女性だった。

ムイシュキンは彼女に共感し，ついには求婚する。ところが，彼女はロゴージンのもとに走る。ロゴージンは恋のライバルとなったムイシュキンを殺そうと企てるが，これは失敗に終わる。そのうちに，エパンチン将軍の娘アグラーヤがムイシュキンに思いを寄せるようになる。ナスターシャはムイシュキンの幸せを願い，アグラーヤに手紙で結婚を勧める。これにより，アグラーヤはムイシュキンと相思相愛になるが，その反面でナスターシャとムイシュキンがまだ思いを寄せ合っているのではないかと嫉妬する。この嫉妬が，皮肉なことに，ナスターシャとムイシュキンを再び接近させ，ついには2人は結婚することになる。だがムイシュキンと結ばれる当日になって，ナスターシャはまたもやロゴージンと逃げ出す。そしてムイシュキンが駆け付けたとき，彼女はすでにロゴージンに殺されていた。上の文章は，そこで交叉するムイシュキンとロゴージンの感情を描いたものである。

　この小説では，ナスターシャをめぐってムイシュキンとロゴージンが繰り広げる三角関係と，ムイシュキンに対してナスターシャとアグラーヤが想いをめぐらせる三角関係が重なり合って，愛憎入り交じる複雑な四角関係を構成している。これはロゴージンによるナスターシャの殺害という悲劇的な行為をもたらすのだが，その後に訪れた上述のシーンでロゴージンは，そのタイミング，口調，内容について常軌を逸した発話をおこなっている。これは，彼が錯乱した感情を抑えきれないことをあらわしており，読み手に狂気を感じさせる。これに対してムイシュキンがあらわした感情は，怒りではなく，恐れ，悲しみ，共感，哀しみなどが入り交じった「まったく新しい感覚」であった。この感覚は，彼の手の震え，ロゴージンへのゆっくりとした接触と愛撫，ムイシュキンの身体を覆う急速な収縮などによって表現されている。これらとともに，ムイシュキンが上述の四角関係についての記憶に思いをめぐらせ，それが崩れ去ったことにおののき，戸惑いながらも，それによって傷ついた精神をなぐさめ，修復するような行為を模索していることは，想像に難くない。

　ドストエフスキーは，ユニークなキャラクターをもった複数の人物が登場し，筆者がその全体を統括する視点をとるのではなく，これらの登場人物が能動的に繰り広げる対話をそれぞれの人物の視点から描くという，ポリフォニー的近代小説のパイオニアだといわれる（バフチン 1963/1995）[1]。上述のシーンには，こうしたポリフォニー性がよくあらわれている。『白痴』でドストエフスキーは，四角関係を構

---

[1] 三浦（2009）によれば，バフチンのドストエフスキー研究以来，こうした言語におけるポリフォニー性は，文学研究（e.g., Kristeva 1970/1985, 1977/1999）や言語学研究（e.g., Ducrot 1984; Sperber & Wilson 1986/1993）のみならず，文化や言語を扱う人類学においても重要なテーマとなっている（e.g., Clifford 1986/1996, 1988/2003; Goffman 1981; Hanks 2000）。

成するムイシュキン，ロゴージン，ナスターシャ，アグラーヤをはじめとした多様な登場人物の声を描き分け，交叉させることによって，彼ら・彼女らが間主観的に構成する生活世界，とくにその多彩な感情を描くことに成功している。

　ここでみてきたような，青少年の揺れ動く心情の機微や強烈なキャラクターたちが間主観的に構成する感情を言葉によって描くことは，どのようにして可能になるのだろうか？　小説，そしてそれと関係の深い戯曲，映画，マンガといった言語芸術は，そうした問題を長らく追究してきたメディアだといえるだろう。では，経験的研究はこうした問題に対してどのような貢献ができるのだろうか？　上記のような言語芸術を凌駕するとはいわないまでも，それらを補完するような視角からこの問題についての議論を深めていくこと，あるいはもっと控えめに，何かしら意味のあることをいうことは可能であろうか？　こうした問いに答えるために，次節では，これまでおこなわれてきた感情に関する経験的研究について整理・概観する。

第 2 節　感情研究における 4 つのアプローチ

　コーネリアス（Cornelius 1996/1999）は，これまでにさまざまな研究分野でおこなわれてきた感情研究について，バランスのとれた整理をおこなった書籍である。これによれば，現代の感情に関する経験的研究は，おもに以下の 4 つの観点からのものに分類できる。

　第 1 番目の観点は，感情の機能をおもに自然淘汰による進化の文脈のなかでとらえるもので，コーネリアス（1996/1999）では，進化論の泰斗チャールズ・ダーウィンの名をとって「ダーウィン説」と呼ばれている。この観点では，以下のように考える。人間は生物の進化の歴史のなかで分化して生じた一つの種である。また感情は，この進化の歴史のなかで生物が環境に適応するために発達させてきたものである。したがって，人間と進化の歴史の一部を共有する，他の霊長類そして他のほ乳類は，感情についての特徴，とりわけその機能において類似性を示すはずである。この観点をとる研究者は，人間と他の動物種の感情表出，たとえば表情の特徴について，精力的に比較考察をおこなっている。こうした感情表出の研究は，人間と動物の感情表現を鋭く観察したダーウィンの『人および動物の表情について』（Darwin 1983［1872］/1991）にさかのぼり，現代ではポール・エクマン（Paul Ekman）やキャロル・イザード（Carroll Izard）らが主導してきた表情研究（e.g., Ekman 1973; Izard 1977）などに引き継がれている。

　第 2 の観点は，ウィリアム・ジェームズがその生理学的な感情研究のなかでおこなった，感情体験はおもに身体的変化の体験であるという主張を反映するもので，

彼の名をとって「ジェームズ説」と呼ばれている。ダーウィン説がおもに感情の表出に関心をもったのに対して，ジェームズ説は感情の経験に関心を払っている。W・ジェームズによれば，私たちはまず感情を誘発する刺激を知覚し，感情を経験し，次いでそれを何らかのかたちで表現するのではない。感情を経験するには，まず感情を誘発する刺激の知覚によって直接開始された身体変化（表出行動，道具的行為，生理的変化）を経験しなければならないのだ（Cornelius 1996/1999:71; James, W. 1884/2005）。「私たちは悲しいから泣くのではない。泣くから悲しいのである」という心理学史上の名言は，こうしたW・ジェームズの主張を簡潔に表現したものである。こうした主張は，感情経験は内臓その他の身体における生理的覚醒とその覚醒状態に適合した認知によってもたらされるという，感情の二要因説（e.g., Reisenzein 1983; Schachter 1964），顔の表情を被験者が自ら操作することによって，同じ刺激に対して経験される感情が変わりうると論じた顔面フィードバック仮説（e.g., Laird 1974, 1984; Strack et al. 1988），ある生理的覚醒はそれについての認知を操作することによって異なる感情経験をもたらしうることを論じた錯誤帰属の研究（e.g., Nisbett 1992; Nisbett & Ross 1980; Ross 1977）などにつながり，第3の観点である「認知説」を導いた。

　1960年代，行動主義が全盛だった心理学に認知革命（cognitive revolution）が起こった。これは急進的な行動主義に終焉をもたらすとともに，心理学とその隣接分野を再編する新たな総合学問としての認知科学への道を整えた。多くの心理学者は，行動主義ではその研究対象から排除されていたものを含む，広範な精神現象に目を向け直し，そこで働いている認知過程について探究するようになった。感情論の分野では，感情の発生における思考の役割を強調し，環境のなかでの出来事に対する個人の評価からいかに感情が生じるかに注目するアプローチ，つまりコーネリアス（1996/1999）のいう「認知説」が活況を呈するようになった。そのパイオニアであるマグダ・アーノルド（Magda Arnold）は，ある対象を知覚した人は，その対象が自分にとって有害か，あるいは有益かという評価をおこない，この評価が感情経験をもたらすと主張した（Arnold 1960a, 1960b）。感情の認知説は，この知覚－評価－感情という過程についての経験的な研究を推進し，このモデルを精緻化するなかでいくつかの重要な論争を招いた。たとえばラザルス（Lazarus, R. S.）は，感情は私たちが知覚する環境に対して，それを有害あるいは有益と評価したことを適切に処理するための覚悟と準備をさせるための反応だと主張した。したがって，評価過程としての認知は，感情が生起する必要かつ十分条件だと考えられる（Lazarus 1991）。いっぽうザイアンス（Zajonc, R. B.）は，認知と感情は独立した体系であり，いかなる認知的過程の関与がなくても感情を生み出すことはできる，と主張した

（Zajonc 1980）。この主張を裏づけるためにザイアンス（1980）は，ある刺激が知覚の閾値下で繰り返し提示されるだけで，その刺激が好まれるようになるという単純接触効果（mere exposure effect）についての証拠を示している。その後，ラザルスとザイアンスは認知や評価の定義をめぐって激しい論争を繰り広げた（Lazarus 1982; Zajonc 1984）。

　コーネリアス（1996/1999:183）によれば，感情の認知説が直面している問題の一つは，それが評価過程の「社会的」性質を十分に扱うことができていないことである。これに対して，そうした感情の評価過程の「社会的」性質を中心に据えて議論を展開してきたのが第4の観点，すなわち感情を社会的，個人的目的に役に立つ文化の産物としてとらえるもので，「社会的構築主義説」と呼ばれる。ちなみに，コーネリアス（1996/1999）自身の立場は，これに最も近い。社会的構築主義者にとって感情は，その社会的レベルの分析に注目して初めて理解されうるものである。また感情は文化に影響されているというだけではなく，むしろ文化の産物である。ロム・ハレ（Rom Harré）が編んだ『感情の社会的構築性（The social construction of emotions）』（1986）は，この観点が認められる契機となった。またエイヴェリル（Averill 1980）は，社会的構築主義の観点から，感情を「主観的経験（感情と関連した特定の感覚の質）」「表示反応（特定の感情にともなうことのある顔面表情と身体姿勢）」「生理的反応パターン（一部の感情にともなう自律神経系およびその他の身体変化）」「対処反応（人が感情的になっているときに始める行動）」といった一連の出来事が同時に発生すること，すなわち「シンドローム」として考えることを提案している。これらの出来事は，特定の感情を定義するのに十分な条件となっている場合はあるが，必ずしもすべてが必要な条件であるとはいえない。エイヴェリルは，こうした「シンドローム」としての感情を一つにまとめているのは一時的な社会的役割，すなわち「ある状況において人がとるとされる社会的に定められた一連の反応（Averill 1980:308）」だという。そして私たちは，特定の文化的状況においてその社会的役割に沿って適切に振る舞えるように社会化されていく。ある文化的集団は他の文化的集団とその組織，中心を占める価値観，そこで奨励される自己の側面などについてしばしば異なっているので，文化的集団が違えばそこで求められる社会的役割や経験される感情もまた異なることが予想される（Kitayama & Markus 1994）。こうした社会的構築主義者たちの主張は，ここであげた4つの観点のうちではもっとも相互行為の人類学における感情観と親和的である。

　以上，コーネリアス（1996/1999）の分類に沿って，感情についての経験的研究を4つの観点に分けて紹介した。実際には，これらの4つの観点の間にはかなりの重複があり，複数の観点にまたがる研究をおこなっている研究者も少なくない。その

いっぽうで，それぞれの観点には一長一短の特徴があり，扱う現象の性質によってそれぞれ向き不向きがある。4つの観点のうちで，第1節で提起したような，青少年の揺れ動く心情の機微や強烈なキャラクターたちが間主観的に構成する感情を分析していくためにもっとも有効なのは，「社会的構築主義説」であろう。相互行為の人類学では，この観点をさらに推し進め，文化的状況における相互行為のなかで感情が構成される過程を経験的に分析する。

相互行為の人類学の我が国におけるパイオニアである菅原和孝は，従来の心理学的および社会学的な感情論を，以下のように断罪している。心理学者たちはあまりに気楽に「感情」を実体化し，感情が人間の心のなかにくっきりと輪郭をもって現れる「もの」であるかのように扱っている。いっぽう社会学者たちは，心理学的実体としての感情が存在することを断固否定する。だがいったん感情を社会的・歴史的に構成されたものと規定した後は，ためらいもなく権力作用，商品化といった華々しい議論にこのことばを使用する（菅原 2002:6）。前節でみた4つの観点のうち，「ダーウィン説」「ジェームズ説」「認知説」には前者，「社会的構築主義説」には後者の批判がおおむねあてはまるだろう。こうした観点のいずれにも満足しない菅原がめざすのは，「みずからの経験の直接性に還りながら，そのなかにひそむ『自然』と『社会』の深い癒合を解きほぐすこと」である（菅原 2002:7）。この試みを推進し，生きられた感情を研究の俎上にのせるためには，心理学的実体としての感情の存在をいったん括弧に入れるだけではなく，それが社会的に構成される過程をつぶさに分析していく必要がある。相互行為の人類学は，これを通じて私たちのリアリティを構成し，それを彩る感情を分析し，より深く理解しようとするのである。この章の残りの部分では，そうした相互行為の人類学のアプローチからおこなわれた感情についての研究を紹介する。

第3節　間主観性（intersubjectivity）の基盤としての感情[2]

この節では，文化的に特徴的な間主観性（intersubjectivity）の基盤として働く感情の表出や経験について論じる。そのために，グイ／ガナにおける初期の乳児とその養育者の相互行為に注目する。すでに第5章の第1節で述べたように，トレヴァーセン（Trevarthen 1990:731）は，情動的共感およびコミュニケーションに直接役立つ表現の協応が含まれるようにその判断基準を広げれば，間主観性は誕生までさかのぼって観察できると論じている。その後，乳児が生後2カ月ごろからみせる原会話

---

[2] この節は高田（Takada 2005a）の一部を本書のために大幅に改稿したものである。

(proto conversation),すなわち乳児と養育者が視線,表情,発声,ジェスチャーなどを協応させながら交流する一体的な関係性を,トレヴァーセンらは,第一次間主観性(Trevarthen 1979)と呼ぶ。さらに,生後9カ月ごろから「人(自分)－人(他者)－対象物」の間で繰り広げられる三項間の関係性を第二次間主観性(Trevarthen & Hubley 1978)と呼ぶ。乳児がこうした間主観性を発達させていくためには,非常に早い時期から赤ちゃんの行動を解釈し,働きかけ,ともに相互行為をつくりあげていく他者の存在が不可欠である(第5章参照)。こうした関心から,乳児と養育者との音声コミュニケーションは集中的な研究の主題となっている。

1 初期音声コミュニケーションの研究

養育者－乳児間の音声コミュニケーションに関する初期の研究は,乳児に向けた母親の発話に共通する特徴を見いだすことに集中していた。人類学的言語学の研究者であるファーガソン(Ferguson, C. A.)は,幼い子どもに対する話しかけについての通言語的な研究のパイオニアである。ファーガソン(1964)は,彼が「赤ちゃん語(baby talk)」と呼んだこのような話しかけを,分類学的,言語学的観点から分析した。彼は6つの言語における赤ちゃん語を比較し,単純な構音,繰り返しの優位性,形態素の基本形式の存在(たとえばCVC, CVCV),屈折接辞(inflectional affixes)の不在,特別な接辞の存在,および通常とは異なる文法機能での単語使用といった特性が,赤ちゃん語には一般的にみられることを確認した。さらに彼は,多くの言語において赤ちゃん語に共通したいくつかのイントネーションの特徴,すなわち全体的に高いピッチ,特定の音調曲線(contour)の選好,および特殊な音韻論的高音が認められることを指摘した。

ファーガソン(1964)自身は,赤ちゃん語の特徴は普遍的なものではなく,その他の言語現象と同じようにこれらは文化的に慣習化されて伝えられるものだと考えた。しかしながら,彼の研究から示唆を得た多くの研究者は,「乳児向け発話」(IDS)の普遍的な特徴を見いだそうとした。たとえば,ファナルドとサイモン(Fernald & Simon 1984)は,ドイツ人の母親が生後3日から5日目の乳児におこなう発話は,成人に対する発話と比べると,高いピッチ,広いピッチの振れ幅,長い休止,短い発話,多くの韻律的な反復,および広がったイントネーション曲線といった特徴があることを示した。

IDSの特徴がみられるのは,母親による話しかけに限らない。さまざまな文化的状況における子ども向け発話の研究をレビューしたスノウ(Snow 1986)は,母親だけでなく,その他の成人や,子どもでさえ,年少児に話しかけるときは,文法的に単純化され,繰り返しの多い話し方をすることを示した。そしてこのような話し

方は，言語を学習中のすべての子どもたち，すなわち北米の中流家庭で母親によって養育され，成長している子どもだけでなく，拡大家族のなかで暮らし，年上のキョウダイやイトコによって養育され，母親との二者間の相互行為をもつ機会の少ない子どもに対しても，用いられると考えた。

　IDSの特徴の多くはその韻律面にあるので，単語の韻律が文法に組み込まれている声調言語においてIDSがどのように表現されるのかを検討することは興味深い。そこで，グリーサーとクール（Grieser & Kuhl 1988）は，音韻的に異なる4つの声調を使い分ける北京語におけるIDSの特徴を検討した。その結果，2カ月児に向けた母親の発話は，成人向け発話と比べて，有意に高いピッチ，大きい周波数幅，短い発話，およびゆっくりとしたテンポといった特徴が認められた。北京語におけるこれらの特徴は，英語やドイツ語などの非声調言語で報告されているIDSの特徴とよく似たものであった。したがってグリーサーとクールは，このような特徴は，IDSの普遍的なパターンを反映していると論じた。

　さらにファナルドら（Fernald et al. 1989）は，英語および米語，イタリア語，フランス語，ドイツ語，および日本語におけるIDSの比較研究をおこなった。その結果，いずれの言語でも，母親および父親は10カ月から14カ月齢の乳児に話しかける場合，成人に話しかける場合と比べて，高いピッチ（F_0），大きい周波数幅，短い発話，および長い休止を用いていた。ここからファナルドらは，IDSにおける韻律的な変奏は，ある程度普遍的であると主張した[3]。

　このように，多くの言語や文化において，養育者が乳幼児に話しかけるときに話し方を変えるのはなぜだろうか？　もっとも可能性の高い解釈は「養育者は，相互行為をスムーズに進めるために，子どもの『最近接発達領域』（適切な指導があれば子どもが達成できることと，指導なしで子どもが達成できることとの間の領域）に働きかけている（Bruner 1983/1988）」というものである。上で例にあげたものを含む多くの研究が，この説明がかなりの程度あてはまることを示してきた（e.g., Fernald & Simon 1984; Snow 1972, 1977; Trevarthen 2001）。

　またこうしたIDSの特徴が実際の子どもの発達にどのような影響を及ぼすのか，という問いもまた，研究者にとって興味深い主題である。これに関してファナルドら（Fernald & Simon 1984; Fernald et al. 1989）は，次の3つの仮説を提案している：(1)IDSの強調されたピッチ曲線は，乳児の注意を引き，それを維持するための顕

---

[3] IDSの特徴の普遍性に関しては，早くから疑問が示されていた（e.g., Heath 1983; Ratner & Pye 1984; Schieffelin 1979）。しかしファナルドら（1989）は，これらの研究では，具体的な音響データの不足，質の低い録音，および少ない被験者数など，データまたは実験デザインについて限界があるため，その主張をそのまま受け取ることはできないと論じた。

著な音響刺激を提供する（以降，注意喚起仮説），(2) IDS の韻律的特徴は，乳児の覚醒レベルを調節し，乳児に対する感情を伝達するために用いられる（以降，感情コミュニケーション仮説），および (3) IDS における韻律的な変形は，発話過程および言語理解を促進する（以降，言語習得仮説）。

　これまで多くの実験的研究が，さまざまな子どもの発達段階で(1)の注意喚起仮説が正しいことを実証してきた（e.g., DeCasper & Fifer 1980; Fernald & Kuhl 1987）。ただし，これらの仮説は相互排除的なものではなく，複数の仮説がいずれも正しいということもありうることには注意が必要である。そこで本研究では，このうちとくに(2)の仮説（すなわち，感情コミュニケーション仮説）の妥当性を言語的社会化論（第5章など参照）と関連づけながら検討する。

2　初期音声コミュニケーションにおける音楽性

　これまで，(2)感情コミュニケーション仮説が十分に検討されてこなかったおもな理由の一つは，実験的研究をおこなうための方法論上の制約にある。日常生活において乳児は，複雑で，動的な刺激にさらされている。養育者と乳児とのコミュニケーションは基本的に間主観的に成り立つものであり，対人的な交流として相互に価値づけられている。いいかえれば，養育者－乳児間相互行為は，常に特定の社会・文化的状況のなかで実践される（Ochs 1988）。感情コミュニケーションが生じるのはこのような状況下である。したがって，感情コミュニケーション仮説を検討するためには，観察研究が有効であろう。

　大半の子どもの発達研究は観察研究を採用してこなかったが，いくつかの例外もある。たとえばスターン（Stern 1974, 1985）は，2カ月児でさえも，視線，顔の表情，発声，およびジェスチャーを調整することによって母親とコミュニケーションができることを示した。パポウシェク（Papoušek 1992）によると，乳児の行動的および感情的状態，すなわち快適か不快かに応じて，2カ月児はその発声の音響特性を変化させる。さらに親たちは，その声から乳児がどのような状態なのかを判断することができた。さらに，母親は養育の状況（例：相互行為において乳児の行為をうながす，むずかっている乳児をなだめる）に応じて，その声のイントネーション曲線を変え，音響特性を変化させていた。これらは，後の発達段階において，養育者と乳児がその発声を相互的に調和させるようになる基盤を提供すると考えられる。生後6カ月ごろになると，乳児は養育者の発声を音楽的なフォーマットで繰り返し再現することを楽しむ（Trevarthen 1999b）。つまり，乳児はきわめて早い時期から養育者の愛情，熱心さ，意図，調和，およびメロディに反応すると考えられる（Trevarthen 2001）。

近年，初期音声コミュニケーションの間主観的，感情的，および時間的特性を探究する研究者が増えつつある。なかでもトレヴァーセンら (e.g., Malloch 1999; Malloch & Trevarthen 2009; Trevarthen 1999b, 2001) は，養育者－乳児間相互行為における「共同的音楽性」の分析，すなわち養育者と乳児を音楽的対話のパートナーとみなし，その音声的なやりとりの分析を推進している。その結果，人の精神活動の表現的，情緒的，および時間的パラメータが確認されつつある。たとえばマロック (Malloch 1999) は，養育者－乳児間の音声的なやりとりを分析するために，共同的音楽性の3つの要素，すなわち拍子 (pulse)，質 (quality)，および語り (narrative) を提案している。(1)拍子とは，時間経過にともなう表出的「出来事」の規則的な継起のことを指す (ibid. 32)。(2)質は，発声の旋律および音色の曲線から構成される（身体的ジェスチャーの動きの輪郭およびスピードによってもあらわされる）(ibid. 38)。(3)語りは，人に時間経過の感覚を共有させるもので，共同で作り上げた発声や身体の動きのなかで見いだされた拍子および質を単位として作られる (ibid. 45)。この節の目的との関連では，この共同的音楽性という観点から，赤ちゃんに向けた音楽的な韻文や養育者と赤ちゃんが共同でおこなう音楽的なやりとりを分析することはとくに有効だと考えられる。

　そこで本研究では，養育者－乳児間相互行為を音楽的対話とみなし，IDS の言語学（音韻論，形態論，および統語論）的な特徴，および音響的な特徴について検討する。言語表現は言語によってさまざまな形式をとり，多くの要因によって左右される。したがってこの試みは，IDS の普遍性だけではなく，文化的特異性にも私たちの注意を向けさせるだろう。IDS をおこなうとき，ある社会制度（すなわち，その社会を特徴づける慣習やシステム）と言語使用の形式にはどのような相互作用がみられるのだろうか？　この疑問に答えるため，以下ではグイ／ガナ（第3～5章参照）における初期音声コミュニケーションに焦点をあてる。

3　サオ・カム（"あやす方法"）

　グイ／ガナで，乳児に話しかけるために用いられるもっとも典型的な発声行為の一つは名前を呼ぶことである。このこと自体は驚くことではないが，その具体的な慣習については説明する意義がある。グイ／ガナはたいてい，子どもを妊娠している間やその子が生まれてすぐの時期に起こった印象深い出来事にちなんでその子の名前をつける。出来事の性質がどんなものであれ，それはこの名前 (|qxʼõan) によって公的な意味を獲得する。菅原 (1997) は，グイ／ガナの名前のほぼ半分は「争い」に分類できることを示した。たとえば，筆者のインフォーマントは娘を *Kxʼao-boo* と名づけたが，その文字どおりの意味は「斧で打つ」というものである。

彼はその由来についてこう説明した：「私の妻は，別の男と寝た。そして娘が生まれた。何が起こったのかわかったとき，私は怒った。そして彼の首を斧で打ったのだ」。彼はこの出来事について，娘や別の男性の前で冷静に話していた。

　乳児の名前は，その子をあやすためにときどき変形される。養育者はしばしば，愉快なやり方で，この変形された名前を乳児に繰り返し呼びかける。このような実践はサオ・カム（*sao kx'am*）と呼ばれる。その文字どおりの意味は，「あやし言葉」あるいは「あやす方法」である。サオ・カムは，通常は乳児の近しい女性親族がおこなうことが多い。その実践は，しばしば乳児との対話を志向する。また，特定の音楽的パターンの反復と変奏が相互行為を快くする。事例 7-1-1 および 7-1-2 はサオ・カムの実践の例である。この事例には，時間軸に沿ってそれぞれの参与者の非言語行動および言語行動が示してある。この事例では，女性 Z が生後 27 週になる甥（兄の息子）の K に向けて，サオ・カムをおこなっている。*Pha* が K のサオ・カムである。このサオ・カムは，甥の正式な名前である *Kepeletswe* の略語でもある。

　Kepeletswe という名前には，周辺の農耕牧畜民ツワナの言語が用いられている。この名前には，「わたしはあなたを恐れる」という意味がある。これは次のようなエピソードに由来する。母親 M が以前 K のキョウダイを出産したとき，夫はその子の面倒をみなかった。それでも彼女は，夫と一緒にいたいと願った。その後，彼女は再び妊娠した。そこで，彼女は夫が第 2 子に対しても責任をもたないのではないかと恐れていたのである。

　ビデオ動画の最初の部分では，K は母親の膝の上で立位を保っていた。K は指を吸いながら，彼の回りで遊んでいる数人の子どもたちを見ていた。Z はサオ・カムを詠唱しながら K に向かっていった。すると，K の注意はただちにそちらに向いた。ここでのリズムのパターンは，サオ・カムを 6 回繰り返すこと（すなわち，「*pha pha pha pha pha pha:*」）が「基準フレーズ」となっていたことを示している。Z が近づいてくる間，K は微笑みながら Z を見つめていた。K はそれから，足踏みするように下肢を動かしながら，突然，喜びに満ちた声を上げた。しかしながら，Z は K の前に座ると，K および M と並んで座っていた A（筆者）に顔を向け挨拶を交わした。K はむずかり始め，Z に対して抗議するように四肢を激しく動かした。この時点で，Z はなだめるような声でサオ・カムを再開した。

　この発話は，K の注意を直ちにとらえた。2 行目で K は，視線を Z に向けた。この時点で，K は *ehh* という陽気なクーイングを発した（4 行目）。この発声は，3 行目の基準フレーズが終了した後，直ちにおこなわれた。この発声に対して Z は，直ちに「*AH*」という喜ばしい賞賛の表現で反応した（5 行目）。また 7 行目で K は，Z の発話のフレーズが終了する直前に Z に向かってクスッと笑った。それから Z

事例 7-1-1　乳児の呼称 (1)

カウンター (分：秒)	行	K (2ヶ月齢) 身体	K 言語	Z (Kのオバ) 身体	Z 言語	M (Kの母親) 身体	M 言語	N (Aの助手) 身体	N 言語
0.0	1	指呼吸をしている。Zが近づいてくる間、彼女を見て、両脚を動かしながらうれしそうな声をあげる。それからZがAと挨拶を交わすと、むずかり始める。		Kの方に来て、Kの前に座る。	サオ・カムを詠唱しながらKの方に近づいてくる。座った後は、Aと挨拶を交わす。それから、Kに向かって再び呼びサオ・カムをおこない始める。	膝の上でKに立位を取らせている。Kがむずかり始めると、Kの顔をのぞき込む。	Kの顔をのぞき込むとき、何か声を発している。	Aの調査を手伝うために同行したが、画面の外にいる。	? e sao [âm koam] 彼は〈お前が〉あやすのを聞いていた
	2	Zの顔をつめる。		うれしそうにうなずく。	[pha pha pha:]	Kの顔を見ているようである《画面上は、Mの顔はKの後ろに隠れている》。			
2.2	3			うれしそうにうなずく。	pha pha pha pha:=	微笑みながらKの顔を見る。			
3.8	4		=ehh=						
4.3	5	Zに微笑む。		頭を横に振る。	=AH: kephare:tsi	右手でKの身体を支える。			
6.3	6			うれしそうにうなずく。	pho pho pho pho [pho] pho:	Kの身体を支えるために左手を使う。Kの顔を見ているようである《画面上は、Mの顔はKの後ろに隠れている》。			
7.4	7		[hh]			左手を下げ、右手でKの身体を支える。			

174

事例7-1-2 乳児の呼称(1)(続き)

カウンター(分:秒)	行	K (27週齢) 身体	K 言語	Z (Kのオバ) 身体	Z 言語	M (Kの母親) 身体	M 言語	N (Aの助手) 身体	N 言語
7.9	8						$hhh=$		
8.4	9			顔をKに近づける。	$=[ke\ PHA\ re\ tsi:$ $(hh)]$				
	10						$[hhh]=$		
9.9	11	体を小刻みに揺らしながらZに微笑む。		顔をKに近づける。	$=[pha\ pha\ pha$ $pha]\ pha\ pha:$				
	12								[《《よく聞こえない》》]
12.1	13			ビデオカメラの方を向き、それを指さす。	á khebè tamora tsi háá ci sêe 私たちはいい子にしている。(ビデオを) 撮りな!				
14.4	14	歩行運動をする。		Kを見て、Kに顔を近づける。	pha pha pha pha pha pha:	両手でKの身体を支える。			
16.3	15			Kの顔を見ながら背筋を伸ばして座り直す。	kepharetsi				
	16				(1.3)				
	17		[ẹh]						
18.5	18			ZはAをちらっと見る。	[ci kà] ǁgoom̀ kà [koã mà] cìre cí sao 私は兄の隠子をあやしている。	微笑みながらKの顔を見る。それから、Kを膝の上に座らせる。			

は,「kePHAretsi:(hh)」と名前を呼んで,陽気に答えた（9行目）。これらの発話は,組織化されたターン・テイキング・システムのかたちをとっているように思われた。続いて,Zによるサオ・カムの基準フレーズと同時に,Kは喜びをあらわす小刻みな動きを見せた（11行目）。したがって,Kは発声だけでなく,身体の動きでもコミュニケーションへ関与していた。15行目の後,1.3秒間の比較的長い休止があった。その後,17行目でKは,「ȩh」という,それまでとはまったく異なる調子で発声した。この発話は,サオ・カムをさらに要求するように聞こえた。

　まとめよう。この一連のやりとりにおいて,養育者であるZと乳児Kは敏感に呼応し合っている。たとえば2,3,6行目では,KがZの方に視線を向けることによって相互注視が達成されているが,ここでZはいずれもポジティブな評価をおこなっている。また4,5行目では,相互行為的に適切なポイント（基準フレーズの切れ目）でKが笑いをともなう発声をおこなっている。これに対してZは,笑いかけるとともに,ポジティブな評価をおこなっている。16,17行目では,だまってKを直視したZに対し,Kは通常よりも低い声での発声をおこなって,さらなるサオ・カムを催促している。これらは,生後27週の乳児でさえ,呼びかけられたという相互行為の（おそらく最小限）の状況に対して適切に応答できることを示唆している。サオ・カムの実践は,乳児と養育者の双方が表情,発声,動作を調律することによって感情を表出し,その場に楽しい雰囲気を作りだしている。

＊

　事例7-2および図7-1も,この主張を裏づけている。この場合,女性Bが生後16週の姪（妹の娘）Tに向かってサオ・カムをおこなった。Tは母親Mの膝の上で座っている。顔はBとは反対の方向を向いている。ここでBと母親は,Tの呼称であるTshepoを用いてサオ・カムをおこない始めた。Tshepoという語は,周辺の農耕牧畜民ツワナの言語（ツワナ語）由来で,「信頼」あるいは「希望」を意味する。Bは約14秒の間に,サオ・カムを少しずつ変化させながら（たとえば,tshe:po, tshe:posi, tshe:ponye）11回繰り返した（事例7-2および図7-1では,(1)-(11)によって示されている）。スペクトログラムの形を調べることによって,それぞれのサオ・カムを発するのに要した時間を測定した（図7-1）。

　最初の5つのサオ・カム,すなわち(1)から(5)は非常に規則的に繰り返された。すなわちtshe:po（またはその音韻論的変奏としてのtshe:pho）およびtshe:po-siの交替であった。siはグイ語／ガナ語の名詞につく接尾辞で,女性,単数,主格をあらわす。これら5つのサオ・カムを発するのにかかった時間はほぼ同じであった（平均の長さ：0.43秒,SD：0.01）。これらのサオ・カム間の休止もほぼ等しかった（平均の長さ：0.50秒,SD：0.04）。このように,Bは(6)までほぼ等しい間隔でサオ・カムを発

事例 7-2　乳児の呼称 (2a)

カウンター(分：秒)	行	T (16週齢) 身体	T 言語	B (Mの姉) 身体	B 言語	M (Tの母親) 身体	M 言語
		両手を吸いながらMの膝に座っている。顔はMの左側を向いている。		Mの横にMと向き合って座る。彼女に背を向けているTの顔をのぞき込もうとする。		自分の小屋の敷地内に座っている。膝の上でTに座位を取らせている。少し両脚を揺らしている。	
0.0	1			頭を横に振る。	tshe:po (1)	Tの顔を見る。	
1.0	2			頭を横に振る。	tshe:posi (2)		
1.9	3			頭を横に振る。	tshe:pho (3)		
2.6	4			頭を横に振る。	[tshe:posi] (4)		[tshe:posi]
	5						
3.7	6			頭を横に振る。	tshe:po (5)	近くに座っている義理の父をちらっと見る。	
4.6	7			《頭が画面の外に出る。》	tshe:ponye... (6)	再びTの顔を見る。	
6.3	8	両手が口から離れる。			tshe:po tshe:posi (7) (8)	Tを見つめる。	
8.1	9	両手をすりあわせる《《再び両手を吸おうとしているようである》》。			tshe:ponye... (9)		
10.2	10				TSHE:PO (10)		
11.9	11				TSHE:PO (11)		

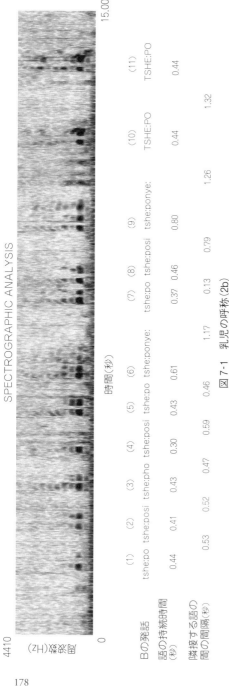

図7-1 乳児の呼称(2b)

した。

　ここでの分析には，グイ語／ガナ語の音韻論がそもそももつ2種類の音韻論的単位を適用するのが有効だろう。一つは2拍からなる語根的音韻単位（Rt），もう一つは1拍からなる接辞的音韻単位（Af）だ（「拍」は，一定の時間的長さをもった音の分節単位である）。グイ語／ガナ語の本来の語はこれらの単位の連続体からなる。いっぽう *Tshepo* はツワナ語由来で，グイ語／ガナ語の音韻論的には破格となる。ところが(1)では最初の音節が tshe: と2拍に引き伸ばされ，これに1拍の *po* が続く，つまりグイ語／ガナ語らしい Rt-Af という連続体へと変換されている。(2)では *Tsheposi* が tshe:-po-si，すなわち Rt-Af-Af へと変換され，やはり破格が解消されてグイ語／ガナ語らしい音韻構造となっている。要するに，ここでおこなわれている IDS には，これらの変換によって借用語の音韻的破格を避けた形式が使われていると解釈できる。そして，上記の(1)から(5)は，Rt-Af と Rt-Af-Af が繰り返されていると考えることができる。

　(4)の直後，母親 M もまた，T に対して Rt-Af-Af と分析されるサオ・カム tshe:-po-si を1回発している（事例7-2の5行目）。ここで母親は，T に B の発語に気づいてほしかったようにみえる。このとき，T は B と母親，いずれのサオ・カムにも注

意を向けていなかった。これは，T が自分の手を吸っていたため，あるいは，T の正面の方向に座っていた盲目の祖父の声に引き付けられていたためだと考えられる。祖父は，その場にいた人々に向かって物語りを話していた。

その直後，B はサオ・カムを変化させ，「遊び」始めた。(6)の終結部分で，B は *si* を *nye:* に置き換え，この部分を強調している。ここでの *nye:* は，ツワナ語で「少ない」や「小さい」という意味をもつ形容詞 *nnye* に由来すると考えられる。*nye:* は，語根的音韻単位によって構成され，(6)の音韻構成は，Rt-Af-Rt に分解できる。いいかえると，(6)はそれまでの Rt-Af と Rt-Af-Af の繰り返しのパターンを破っている。さらに，図7-1 が示すように(6)と(7)の間には，(1)から(6)を特徴づけていた「基準フレーズ」における休止よりも長い休止（1.17秒）が生じている。これに続く(7)と(8)の間の休止は，「基準フレーズ」における休止よりも短い（0.13秒）ものだった。また(8)と(9)との間の休止は，「基準フレーズ」における休止よりも長い（0.79秒）ものとなっている。(9)では，Rt-Af と Rt-Af-Af の繰り返しのパターンにさらに変化が加えられている。すなわち，Rt-Af-Af パターン（*tshe:-po-si*）に Rt-Af-Rt パターン（*tshe:-po-nye:*）が続いている。さらに，(10)および(11)は Rt-Af パターン（*TSHE:-PO*）の繰り返しであり，両者とも「基準フレーズ」における休止よりも長い休止の後で生み出された。しかしながら，T はここでもやはり顔を B とは反対側に向けており，その発語に注意を払っていなかった。ここにいたって B は，サオ・カムを発することをやめた。

上述の分析から示唆されるように，養育者（通常は乳児と親密な関係にある親族の女性である）はサオ・カムをおこなう際，乳児が応答することを期待している。養育者はこれによって，生き生きした感情表出をともなう交流に乳児を引き込むことをねらっている。この点で，サオ・カムは本質的に乳児との対話を志向するものである。上記の事例では，(1)から(5)の規則的なサオ・カムは期待した乳児の反応を導くことができなかった。これは(6)から(11)という，サオ・カムの変奏を導いた。このようにサオ・カムの実践では，しばしばある種の構音の反復と変奏のパターンがあらわれる。これらは，サオ・カムの実践に特徴的なリズムを生み出す。養育者は，これらの特徴を効果的に利用して，相互行為を愉快なものにしようとしている。こうしたやりとりは，両者の間に第一次間主観性を成立させるための基盤となっており，しだいに複雑になっていく養育者と乳児の相互行為を支えていると考えられる。

4　IDS の詩化

サオ・カムの実践は，養育者と乳児との感情的交流を推進するとともに，両者の

相互行為に文化的に蓄積されてきた慣習を導入する。これは，前節で見た命名についての慣習にとどまらない。この節で注目する特徴，すなわちIDSの詩化は，グイ／ガナの言語活動に関わる興味深い文化的慣習を背景としている。IDSの詩化について詳細に検討する前に，この文化的慣習について紹介しよう。

　中川（1996）は，多くの人々にとってグイ語／ガナ語は，まるで音楽か詩のように心地よく聞こえるという。もっとも，グイ語／ガナ語の語彙には日本語でいう「詩」にあたる単語はない。さらにグイ／ガナでは，アフリカの他の地域／民族ではしばしばみられる吟遊詩人や詩人という職業は発達しなかった。それにもかかわらず，グイ／ガナの多様な言語活動の一部には，韻文的な表現が認められる。中川（1996, 2004）は，このような言語活動の一ジャンルとして，ハノ (ǂxâno)[4]をあげている。ハノの文字どおりの意味は「何かを称賛する」というものである。ハノでは，人々が自然環境に向かって意味のある言葉を投げかける。多くの場合，そのアドレッシーは動物（たとえば，キリン，スプリングボック，ゲムズボック）である。また，人々の生活と密接に関わっている自然現象（雷など）の場合もある。ハノに共通する特性は，呼称の反復，陽気なからかい，およびモノローグ様の発話などである。ハノはたいてい，男性が狩りに赴き，そこで印象的な自然環境や自然現象に出会った際におこなわれる。したがって，通常は男性のみがハノをおこなう。中川（2004）はさまざまなハノをテクスト化し，そこにみられる複雑で精巧な特性について分析をおこなっている。この分析からは，ハノの構造的な複雑性には，私たちが詩の技巧として理解している特徴と共通する部分があることが示唆される。

　以下では，中川（1996, 2004）が提案している韻文形式の特徴のいくぶんかが，ある種のサオ・カムにも認められる可能性について論じる。事例7-3は，高齢の男性Gが彼の成人した娘Mの小屋を訪ねたときに収録したビデオ動画からの抜粋である。当時Mは，生後9週齢の乳児Eと小屋の前に座っていた。Eは顔を上にして母親Mによって抱かれていた。GはやおらMの前に座り，話し始めた。そのなかで彼は，Eに向かってさまざまな呼びかけをおこなった。25行目の後でこの韻文的な発話はいったん中断し，記述的な発話が挿入された（事例7-3-1，7-3-2および図7-2）。

　図7-2は，Gがおこなった韻文的な発話をテクストとして抽出したものである。図7-2からわかるように，このテクストの内容や文法的な構成はごく単純である。そして，このテクストとハノとの間には，いくつかの類似点を認めることができる。まず，何度も繰り返されているフレーズ，*ée bâba è* は，ハノのおもな特性の一つ

---

[4] 中川（1996, 2004）によれば，この言語活動はコア（*khōa*）とも呼ばれる。

(1)　*ée　bāba　è*
　　INT　grandpa　PTC
　　ええ，じいじよ
　　S　　S　　　w

(2)　*ée　qx'òu　qx'òu　è*
　　INT　waist　　　　　PTC
　　ええ，腰よ
　　S　　S　　S　　　w

(3)　*áa　sò　bāba　è*
　　INT　INT　grandpa　PTC
　　ああ，じいじよ
　　S　　w　　S　　　w

(4)　*ée　bāba　è*
　　INT　grandpa　PTC
　　ええ，じいじよ
　　S　　S　　　w

(5)　*ée　māma　è*
　　INT　darling　PTC
　　ええ，ママよ
　　S　　S　　　w

(6)　*ée　yèe　ǁgǎe ko　kx'ai ʔo　è*
　　INT　INT　woman SFX　face　　PTC
　　ええ，いや，娘の顔よ
　　S　　S　　w　　S　　w　　w

(7)　*ée　bāba　è*
　　INT　grandpa　PTC
　　ええ，じいじよ
　　S　　S　　　w

(8)　*ée　bāba　è*
　　INT　grandpa　PTC
　　ええ，じいじよ
　　S　　S　　　w

(9)　*ée　bāba　è*
　　INT　grandpa　PTC
　　ええ，じいじよ
　　S　　S　　　w

(10)　*ma　máa　bāba　è*
　　Dar‐ling,　grandpa　PTC
　　ママ：じいじよ
　　w　　S　　S　　　w

(11)　*ée　ǂxai　o　bāba　è*
　　INT　INT　PTC　grandpa　PTC
　　ええ，おはよう，じいじよ
　　S　　S　　w　　S　　　w

(12)　*ée　bāba　è*
　　INT　grandpa　PTC
　　ええ，じいじよ
　　S　　S　　　w

(13)　*ae:　ée　bāba　è*
　　INT　INT　grandpa　PTC
　　あえ：ええ，じいじよ
　　S　　S　　S　　　w

(14)　*ée　bāba　è*
　　INT　grandpa　PTC
　　ええ，じいじよ
　　S　　S　　　w

(15)　*ée　bāba　è*
　　INT　grandpa　PTC
　　ええ，じいじよ
　　S　　S　　　w

図 7-2　乳児に向けた韻文的発話のテクスト

注：a.　各行は，それぞれ上からグイ語／ガナ語の発話，文法的注釈，和訳，韻からなる。
　　b.　グイ語／ガナ語の発話の行での強調は強韻，イタリックは基準フレーズへの挿入を示す。韻の行での下線は，基準フレーズの変奏を示す。
　　c.　略号：INT；感嘆詞，PTC；小辞，SFX；接尾辞，S；強韻，w；弱韻

である呼びかけ構文を構成している。呼びかけ構文は，それ自体で発話にリズムを生み出す。このフレーズには，感嘆詞 *ée*，名詞 *bāba*，小辞 *è* という3つの単語が含まれている。名詞 *bāba*（実際の発話では，構音上の変形をともなって *páa-bà* とも表現できる）は，「祖父」または「祖父母の父」あるいは「母の兄弟」，「父の兄」をあらわす呼称である（Ono 1996:128）。事例7-3-1, 7-3-2では，「じいじ」と訳した。*è* は，呼格として振る舞う小辞である。ここでは，このフレーズを基準フレーズと呼ぶ。グイ／ガナでは，年上の世代が年下の世代に呼びかける際，「アドレス逆転（address inversion）」が生じる，すなわち通常は年下世代が年上世代に用いる呼称（例：*bāba*）が，年上世代が年下世代に呼びかけるための呼称として用いられることがあることに注意しよう（Ono 2001:1063）。これは，親族用語によって示される関係が，（おそらく日本語や英語のよりも強い）双方向性をもつことを示唆している。上の例は，GがこのMの文化的慣習にしたがって，彼の孫であるEに向かって *bāba* という呼称を用いたと解釈できる。

次に，GはEに向けて何種類かの呼称を用いていた。たとえば，(2)では *qxʼòu qxʼòu*（「腰」の意），(5)では *māma*（周辺の農耕牧畜民の言語に由来する親族用語で，冗談関係にある親族一般に対する呼称として用いられる（Ono 私信）），(6)では ‖*gãeko kxʼaiʔo*（「女性の顔」の意）が，基準フレーズの *bāba* に代わるものとして用いられている。このうち *qxʼòu qxʼòu* は，Eの体の一部を指している。GはこれをEの立派な腰つきを称える呼称として換喩的に用いた。グイ／ガナでは，孫は冗談関係に分類されるため（Ono 2001:1074），Gが孫であるEの呼称として *māma* を用いたことは適切である。‖*gãeko kxʼaiʔo* はMの顔を示していると考えられる。おそらく，Eの顔が彼にEの母親であり，Gの娘でもあるMを思い起こさせたので，Eに対する好ましい呼称としてこれらの単語を用いたのであろう。

基準フレーズの変奏は，その内容だけではなく，リズムのパターンとの関係でも認められる。中川（1996, 2004）の分析概念を用いれば，この基準フレーズのリズムのパターンはSSwとあらわされる（図7-2）。ただし，ここでSは強韻，wは弱韻を示す。これらは，韻文的な表現において，韻律の単位として振る舞う。9つのフレーズ（すなわち(1)，(4)，(5)，(7)-(9)，(12)，(14)-(15)）は，このSSwパターンの純粋な反復となっている。これらの反復は，ベースとなるリズムを刻み，内容面では変奏を含むこれらのフレーズをまとめることで，韻文的な表現を生み出している。いっぽう(2)および(6)では，2番目のSがそれぞれSSとSwSwに変形されている。(10)では，最初のSがwSに変形されている。さらに，いくつかのフレーズでは韻（rhyme）が挿入されている。すなわち，(3)では，最初のSの後にwが挿入されている。(6)では，最初のSの後にSが挿入されている。(11)では，最初のS

と2番目のSとの間にSwが挿入されている。(13)では，最初のSの前にSが挿入されている。これらの変形および挿入のすべてが，基準フレーズに変化を生み出している。そしてこの変化は，ここでのサオ・カムのリズムのパターンを複雑にし，韻文的な表現にアクセントを与えている。

また，実際の相互行為を詳細に文字起こしした事例7-3は，こうした反復や変奏がある程度，その場の状況に応じて生み出されたことを示す。たとえば，Eは8行目で泣き止み，10行目では通常の声の調子で発声した。この直後，(6)のうちの感嘆詞（すなわちyèe）が，非常に低いピッチで挿入された。グイ／ガナでは，乳児をなだめるためにこのような低いピッチの声をよく用いる。この事例では，低いピッチの声は次の名詞句である‖gãeko kx'ai?oまで継続しており，さらにこの部分は他のフレーズよりも速く発音されている。(11)のうちの挨拶をあらわすフレーズ ǂxai o（「おはよう！」の意）は，通常挨拶が起こる場合と同様，Gが17行目でEと相互注視を達成した直後に挿入された。(13)のうちの感嘆詞 ae: は，21行目でEが ahh という楽しそうなクーイングを発したことへの応答として挿入された。

すなわち，ここでGは，韻文の基礎ともいえる発話をおこなっていた。それと同時に，このような発話の受け手Eは，相互行為における参与者であった。いいかえれば，韻文的な表現は，ある程度Eの行動に応じて生み出されていた。前節で見た呼称の事例と比べると，この事例ではより洗練された形式でリズムが生み出されていた。こうした特徴は，中川（1996, 2004）が報告したハノのテクストといくつかの点で類似している。そのいっぽうで，この事例はその形式および内容においてハノよりも双方向的で，単純であった。したがってこの事例は，呼称から韻文への移行形態としてみることができる。

さらに，上述の行為は複合的な文脈に埋め込まれているとともに，これらの行為が複合的な文脈を生み出す（第5章も参照）。たとえば，7行目で母親（M）はEを抱き上げ，立位を維持させた。これは第5章でみた，ジムナスティックの例である。ジムナスティックには，むずかっている乳児をなだめる効果がある（高田 2002a, 2004; Takada 2005b）。実際，ここでEはすぐに泣き止んだ。上述のGの感嘆詞（すなわちyèe）の挿入（11行目）は，その直後におこなわれた。Eが泣き止んだ後，母親は数分以上にわたってEを立位のままに維持した（この抜粋には示されていない）。このことは，母親がEの泣き声に応答したという文脈に加えて，さらなる相互行為的な文脈と関連している。たとえばここで，母親はEをGに見せて（披露して）いるのである。上述の一連の行為の間，Gは母親よりもEに対して多く話しかけている。しかしながら，これらの発話は明らかに母親に聞こえている。これは，Gと母親が，社会的意味の資源としてEを利用し，お互いにコミュニケートしてい

事例7-3-1　乳児に向けた韻文的発話

カウンター (分：秒)	行	E（9週齢） 身体	言語	G（Mの父親） 身体	言語	M（Eの母親） 身体	言語
0.0	1	くしゃみをし、それから四肢を大きく動かす。	ã:: ((息を大きく吸い込みながら泣いている))	MとEの前に座って、Eを見る。	昨夜の出来事について話している：彼は夜の間に小屋に戻ってこようとしたが、この新しい居住地をよく知らないので道を見つけるのに苦労する。	Eを仰向けにして抱いている。Gの話にうなづき。Eがくしゃみをすると、タオルを取り出してEの顔を拭き始める。	
0.5	2	四肢を動かし続ける。	ã::…	Eの顔を見る。	ée bába è / ええ、じいじょ(1)		
1.3	3	四肢を動かし続ける。	ã::…		ée ax'òu ax'òu è= / ええ、腰よ=(2)		
1.8	4	四肢を動かし続ける。	ã::…		=áa sò bába è / =ああ、じいじょ(3)		
3.3	5	四肢を動かし続ける。	ã::…	Eを指さしたようである。	ée bába è / ええ、じいじょ(4)		
4.3	6	四肢を動かし続ける。	ã::…		ée mâma è / ええ、ママよ(5)		
4.9	7	四肢を動かし続ける。	ã::…		[éeJ= / [ええ]=	Eを持ち上げ、彼を立位にして支える。	
6.6	8		['hh] ((泣き止む))			Eを立位にして支える。	
	9						
	10		=ehh				=txanam ικοο= / =(私は)風邪が嫌い=
7.2	11						
7.7	11	左腕を揺らしながら、Gの顔を見る。			yèe >||ɡãeko kx'a|?o< è / いや、>娘の顔<よ(6)		
9.2	12						[nhun]

184

事例7-3-2 乳児に向けた韻文的発話（続き）

カウンター (分：秒)	行	E（9週齢）身体	E 言語	G（Mの父親）身体	G 言語	M（Eの母親）身体	M 言語
	13			Eに顔を近づける。Gは笑っているようである《《画面には右斜め後ろから見た顔の一部だけが映っている》》。	[ée] bāba è [えぇ] じいじよ(7)		
10.1	14			微笑みながらEの顔を見続けているようである。	ée bāba è えぇ、じいじよ(8)		
11.0	15	Gの顔から目をそらす。			ée bāba è＝ えぇ、じいじよ＝(9)	後ろを見る。	
11.5	16						＝AH
12.0	17	再びGの顔を見る。			ma māa bāba è ママ：じいじよ(10)	隣に座っているEを見る。	
13.4	18				ée ʦxai o bāba è＝ えぇ、おはよう、じいじよ＝(11)		
14.2	19	Gの顔から目をそらす。			[ée bāba è＝ [えぇ、じいじよ＝(12)	発話の途中で、再びEを見る。	＝[sèm cí a ( ) [? urena ciexò] ((娘に向けて))＝[(たばこのケースを)あっちに置きなさい]
15.3	20				ae:] ée bāba è あえ:]えぇ、じいじよ(13)	Eのお尻を見て、拭く。	
15.3	21		＝anh				
16.9	22	膝を曲げ、地面の方を向く。					
16.9	23				ée bāba è＝ えぇ、じいじよ＝(14)	Eのお尻を拭き続ける。	
17.5	24						＝nhhn＝
18.2	25				＝ée bāba è ＝えぇ、じいじよ(15)		

第7章 感情

ることを示唆している。さらに，グイ／ガナでは，ジムナスティックが乳児の運動能力の発達をうながすと信じられている（高田 2004）。ここで E を長時間にわたって立位に保つことで，養育者は彼に立つことを教えていたのかもしれない。

5　初期音声コミュニケーションと感情

　前節で分析したような初期音声コミュニケーションにおいては，明らかな音楽性が認められる。おそらく音楽性は，初期音声コミュニケーションに限らず，多くの人々の広範な言語活動において，多かれ少なかれ，働いているのであろう。ケンドン（Kendon 1992）は，次のように記している。

「発話交換システムについての参加者間の関係をさらに研究することにより，話し手と受け手との間の行動の流れはリズミカルに調整されており，さらにそれは人々がお互いの予期を調律する手段ともなりうることが示されるであろう。」(Kendon 1992:332)

　音楽性は，コミュニケーションへの参加者が発話交換を調整し，社会的意味を共有する，言い換えれば，相互行為の起こっているまさにその瞬間に間主観性を達成するための強力な道具となる。この点で，トレヴァーセンらのいう共同的音楽性は，初期音声コミュニケーションのさまざまな形式において認められるとともに，コミュニケーションに関する私たちの基礎的な動機に光をあてる概念であろう。
　そして共同的音楽性は，感情経験や感情表出と分かちがたく結びついている。これまでの研究ではしばしば，IDS のさまざまな特徴は，養育者が乳幼児の言語習得をうながすために生じると主張されてきた（e.g., Ferguson 1964; Moerk 1976; Ninio & Bruner 1978）。しかしながら，グイ／ガナの養育者が呼称や韻文的な表現によって乳児にサオ・カムをおこなう際，彼女らはこのような活動に関与することによって，乳児に楽しさを与えようとしていると主張していた。さらに彼女らは，このような活動に関わっているとき，しばしば乳児をあやすために，「泣かないで」，「眠りなさい」，「静かにして」といったフレーズを挿入していた（Takada 2005a, 2012）。まだ言語の表出はもちろん，その理解もままならない乳児にとって，こうした活動やフレーズが意味をなすのはそれが感情と適切に結びついたときであろう。音楽性は，乳児が相互行為に参与することをうながす時間的な枠組みを提供する。この時期における感情経験や感情表出は，こうした枠組みを発動させ，それに関与することを可能にするさまざまな動機づけの言い換えだともいえるであろう。そして，この動機づけが適切に満たされたとき，第一次間主観性，すなわち生後 2，3 カ月ごろの乳児とその周囲の人々の間にあらわれる，初期の相互理解のかたちもまた達成され

たといえるのであろう。

　乳児の感情表出は，視線，表情，発声，ジェスチャーなどを通じておこなわれるが，養育者はそこに文化的慣習を背景とする意味論的な構造を導入する。グイ／ガナのサオ・カムでは，養育者は，この韻律的および意味論的な構造において基準フレーズの反復および変奏を用いることによって，乳児に話しかける韻文的な発話にリズムのパターンを生み出していた。そして，韻律的な構造と意味論的構造との間には相互作用が認められた。

　さらに，乳児の感情経験や感情表出と結びついた初期音声コミュニケーションの形式は，文化的慣習を積み重ねるなかで生じてきた社会制度とも関連している。そうした関連性を明らかにしていくための有用な出発点は，焦点となる活動が生じた参与枠組みについてのさらなる経験的な分析を推進することである。たとえばこれまでの研究では，サンの初期の養育行動における，母親の優位性を強調していた (e.g., Draper 1976; Konner 1977)。しかし，上述の例ではいずれも，母親が同席しているにもかかわらず，母親ではなく乳児の近親者が乳児に対する発話の多くを生み出していた。グイ／ガナは日常生活の大半を小屋の外の開放された空間で過ごしており，乳児が近親者に囲まれることはごく普通に起こる。興味深いことに，グイ／ガナの親族関係システムでは上記の近親者，すなわち事例7-1のZ（子どもから見て，父親の妹），事例7-2のB（同，母親の姉），および事例7-3のG（母親の父）はいずれも同じカテゴリー，cia‖ku に分離される。グイ／ガナの間では，子どもはその親 (‖kôô) とは忌避関係，cia‖ku とは冗談関係にあるとされる (Ono 1996; Tanaka, J. 1980)。冗談関係にある親族と一緒にいるときは，人々はリラックスした態度で振る舞い，打ち解けた言葉遣いで話すことができる。いっぽう，忌避関係にある親族に対しては，尊敬および遠慮を示さなければならない (Lee 1986:83-84)。親族を冗談関係と忌避関係に分類して論じることは，さまざまなサンのグループにおける研究の重要なトピックとなってきた (e.g., Barnard 1992; Lee 1986; Marshall 1976)。しかしながら，社会化の早い段階でのこのような関係のありようについて論じた研究はほとんどない。

　また，前節で検討した言語活動の特徴は，ジェンダーとも深く関連している。女性の近親者がおこなうサオ・カムでは，単純な呼称の反復と変奏がよくみられるが，男性のそれではしばしば，発話の詩化が認められる。もっともこれは，これらの言語活動の特徴が，話し手のジェンダーによって決定されることを示すものではない。そうではなく，いずれのジェンダーもそれらをおこなうことができるが，どちらかのジェンダーが他のジェンダーよりも特定の特徴を多く顕在化する傾向があるのだと考えられる。これまで，多くの研究者が労働 (Tanaka, J. 1980)，性的関係

(Tanaka, J. 1989),および日常会話(菅原 1998)の分野で認められるジェンダー関係が,グイ／ガナの社会を統合する鍵となっていると論じてきた。本研究は,グイ／ガナのジェンダー関係は,IDSを含むさまざまな日常活動をも構造化していることを示唆している。

前節で検討したデータからも示唆されるように,社会化にまつわる相互行為において幼い子どもが,親族関係やジェンダー関係を含むさまざまな人間関係のカテゴリーをどのように形成していくのか,その過程に感情経験や感情表出がどのように関わっているのかを検討することは,これまでのサン研究や親族研究,そして感情研究に大きく貢献するであろう。

第4節　会話に用いられる感情語彙

養育者からの発話をはじめとした働きかけに対して,当初はおもにその韻律的な側面に応答していた乳児は,しだいにその意味論的な側面に興味を示すようになる。(もしすべてでなければ)ほとんどの言語には,さまざまな感情をあらわす語彙がある。この節では,日本の養育者－子ども間相互行為(CCI)の事例にもとづいて,そうした感情語彙が相互行為を組織化するためにどのような働きを担っているのかを考える。

第2節でも紹介したエクマンは,「怒り(anger)」「嫌悪(disgust)」「恐怖(fear)」「幸福(happiness)」「悲しみ(sadness)」「驚き(surprise)」の6つをさまざまな文化を通じて普遍的にみられるヒトの基本的感情だと考えた(e.g., Ekman 1984; Ekman et al. 1972)。この主張は賛否両論の熱のこもった議論をもたらし,それを受けてエクマンは,基本的感情についての自らの考えをさらに洗練させていった(e.g., Ekman 1992a, 1992b)。エクマン(1992a)によれば,それぞれの基本的感情は共通の特徴をもったいくつかの感情的状態の集合(family)として理解するべきである。また,基本的感情はいずれも個体および種の生存に貢献しており,他のすべての感情は基本的感情の複合あるいは修正によって生じる。エクマン(1992a:193)では,さらなる基本的感情の候補として「おもしろさ(interest)」「畏怖(awe)」「軽蔑(contempt)」「困惑(embarrassment)」「喜び(enjoyment)」「興奮(excitement)」「罪悪感(guilt)」「恥(shame)」「驚き(surprise)」があげられている。

エクマン(1992a)は,これらを基本的感情たらしめている要件として,(1)表情をはじめとする特徴的で普遍的なシグナルが用いられる,(2)他の霊長類にも同様の感情が存在する,(3)特徴的な生理的機能をもっている,(4)その感情の発動に先行する出来事に特徴的な普遍性が認められる,(5)首尾一貫した感情的反応が生じ

る，(6)素早く生じる，(7)持続時間が短い，(8)自動的に評価がおこなわれる，(9)自発的に生じる，という9点をあげている。これらの主張の是非や妥当性について論じることは他の場所に譲るが，少なくとも英語や日本語ではこれらの感情をあらわす語彙があり，その意味がある程度その言語コミュニティにおいて共有されていることは明らかだ。

　もっとも，すべての感情がそれに対応する感情語彙を使って表現されるとは限らないし，会話のなかである人についてある感情語彙が使われた場合（本人がその感情語彙を使った場合を含む）に，実際にその人がその感情を経験しているとも限らないことには注意が必要である。第2節で紹介した4つの観点のうちでは「社会的構築主義説」がこれらの点をもっとも重視し，(「シンドローム」としての)感情は社会が創造し，個人が演ずる役割だと考える（Averill 1980:337）。そして，感情についての理解を深めるためには，生理的なレベルよりもむしろ社会的なレベルの分析をおこなっていく必要があると説いている。相互行為の人類学では，この見方をさらに徹底して，感情語彙が生じさせる社会的な意味の振る舞いについて，丹念な経験的な分析をおこなう。相互行為の人類学を構成する研究アプローチのなかでも，子どもが社会・文化的に構造化された世界に社会化されていく過程を分析してきた言語的社会化論では，言語的なやりとりに代表される日常的な相互行為は，社会化の媒介物であるとともに目的でもあると考える（第5章参照）。そして感情もまた，さまざまな言語コミュニティを通して，社会化に関わる実践を組織化する原動力であるとともに，そうした実践の産物でもあるととらえられる。

1　東アジアにおける「恥」の文化

　ある感情がさまざまな言語コミュニティを通して存在するとしても，その言語コミュニティにおける支配的な価値観と関連づけた場合のその感情の位置づけは言語コミュニティごとに異なる可能性がある。東アジアの社会についての研究史においては，エクマン（1992a）があげているさまざまな基本的感情のうち，「恥」に特別の注意が払われてきた。あまりに多くの研究があるので[5]，それらを秩序立てて整理した紹介をおこなうことはできないが，いくつか代表的なものをあげておこう（e.g., Benedict 1946/1967; Clancy 1986; 土居 1971; Doi 1974; Fung 1999; Fung & Chen 2001; Lo & Fung 2012）。

　ベネディクトの『菊と刀』(1946/1967) は，第二次世界大戦後の日本社会にもっとも大きな影響を与えた書籍の一つだろう。戦争情報局の日本班チーフだったベネ

---

[5] まとまったレビューとしては，作田（1967），南（1994）などを参照。

ディクトは，米国内の集住キャンプに移住させられていた日系人に対するインタビューにもとづいて本書を執筆した。ラディカルな文化相対主義者であったベネディクトは，日本の文化に特異な目標を探し求めた。そして，日本人は他者（家族から職業上の関係者や世間一般までを含む）からの期待や批判にきわめて敏感で，その社会生活は他者への恩や義理によって強く拘束されていると論じた。ここからベネディクトは，日本の文化は「恥」の感覚を基調としていると特徴づけ，「罪」の感覚を基調とする西欧文化，すなわち絶対的な道徳基準に照らして自らの良心の啓発を頼みにする文化と対比的に理解しようとした。戦時下という状況で実際には日本に赴いたこともなかったベネディクトが，敵国である日本の人々の精神生活と文化を具体的な資料にもとづいて美しい文体で鋭く分析していたことに，研究者を含む多くの日本人は驚嘆した[6]。

　高名な精神科医であるとともに日本人論の論客として知られる土居健郎の議論には，S・フロイト（Sigmund Freud）流の精神分析論に加えて，『菊と刀』をはじめとするベネディクトの著作の影響が認められる。土居は，ベストセラーとなった著書『「甘え」の構造』（1971）のなかで，ベネディクトが恥の文化を罪の文化よりも劣ったものとしてとらえているように見えること，また両者の関連について十分な考察がなされていないことには批判的であるが，日本の文化が恥の感覚を基調としていると特徴づけること自体は肯定的に受け止めている。そのうえで恥の感覚は，周囲に温かく包まれたいと願いながら，その「甘え」[7]が満たされない状態で衆人環視の状態へ身をさらすことへの悩みからもたらされると論じた。さらに土居（1971, Doi 1974）によれば，日本人はこの「甘え」という，幼児期にみられる母親への受身的な愛情の希求に根ざした，他者に認めてもらい，他者との関係を構築・維持していきたいという欲求を核として社会化され，日本の社会もまたこうした価値観を基調として構造化されている。これを反映して，日本語のさまざまなレベルでの構造（例：「甘え」のような語彙の意味論的構造だけではなく，文のさまざまな要素の省略が許容される，述部や否定をあらわす小辞が発話の最後に来るといった統語論的構

[6] 日本の民族学・文化人類学の代表的な学術雑誌である『民族学研究』では，まだ戦後間もない1950年に『菊と刀』の書評特集が組まれ，川島武宜（法社会学），南博（社会心理学），有賀喜左衛門（農村社会学），和辻哲郎（哲学），柳田國男（民俗学）という錚々たる研究者が本書の論評をおこなっている（有賀 1950; 川島武宜 1950; 南 1950; 和辻 1950; 柳田 1950）。この論評では，川島，南，有賀，柳田が著者の洞察の鋭さを肯定的に評価するいっぽうで，日本人を過度に一般化して論じており，階層，地方，職業等による差異が見逃されている（川島，有賀），日本文化を固定して考えるきらいがあり，その動態の分析が十分になされていない（南），「罪の文化」と「恥の文化」を対置して同一の地平で論じることには無理がある（柳田），誤謬や誤解の含まれるデータから不当に一般的な結論を出している（和辻）といった，後にも繰り返されることになる批判が出されている。
[7] 土居（1971）の定義によれば，相手が自分に対して好意をもっていることがわかっていて，それにふさわしく振る舞うこと（土居 1971:8）。

造を含む）は，しばしば日本人の特徴だとされる間接的で婉曲的な表現をしやすくしている。さらに，日本人の間では本音と建前，あるいは内と外における態度の不一致が一般的にみられるとともにそれが許容されている。そして，両者を一致させようとする米国人とは異なり，日本人はグループ内の調和を達成するために本音を人前で明らかにすることをしばしば避けるという（土居 1971, Doi 1974）。

　こうした土居の議論は，日本国内外のじつにたくさんの研究者による議論を呼び起こした。たとえばクランシー（Clancy 1986）は，言語的社会化論のアプローチから日本の2歳児とその母親の相互行為を分析し，日本語におけるコミュニケーション・スタイルの獲得について論じた。ここでクランシーは，上記のような土居の「甘え」に関する主張に言及しながら，それを基本的に支持する議論を展開している。クランシー（1986）によれば，日本人の母子間相互行為はその文化的な信念を反映するとともに強化している。母親はしばしば，子どもが望ましい行動をおこなうことをうながすため，他者の気持ちに言及して，子どもからの共感を引き出そうとする。ここでの気持ちには，怖い，悲しい，かわいそう，可愛いといった感情が含まれる。またその際に母親は，自らの気持ちを強調して子どもに伝えるだけでなく，そうした気持ちをもつ他者として，まだ生まれていない赤ん坊や無生物を会話の枠組みに導入することもある（第6章第4節参照）。クランシー（1986）は，母親はこうした方略によって子どもの共感性，あるいは思いやりを育てる訓練をおこなっていると論じている。また他者の気持ちに寄り添うことは，同調の圧力をもたらす。したがって，共感と同調は同じコインの表と裏のような関係にある（ibid. 235）。母親は子どもの同調性を訓練するため，子どもに他者から笑われることに対する恐れを植え付ける。たとえば不適切な行動をおこなった子どもが他者の不承認（disapproval）に直面した場合，その子は「恥ずかしい（ashamed）」と感じることが期待される。クランシー（1986）によれば，母親はそういうとき，たいてい主語を明示せず，単に「恥ずかしい」と言う。これは，母親がその子どものことを「恥ずかしい（shameful）」と感じていることを伝えるとともに，その子自身が同じように感じるべきだという主張を含意しているという。

　「恥」の感覚を基調とするとされてきた文化は，日本のそれに限らない。ロとフン（Lo & Fung 2012）によれば，彼女たちが調査対象とした台湾と韓国でも，「恥」の感覚は，子どもの日常生活から始まってさまざまなかたちで生涯にわたって存在し続ける。そしてそれは，道徳性を考えるうえで本質的な要素だと考えられている。台湾と韓国に共通した思想的な背景となっている儒教では，人は恥を知ることによってその行動を謙虚に省みることができるようになると考える。このため，人々は幼いうちから子どもに恥の感覚を学ばせようとする。幼い子どもに恥をかか

せることは，その子の将来を慮ったうえでの愛の一つのかたちであり，訓練であり，道徳性の教育でもある（ibid. 173）。こうした観点からロとフン（2012）は，子どもに向かって「恥」にあたる語を直接含む発話がおこなわれた例，慣習的に恥と結びついたジェスチャーが用いられる例，恥を連想させる否定的な評価がおこなわれた例をとりあげている。彼女らの分析によれば，これらの例は，叱責，からかい，愛情や親密性の表示，といった文脈でおこなわれていた。それによって養育者たちは，子どもが自分のおこないを省みて，それに関する善悪の感覚を発達させるように導いているのだという。

　ロとフン（2012:169）が簡潔にまとめているように，言語的社会化論における恥についての研究は，日常的な言語的やりとりを記述することを通じて，研究対象とする社会において恥がどのように実演され，どのような文化的特徴やローカルな意味をもち，さらに幼い子どもが恥をかくことを通じてそのコミュニティにおける社会的・道徳的な規範をどのように学ぶのか，に関して議論をおこなってきた。本研究もまた，そうした研究史に連なるものである。とくに，クランシー（1986）やロとフン（2012）では十分に検討されていなかった，「恥」と関連した発話の説明（accounting）としての働きに注目する。そこでこの節の以下の部分では，著者が代表を務めるCCIプロジェクトのデータ（第5章第3節を参照）を用いて，日本語における「恥ずかしい（英語では，shaming, shy, あるいはawkwardなどと訳される）」という感情語彙がCCI（養育者-子ども間相互行為）において社会的にどのように状況づけられて生じるのか，またそれが社会化の文脈をどのように組織化するのかについて検討する。こうした研究は，従来の「恥の文化」についての議論を相対化するとともに，相互行為の人類学が感情についての研究にどのような貢献をおこなうことができるのかについて，有用な示唆を与えてくれるにちがいない。

2　日本語のCCIにおける「恥ずかしい」

　養育者と子どもの相互行為場面では，養育者と子どものいずれもが「恥ずかしい」という感情語彙を含むフレーズを使いうる。またそれは，養育者，子ども，あるいはその他の登場人物（第6章第4節を参照）の行為や状態を記述するために用いられうる。このうち筆者らのデータセットでは，「恥ずかしい」という感情語彙は，養育者が子どもの行為を記述する際により多く用いられていた。

　なかでも「恥ずかしい」という感情語彙がよくみられたのは，子どもが適切な行為をおこなうことをためらっていると養育者がみなした場合（この場合は，英語ではshynessにあたる意味で用いられることが多い），あるいは養育者が子どものおこなった行為を社会的な規範に照らして不適切であるとみなした場合（この場合，「恥

ずかしい」という感情語彙は，英語ではshamefulにあたる意味で用いられることが多い）であった。

　以下は，1歳0カ月の乳児K（男児）とその両親および姉Sのやりとりからの抜粋である。Kは父親の膝の上で前向きに抱っこされている。その前には大きなダイニング・テーブルがある。Kと父親の右隣の椅子にはS，さらにその右隣の椅子には母親が座っている。さらにダイニング・テーブルの向かい側には，研究者Rが座っている（画面には映っていない）。抜粋は，母親がKに向かってその名前を呼び，Kがそれに発声と笑顔で応じた後に始まる。

事例7-4　パチパチ

K（1歳0カ月），S（3歳1カ月），M：母，F：父，R：研究者

```
 1 M: ［パチパチパチ:: は？
       SSW SSW SSW TOP

 2 F: ［ふ::ん
       IJ

 3 M:  パチパチ::
       SSW SSW

 4 R: ［ふ::ん
       IJ

 5 M: ［パチパチ:: して.
       SSW SSW do-TE

 6 M: °あれ:?°°できへん？
       IJ       can NEG

 7 M:  パチパチ［:::
       SSW SSW

 8 S:        ［できひん？
                can NEG

 9 M:  パチパチ:して
       SSW SSW do-TE

->10 F: 恥ずかしいの？
        shy      Q

 11 R: hh［h

 12 F:   ［hh
```

図7-3　Mは「パチパチパチ:: は？」という発話と手拍子と組み合わせ，乳児Kに拍手をすることをうながす

図7-4　Fは，「恥ずかしいの？」という発話とともにKの頭をやさしくなでる

13 M： なんとなく 言ってること　は　伝わってる感じ　が (0.2)
　　　　somehow　saying　thing　TOP　conveying　feeling　NOM

　1行目で母親（M）は，「パチパチパチ」というオノマトペおよび焦点化をあらわす「は」（上昇調のトーンで発せられており，質問のかたちをとっている）を組み合わせたフレーズによって，乳児Kに拍手をすることをうながしている（図7-3：第6章第4節で論じたように，「うながし」は行為指示の一つのタイプだと考えられる）。「パチパチパチ」というオノマトペは3，5，7行目でも用いられており，いずれも実際の手拍子と組み合わされている。また，1行目の母親の発話と同時に父親（F）は，直前のKの発声を真似るような発声をおこなっている（2行目）。1行目の母親の発話の直後，Kの顔からは笑顔が消え，Kは母親の方から目をそらせて正面を向いた。それとほぼ同時に，母親はまた「パチパチ::」といううながし（3行目），続けて「パチパチ::して」という要求のかたちをとったうながし（5行目）をおこなって乳児Kに拍手をさせようとする。この間，研究者（R）は2行目の父親に習うような発話をおこなっている（4行目）。それでも応えないKに対して，母親は否定形を用いた要求（6行目），再度のうながし（7行目）をおこなった。するとKは，7行目の「パチパチ:::」というオノマトペと手拍子に反応するように母親の方に視線を向け直した。またSは8行目で，直前の母親の発話（7行目）に習うように，否定形を用いた要求「できひん？」をおこなう（「要求」もまた，行為指示の一つのタイプである。第6章第4節参照）とともに手拍子をおこなっている。目の前のSの手拍手につられるように，Kははにかんだような笑みを見せ，ゆっくりと両手を合わせる。しかしながら，その両手の動きは弱々しく，繰り返し拍手をするにはいたらない。母親は続けて，再び要求のかたちをとったうながしをおこなっている（9行目）。

　上記で母親とSは，Kの行動をモニターしながら，何度も行為指示をおこなっている。そしてその過程では，さまざまなタイプの行為指示の繰り返しとその変奏がみられる。これはその場の相互行為にリズムをもたらしている（第6章第4節参照）。しかしながら，Kはこれらの行為指示に十分には応えていない。ここで，後方からのぞき込むようにKの動きを見ていた父親は，「恥ずかしいの？」という発話をおこなうとともにKの頭をやさしくなでた（10行目：図7-4）。10行目の発話は，説明（accounting）の候補を提示している。つまりこの発話は，先行する行為指示に対するKの十分な応答の不在の理由を「恥ずかしい」というKの感情に帰属しようとしている。これは，応答の不在がKの能力の欠如（例：まだ幼くて発話が理解できない）や行為指示に抵抗する意図（例：拍手したくない）によるものではないという主張でもある。また，この「恥ずかしい」は英語のshyに近い意味で用いられている

が，shyがそれを帰属させられた人の態度や特性をあらわしうるのに対して，ここでの「恥ずかしい」はその場の状況によって生じたより一時的な感情を指すことには注意が必要だ。この説明は，その場にいたRと母親にも受け入れられたようである。10行目の父親の発話に同意を示すように，Rはその直後に笑い声を発し（11行目），父親もそれにつられるようにRと重複しながら声を出して笑った（12行目）。さらに，母親は13行目の発話でKが先行する行為指示の理解はほぼできているようだという主旨のコメントを提示している。

次の例も事例7-4と同じ家族から得られたもので，「恥ずかしい」を含むフレーズが子どもの行為を説明する文脈で用いられたものである。事例7-4の収録からは2カ月ほど経っており，Sは3歳3カ月となっている。母親はダイニング・キッチンの内側に立っており，バーカウンターを挟んで反対側にSが椅子の上に立っている。Sの前には事例7-4と同じ，大きなダイニング・テーブルがある。父親はSから見て，母親と反対の方向にいる（ただし，画面には父親の姿は収められていない）。この抜粋が始まる前，Sと両親は賑やかな雰囲気のなかで，セミは怖いか，可愛いかというトピックについての会話をおこなっていた。抜粋は，母親がビデオの収録を担当していたカメラマンCのためにアイスコーヒーを入れたところから始まる。

[事例7-5] どうぞして

S（3歳3カ月），M：母，F：父，C：カメラマン

```
 1 M：=あ, そ-これCさん に　どうぞして(んかい)(1.2)
        IJ  it  this Mr.C DAT please do-TE

 2 M：お兄さん に どうぞ(って)
        Brother DAT please-TE
       《Sはテーブルをたたき，右手でマグカップを口元に持って行く》

 3 M：それ，かほの．
        It   name LK

 4 M：んふ
        IJ
        (4.0)

 5 M：持って 行ける？ かほ
        grab-TE can.go    name

->6 F：いや，恥ずかしいか[な？
        no   shy        Q PP

->7 M：       [恥ずかしいんか
                shy    LK Q
```

図7-5　Mは，Cにアイスコーヒーを渡すよう，Sにうながす

```
    8 M:  [持って 行けない？ これ 持って行ける？°
           grab-TE can. go NEG this  grab-TE can.go

    9 F:  [he(h)he(h)he(h)he(h)

->10 F:  (それ)恥ずかしい[やろう
           it    shy        TAG

->11 M:              [恥ずかしいな
                     shy      PP
          (9.0)

   12 F:  えらい元気が=
           greatly cheer NOM

   13 M:  =ええ？
           IJ

   14 F:  =今まで　の 元気が　　どっか　　いった
           now until LK cheer NOM somewhere go PST

   15 M:  ええ？
           IJ

   16 F:  元気が　　どっか　いった=
           cheer NOM somewhere go PST

   17 M:  =ほんまやね:(h)
           right PP
```

　Sはバーカウンターに身体をもたせかけるようにしながら，アイスコーヒーの入ったグラスに視線を向けている。母親（M）は，Sに向かってCにアイスコーヒーを渡すようにうながす（1行目：図7-5）。ここで用いられている「どうぞ」というフレーズは，日本の養育者がうながしをおこなう際にひんぱんに用いられるものである。この行為指示の直後，Sは少し身体を引いて直立姿勢になる。これを見ていた母親は，もう一度「お兄さんにどうぞ(って)」という発話でうながしをおこなう（2行目）。この2度目のうながしでは，「Cさん」という固有名が「お兄さん」という兄をあらわす親族名称に由来する敬称に置き換えられている。これにより，子どもであるSにとってはより親しみをもちやすい表現になっている。さらに引用をマークする助詞「って」が付与されており，うながしとしての特徴が強調されている。

　しかしながら，Sは母親の方をじっと見つめ，さらに右手でテーブルを強くたたいた（ビデオでは，テーブルをたたいた音がよく聞こえる）。この行為によって，Sが母親の行為指示に同意しないばかりか，それに対して腹を立てていることが示され

ている。Sはさらに，差し出されたグラスのそばにあった，中に冷たいお茶の入ったマグカップを手に取り，口元に持っていく。母親はSがこの動きをおこない始めるのとほぼ同時に「それ，かほの」と言ってSの動作を承認する（3行目）。Sは後ろを振り返りながら，しばらくお茶を飲んでいる。母親はお茶を飲んでいるSの注意を引くように「んふ」という感嘆詞を発する（4行目）。すると，Sはマグカップを口につけながら，再び母親の方を見る。その後，Sはマグカップをバーカウンターの上に置く。

これを見ていた（すなわち，Sがお茶を飲むという行為を終えたことを確認した）母親は，「持って行ける？　かほ」という発話で，もう一度SがCにアイスコーヒーを渡すように行為指示をおこなっている（5行目）。この発話は，行為指示の1タイプで，うながしよりは強い表現である要求となっている（第6章第4節参照）。また「行ける？」という表現は，Sに行為を遂行する能力があるかどうか，さらにその行為を遂行する意思があるかどうかを問うものである。さらに，「かほ」という名前を呼ぶことで，Sが行為指示の受話者であることをより明確にしている。これらはいずれも，行為指示（すなわち，Cにアイスコーヒーを渡す）の圧力を高める方向で働いている。

しかし，Sはこの母親の要求に応える様子をみせない。ここで父親（F）は，「いや，恥ずかしいか［な？」という発話をおこなう（6行目）。この発話の冒頭の「いや」は，彼がSの一連の行為について別の説明を提示することを先取りしている。これに続けて父親は，SがCにアイスコーヒーを渡さないのは「恥ずかしい」からであるという。ここでの「恥ずかしい」は，事例7-1と同じくshyに近い意味で用いられている。すなわち，Sの不適切な行為（すなわち，Cにアイスコーヒーを渡さない）の理由をその場の状況によって生じた一時的な感情に帰属している。さらに，この発話は「かな」という疑問および確認をあらわす終助詞をともなっている。したがって，直接的にはSに，また間接的にはそれ以外のこの発話の聞き手にもその説明の是非についての判断を委ねるものとなっている。この発話の終わりの部分と一部重複して，母親も「［恥ずかしいんか」という発話をおこなう（7行目）。母親はこの発話を笑顔でアイスコーヒーの入ったグラスに手を伸ばしながらささやくような声でおこなっていた。これによって，先行する父親の発話が提示した，SがCにアイスコーヒーを渡さないのは「恥ずかしい」からであるという説明を正しい解釈の候補として認めている。

続けて母親は，またしても「持って行けない？　これ°持って行ける？°」と要求を2度繰り返す（8行目）。そして，それとともに再びアイスコーヒーの入ったグラスをSの前に差し出す。ここでの1つめの要求は「行けない？」という否定形

の疑問文が用いられており，Sの自発的な行為をうながすものとなっている。また父親は，この発話と重複して笑い声を発している（9行目）。しかしながら，Sは母親がグラスを差し出す動きとほぼ同時に，再び自分のマグカップを持ち上げてお茶を飲み始める。グラスに手を伸ばす気配はない。すると父親は，「（それ）恥ずかしい［やろう］」という発話でもう一度先と同様の説明を提示する（10行目）。ただし，ここでは「やろう」という推量をあらわす表現が用いられており，この説明の正しさについての父親自身の認識論的なスタンス（Heritage 2012）は6行目の発話よりも強められている。続けて母親も，先行する父親の発話と一部重複しながら「恥ずかしいな」という発話をおこなう（11行目）。ここでは「恥ずかしい」の直後に確認をあらわす終助詞「な」が用いられており，「恥ずかしい」からだという説明が正しいことを確認するというデザインになっている。Sはこれには答えず，しばらく母親の方を見ながらお茶を飲んでいる。

　それから父親は，抜粋の直前と現在のSと比較して，今までの元気がどこかにいってしまったというコメントをおこなう（12, 14, 16行目）。母親は，12行目と14行目の発話が聞き取りにくかったのか，それぞれについて修正（repair）を要求している（13, 15行目）。そしてついに，16行目の発話に対して，「ほんまやね:(h)」という発話で笑いながら同意を示した（17行目）。

　筆者らのデータセットで「恥ずかしい」という感情語彙がひんぱんに生じていたもう一つの文脈は，からかい（teasing）である。次にみる例では，2歳9カ月の女児Aが妊娠10カ月目の母親Mと一緒に，Aがまだ乳児だったころに撮られたビデオを見ていた（テレビの画面には赤ちゃんのAを含む子どもたちと保育士さんらしき女性が映っている）。母親は後方からAにもう少し後ろに下がってビデオを見るようにと注意した。Aは膝を立てた姿勢で母親の方を振り向き，指示されたように後ろに下がろうとする。しかし，その拍子に体勢を崩して手を床についてしまった。抜粋はそこから始まる。

事例7-6 赤ちゃんや

A（2歳9カ月），M：母（妊娠10カ月）

1　A：あ:::
　　　 IJ

2　M：h 赤ちゃんや
　　　　 baby　　PP

図7-6　Aは，「あ:::」と泣き真似をする

```
 3 A： あ:[: あああ
        IJ    IJ IJ IJ

 4 M：     [赤ちゃんや．
            baby    PP

 5 A： あ::[:
        IJ

 6 M：     [赤ちゃんや．
            baby    PP
```

図7-7　AはMのもとに走り寄って彼女に抱きつく

```
 7 A： あ::[:
        IJ

 8 M：     [赤ちゃん，どんなんなんの？
            baby    how  become Q

 9 M： 赤ちゃん，どんなんなんの？
        baby    how  become Q
```

```
10 A： ああ，いやや．
        IJ   no PP
```

図7-8　Aは通常の声で「ああ，いやや．」と言いながら，その場から逃れる

```
11 M： あれ，赤ちゃんじゃない． hh 今(h)でも(h)赤ちゃん(h)なった(h)やろ．
        IJ   baby    PP NEG      now but   baby          became    PP

->12 M： いや(h)赤(h)ちゃん(h)なった(h)．は(h)ず(h)か(h)しい(h)．
         wow    baby           became        shameful

13 M： 赤ちゃん[(なったん)
        baby   become-PST

14 A：       [ああ::
              IJ

15 A： あ あは あは あは 打った．
        IJ IJ   IJ  IJ  hit-PST

16 M： ほらほら，赤ちゃんに．
        IJ IJ    baby   DAT

17 M： 赤ちゃんなった？
        baby   become-PST
```

図7-9　Mの「赤ちゃん[(なったん)」という質問と重複しながら，Aは再び赤ちゃんの泣き真似をおこなう

Aはまず，「あ:::」と少し甘えたような声で泣き真似をする（1行目：図7-6）。これに対して母親（M）は，すぐさま何かに気づいたように息を吸い（hで示されている），「赤ちゃんや」と続ける（2行目）。母親はAのフッティング（Goffman 1981）の変化を認め，Aが画面のなかの幼い自分に触発されて，赤ちゃんのふりをしてい

ると指摘したのである。おそらくAが赤ちゃんのふりをしたことには，母親が臨月にあり，間もなく生まれてくるキョウダイを意識させられていたことも関係しているのであろう。続けてAがさらに幼さを強調しながら泣き真似をする（3行目）。母親はその声と重複しながら「赤ちゃんや」と繰り返す（4行目）。このやりとりは，続く5，6行目でも繰り返される。その際，Aは母親のもとに走り寄って彼女に抱きつく（図7-7）。母親はAを優しく抱きかかえる。この間，2人の間にはロールプレイをおこなうことで遊んでいるような雰囲気が漂っている。

　自分に抱きついたまま泣き真似を続けるAに対して，母親は「赤ちゃん，どんなんなの？」という開かれた質問（open question）を2回繰り返す（7～9行目）。それとともに母親はAを授乳をおこなうときのような横抱きにする。開かれた質問は一般的に，言語使用に熟達していない幼児にとっては回答することが難しい。ここではとくに，Aが抱っこされた状態でさらなる赤ちゃんのふりを展開する（例：授乳のロールプレイをおこなう）ことをうながすような文脈が作られており，Aはこれに当惑したようである。Aは再びフッティングを変化させ，通常の声で「ああ，いやや．」と言いながら，母親の手をふりほどいてその場から逃れる（10行目：図7-8）。この発話と行動は，Aが直前の開かれた質問に回答することを拒否したことを示している。

　これに対して母親は，「あれ，赤ちゃんじゃない．」と言ってAのフッティングの変化に気づいたことを示す。さらに「hh 今(h)でも(h)赤ちゃん(h)なった(h)やろ．」と直前の赤ちゃんの声でおこなわれた行為に言及して，自分の理解を確認する（11行目）。この発話は，Aが演じた役割と通常のAとのギャップを笑いながら指摘するものであり，からかい（teasing）としてデザインされている。Aは再び立った姿勢で母親に抱きつく。母親はさらに12行目でも，笑いながら「いや(h)赤(h)ちゃん(h)なった(h).」と言ってAをからかった後，「は(h)ず(h)か(h)しい(h).」という発話でAの行為に対する評価（assessment）をおこなう。同時に，母親は右手で繰り返しAの背中を優しくたたく。この「恥ずかしい」は，からかいという遊戯的な文脈のもとではあるが，shameful に近い意味で用いられている。つまり，実際よりも幼く振る舞ったAはそれについて羞恥心を感じるべきだ，とからかったのである。続けて母親は，その羞恥心を確認するように「赤ちゃん[（なったん）」と質問を繰り返す（13行目）。Aは，この質問と重複しながら，再び赤ちゃんの泣き真似をおこなう（14行目：図7-9）。しかし，この泣き真似は徐々に通常の声による照れくさそうなものに変化していき，さらにAは「打った．」と泣き真似をおこなった理由を報告する（15行目）。これに対して母親は，Aが赤ちゃんのように振る舞ったことを確認する（16，17行目）が，この発話はやさしい通常の声でおこな

われており，先行する発話にあったようなからかいのニュアンスはなくなっている。

3 「恥」の文化論再考

　事例7-4の「恥ずかしい」は，データの収録の際に同席していた研究者の前でKが社会的に望ましい行為（すなわち，拍手をする）を遂行する，という活動の後半部で発話に用いられた。事例7-5の「恥ずかしい」は，カメラマンに飲み物を持って行くようにという行為指示を繰り返す，という連鎖の後半部で導入された。これらに共通するのは，「恥ずかしい」という語を含むフレーズを用いられた子どもが，通常は家族のメンバーに含まれておらず，多くの知識を共有していない人物に向けた行為を求められていたことである。さらに事例7-6では，ビデオで見ていたシーンに触発されたAの行為と通常のAとのギャップを指摘し，からかうという文脈で「恥ずかしい」という語を含むフレーズが用いられた。このように，通常の家族内のコミュニケーションのルーチンからいくぶんずれた文脈におかれた子どもはその場の文脈に照らして適切に振る舞うことが難しく，「恥ずかしい」と帰属されうる行為が顕在化しやすいのだと考えられる。

　事例7-4では，社会規範との関連で子どもが適切な行為をおこなうことを躊躇したことに対して，養育者は「恥ずかしい」という語を含むフレーズを用いることを通じて，それをその場の状況によって生じた一時的な感情によるものだという説明の候補を提示していた。また事例7-5では，子どもが不適切だとみなされうる行為をおこなったことに対して，まず父親が「恥ずかしい」という語を含むフレーズを用いることによってやはり説明の候補を提示した（6行目）。続いて母親もその発話内容を部分的に繰り返すことで，それを正しい解釈の候補の一つとして認めた（7行目）。その後，子どもの行為が改善されなかったことを受けて，父親は「恥ずかしい」という語を含むフレーズをもう一度説明として提示し（10行目），続けて母親がその発話内容を部分的に繰り返すことでその説明の正しさを確認する（11行目）というやりとりがみられた。いずれの場合も，「恥ずかしい」という語はshyに近い意味で用いられていた。

　子どもが適切な行為をおこなうことを躊躇したにせよ，不適切だとみなされうる行為をおこなったにせよ，これらの文脈で用いられた「恥ずかしい」という語は，その場の文脈に照らしてそれらの理由を提示し，それらを許容しうるものとする働きをもっている。これによって，その行為が「恥ずかしい」とみなされた行為者は，次の行為によって先行する行為をその場の文脈に照らしてより適切なやり方で正当化，修正，あるいは繰り返す機会を与えられる。したがって，ここでの「恥ずかしい」という感情語彙を含むフレーズは，日本の言語コミュニティにおける子どもの

言語的社会化にとって有用な道具として働いている。

　また事例7-6では，からかいの文脈で「恥ずかしい」という語を含むフレーズが用いられており，これがAの行為に対する評価として働いていた。この場合，「恥ずかしい」という語はshamefulに近い意味で用いられていた。クランシー（1986）は，子どもに他者から笑われることに対する恐れを植え付けることで，子どもの同調性を訓練するために，からかいが用いられることがあると報告している（Clancy 1986:237-238）。これに対して，本研究でのからかいは遊戯的な文脈のもとでおこなわれており，同調性の訓練という志向性は薄い，あるいは認められない。むしろ，その場の相互行為を協調的かつ楽しい雰囲気で進めていくことに動機づけられていた。

　さらにこれらの事例で養育者が「恥ずかしい」という感情語彙を含むフレーズを用いた際には，養育者はさまざまな記号論的フィールド（例：視線，表情，姿勢，先行する行為の強さやフッティング）（Goodwin, C. 2000）に目を配りながら，子どもの微細な行動や状況をモニターしていた。そして，彼女らが知覚した多様な記号論的資源を結びつけるとともに，子どもに対して共感的な態度（事例7-4，事例7-5），あるいは協調的かつ楽しい雰囲気（事例7-6）を作り上げていた。したがって，「恥ずかしい」という感情語彙を含むフレーズ，さらにはおそらく感情語彙全般は，さまざまなタイプの記号論的資源が時間的に展開され，組織化されることで形成される社会的な意味の網の目における結び目（Ingold 2013）として働いているのである。

　日本社会はしばしば，さまざまな伝統的な社会的規範が生活のすみずみまで及んでいるよく組織化された社会として描かれてきた。しかし，実際の行為はしばしばそうした社会的規範には一致しないことがままある。「恥ずかしい」という感情語彙を含むフレーズは，そうした状況で生じる実践と社会的規範の間に生じたギャップを埋めるために，私たちが洗練させてきた文化的道具だといえるだろう。

第5節　まとめ

　本章のはじめ（第2節）に立てた問題は，私たちのリアリティを構成し，それを彩る感情を分析し，より深く理解するためにはどのようにすればよいか，というものであった。これに答えるために，まず第3節では，グイ／ガナにおける乳児とその養育者との間で繰り広げられている初期音声コミュニケーション，とくにサオ・カムの実践を分析することを通じて，感情表出や感情経験が文化的に特徴的な間主観性の基盤を形づくることについて論じた。サオ・カムのような共同的音楽性に彩られた初期音声コミュニケーションは，文化的に構築されてきた活動の枠組みを用

いて，乳児を生き生きとした感情表出や感情経験をともなう交流に巻き込む。それによって乳児は，一連の行為連鎖のなかで次にどのような行為が生じるのかについての予期を発達させ，さらにそうした時間的な枠組みとの関連で自らがどのように振る舞うべきか，そしてどのように振る舞わないべきかについての感覚を磨いていく。これによって成立する乳児とその養育者の間の第一次間主観性は，乳児が文化的な慣習に参加し，後の文化的に特徴的な間主観性を発達させる基盤となる。つまり，きわめて初期にあらわれる感情表出や感情経験がその子どもの社会性を構築していくのである。

　第4節では，日本語の「恥ずかしい」という感情語彙を含むフレーズが，養育者－子ども間相互行為を組織化するためにどのような働きを担っているのかを論じた。筆者らのデータセットでは，通常の家族内のコミュニケーションのルーチンからいくぶんずれた文脈におかれた子どもがおこなった行為に対して，「恥ずかしい」という感情語彙を含むフレーズが用いられるケースが多かった。より具体的には，子どもが適切な行為をおこなうことをためらっている場合，子どもが社会的な規範に照らして不適切だとみなされうる行為をおこなった場合に，養育者はそれを許容しうる理由として「恥ずかしい」という感情語彙を含むフレーズを提示していた。これによって子どもは，先行する行為をその場の文脈に照らしてより適切なやり方で正当化，修正，あるいは繰り返す機会を与えられる。また，子どもが通常とは異なる言動をおこなってそれをからかう場合にも，しばしば「恥ずかしい」という感情語彙を含むフレーズが用いられていた。これは，その場の遊戯的な相互行為を協調的かつ楽しい雰囲気で進めていくことに貢献していた。したがって，「恥ずかしい」という感情語彙は，日常的な相互行為の実践と社会的規範の間にしばしば生じるギャップを埋め，相互行為を協調的に進めていくことを可能にする文化的な道具であり，日本の言語コミュニティにおける子どもの言語的社会化において重要な働きを担っていると考えられる。さらに，こうした「恥ずかしい」をはじめとした感情語彙を含むフレーズは，会話のなかで用いられることによって感情を社会的に構築し，その前後の相互行為を組織化している社会的な意味の網の目における結び目として働くことができる。つまり，社会的な活動が感情を構築し，相互行為を組織化していくのである。

　上で論じたような，感情表出や感情経験が社会性を構築することと，社会的な活動が感情を構築することは，相互に矛盾するものではない。むしろ両者の間には，循環的な相互作用がみられると考えられる。そして，民族誌を書くという営為のなかで両者の関連を分析的に明らかにしていくことによって，菅原（2002）が構想したような，生き物としての私たち人間が経験する，身体性に貫かれた，生活世界の

基盤としての感情論を切り開くことができるであろう。

第7章についての Q&A

Q 7-1 冒頭で，小説を用いて感情を研究していくことに関する導入がおこなわれました。しかし，小説における感情は小説家によって意図して作り上げられたもののように思えます。そうした実在しない小説のなかの登場人物の感情は，実在する人物が感じる感情と同等に扱われうるのでしょうか？

A 7-1 小説が実在する人物をモデルにしていてもいなくても，その感情は私たちが慣れ親しんでいる言語によって表現されます。そうした言語表現は，音韻，単語の意味，文法，発話の連鎖といったさまざまなレベルでの言語の構造，さらには歴史的・文化的に形づくられてきた慣習，いいかえれば文化的なコードを背景としています。著者はこうした文化的なコードを小説の執筆のための資源とすると同時にそれによって制約を受けています。小説における感情表現がリアリティをもつためには，そうした文化的なコードに照らして登場人物が無理のない振る舞いをする必要があります（小説家がしばしば，小説を執筆していると登場人物が自在に動き始めるということがありますが，それはこのことを指しているのだと考えられます）。そして，実在する人物の感情もまた，社会的な文脈のなかでそうした文化的なコードに照らして構築されていると考えられます。この点で，小説における感情表現は，実在する人物の感情表現と同じ基盤をもっており，小説家は時には実在する人物よりも純粋なかたちでこれをおこなうといえるでしょう。

Q 7-2 サオ・カムに関する議論で取り上げた会話のなかで生じた間（ま）に対して，赤ちゃんがさらなるサオ・カムの催促をおこなっていました。私たちの日常会話のなかでも，似たようなことが生じることがあるように思います。私自身，会話をしていると突然シーンとなって，誰かが話さないといけないという義務のようなものを感じることが一度や二度ではなくありました。このとき感じていた感覚も，社会性を構築しなければならないという義務感から生じたのでしょうか？

A 7-2 相互行為の人類学では，会話は構造化された発話の連鎖から成り立っていると考えます。そうした連鎖の構造は，誰がどういった内容の発話をおこなうかだけではなく，どんなタイミングでその発話をおこなうかについても制約をもたらします。会話の参与者は，通常それほど意識せずに，そうした制約にしたがって発話をおこなってい

ます。社会性はそうした制約に照らして発話を重ねていくことによって構築されます。あげてくださった例の「義務のような感覚」は，そうした制約に抵触するようなこと（すなわち，次話者が定まらずに，通常より長い間が生じた）が起こったこと（会話分析では，これを会話上の「トラブル」と呼びます），そしてそれによってもたらされた社会性を構築するうえでの問題を解消するための適切な反応だと考えられます。

Q 7-3　感情に対する相互行為論的なパースペクティブでは，ある感情が経験されているときの生物学的な過程（例：ホルモン・レベル，脳内の特定の部位の活性化）についてどのように考えるのでしょうか？

A 7-3　相互行為論的なパースペクティブは，ある感情を基礎づけている生物学的な過程を否定するわけではありません。ただし，そうした生物学的な過程は感情が社会的に構築される際に用いられうる資源の一部を構成するにすぎないと考えます。したがって，それによって感情が規定されるとは考えません。相互行為の過程によっては，生物学的に同じ過程を経験していても異なる感情が経験あるいは表出されることはありえますし，生物学的に異なる過程を経験していても同じ感情が経験あるいは表出されることもありうると考えられます。

Q 7-4　相互行為の人類学では，一対一の関係だけではなく，多人数間でのやりとりも研究対象になると思うのですが，そのときは一対一の関係と比べて非常に複雑な関係になると思います。そのような複雑な関係においても，一対一の関係と同程度に正しい推論を立てることは可能なのでしょうか？

A 7-4　多人数間でのやりとりを分析する場合も，原則的には一対一の関係を分析する場合とやることは同じです。いずれの場合も，相互行為のなかでみられる経験的な資料にもとづいて正しい推論をおこなうことができると考えます。参与枠組みに関する諸概念（第2章参照）は，多人数間でしばしば生じる複雑な関係を分析的にとらえていくためにとくに有用です。また一対一の関係でも，発話のフッティングを操作することによって非常に複雑な関係が生じること（第6章第4節参照）には注意が必要でしょう。

Q 7-5　相互行為論的アプローチでは，目に見えることを通して研究をしていくように思いました。このアプローチによって，自分でもよくわからないような感情を明らかにすることはできるのでしょうか？　私は受験期に，きっかけはまったく思い当たらな

いのですが，突然切なくなることがありました。相互行為論的アプローチでこういった感情が分析できるのか，できるとすればどのようにそれをおこなうのか気になります。

A 7-5　おっしゃるように，相互行為論的アプローチでは，相互行為のなかで顕在化したさまざまな記号論的資源に注目して感情等の分析をおこないます。これは，発話者，受話者，聞き手といった相互行為の参与者もまた，そうした記号論的資源に基づいて相互行為を組織化していると考えるからです。こうした観点に立てば，「自分でもよくわからないような感情」を含むすべての感情は，相互行為の過程で社会的な意味を付与される社会的構築物です。これは裏を返せば，ある感情を経験した当人が，その感情についてもっともよく理解しているとは限らないことを意味します。相互行為論的アプローチでは，そうした感情が社会的に構築される過程を基礎づけている仕組みやパターンを経験的な手法で明らかにすることを目指します。

参考図書

土居健郎（1971）『「甘え」の構造』東京：弘文堂.
  ＊「甘え」とそれに関連する語彙に注目して日本文化についての鋭い考察を提示した名著。

菅原和孝（2002）『感情の猿＝人（enjin）』東京：弘文堂.
  ＊自然と共に生きるグイ／ガナの感情経験に寄り添う姿勢を貫きながら，著者独自の感情論を展開している。

Бахтин, М. М.（1963）*Проблемы поэтики Достоевского*. 2-е изд., перераб. и доп. Москва: Сов. Писатель.［ミハイル・バフチン（著）『ドストエフスキーの詩学』東京：筑摩書房（ちくま学芸文庫），望月哲男・鈴木淳一（訳），1995年］
  ＊ドストエフスキーの小説に認められる多声性を鋭利に分析することを通じて，言語芸術の可能性について論じた研究書。

第8章　結論にかえて

　現代ほど多くの人々が「心」と「文化」について考える時代は，これまでなかったのではないかと思う。巷には，これらに関するさまざまな情報があふれている。多くの情報がありすぎて，その見取り図を描くことすら容易ではない。だが私たちは，少なくとも一つの「心」と「文化」を経験しているという点で，みなその実践者であり，専門家である。これらについての理解を深めるために本書がとったアプローチは，さまざまな社会的状況における私たちの相互行為の経験に立ち返り，そこに分析的な目を向けることであった。こうしたパースペクティブから本書では，社会的認知，他者理解，発達と社会化，言語とコミュニケーション，感情という，人文・社会科学では広く関心を集めてきた研究領域をとらえ直すことを試みた。最終章となる本章では，これまでの章での論点を整理し，そこから導かれる「文化」と「心」の特徴について論じる。さらに，相互行為の人類学の魅力とこれからとりくんでいくべき課題について述べる。

第1節　各章のまとめ

　まず，第2～7章の要点を振り返ろう。第2章では，相互行為の人類学を特徴づけている理論的な背景を紹介した。相互行為の人類学やその隣接分野では，行為はその文脈に埋め込まれ，その場に状況づけられて生じるいっぽうで，ある行為はその場を変化させ，それに続く行為のための文脈を構成する，と考える。それぞれの行為の意味は，相互行為のなかで提案，交渉，構成される。そして，こうした意味のやりとりこそが，私たちの社会的リアリティを形づくり，言語的なコミュニケーションの基盤を構成し，さらには「心」と「文化」の接点となっている。すなわち，相互行為の人類学やその隣接分野にとって「心」と「文化」は，いずれも意味のやりとりを通じて相互規定的に構築される，コミュニケーションの産物である。

　こうした観点から第3章では，心理学と人類学の協働がかなりの成果をあげてきた社会的認知という研究分野について，相互行為の人類学がどのように貢献できる

かを論じた。相互行為の人類学が目指す，社会を全体としてとらえること，そしてその社会をその成員の視点から理解することを可能にするためには，フィールドに埋没し，そこに住む人々に魅了されて過ごすなかで，在来の知識を学んでいくことが求められる。相互行為論的なアプローチは，在来知が用いられる際に相互行為が時間的・空間的にどのように組織化されているのかを明らかにすることで，そうした知識を相互行為の動きのなかで分析し，理解することを可能にする。このアプローチは，社会的認知に関わるさまざまな分析概念の見直しを迫る。

　第4章では，他者との行為のやりとりをおこなうなかで達成される出来事としての相互理解の特徴や仕組みについて論じた。まず，グイ／ガナの道案内に関する会話に注目し，カラハリ砂漠の原野における移動に関して，それぞれスタンスが異なる参与者が日常会話のルールに従いながら相互理解を深めていく過程を分析した。さらに，その過程にはしばしばその集団の文化的な特徴があらわれることを示した。続けて，飼育下のチンパンジーとその飼育員の間の相互行為を分析することを通じて，人とチンパンジーが，部分的にオーバーラップしている記号論的資源を用いて，相互にリズムを合わせながら相互理解を達成する過程を明らかにした。さらに，人とチンパンジーはそうした相互行為を積み重ねることで，種の違いを超えた共通の文脈を確立することが可能であると論じた。こうした分析や考察を進めていくことは，「自然」と「社会」のさまざまな次元に広がる深い結びつきを解きほぐすことにつながると考えられる。

　第5章では，個人と文化過程とが互いに構成し合う仕組みについての理解を深めるために，子どもの発達と社会化に注目した。まずグイ／ガナの事例に注目し，乳児はその誕生直後から歴史的に構築されてきた文化的基盤に立脚して養育者と行動を相互に調整していくことを論じた。グイ／ガナの事例が示すように，養育者－乳児間相互行為はその最初期から文化的実践であり，これまで相互行為を通じて伝えられる「内容」と考えられてきた文化は，相互行為の「型」を含むものとしてとらえ直すべきである。こうした視座に立てば，言語的社会化は誕生以前から始まっている。日本における妊娠時の相互行為は，それぞれの参与者が「お腹の赤ちゃん」を含む文化的文脈に照らして適切な行為をおこなうようにうながすことで，家族関係を再編する場となっている。さらに，こうした妊娠期の相互行為と類似する構造は，その子が生まれてからの母子間相互行為にも認められる。

　第6章では，相互行為の人類学における言語とコミュニケーションについての分析の視座をよく反映した研究として，米国における依存性ジレンマおよび日本における「思いやり」の実践についての研究を紹介した。こうした研究は，子どもの言語的な表現手段が限られるなかで，養育者と子どもがマルチモーダルな資源を効果

的に用いて，相互行為をスムーズにおこなうための方略を生み出していることを示す。こうした方略は，おそらく大部分は文化を通じてみられる要素からなるが，その要素の組み合わさり方はしばしば文化によって異なる。さらに，こうした方略によって提供される文脈に応じて，相互行為の参与者は文化的に特徴的な行為を産出している。また文化的実践においては，時にその社会の価値観とは矛盾する逆説的な事態，そうした価値観が再生産されたり，創造されたりする状況が生み出される。相互行為の人類学は，そうした状況を精査することによって，文化的なステレオタイプを打破し，乗り越えることを目指す。

　第7章では，私たちのリアリティを構成し，それを彩る感情を分析し，より深く理解するためにはどのようにすればよいか，について論じた。まず，グイ／ガナにおける乳児とその養育者との間で繰り広げられている初期音声コミュニケーション，とくにサオ・カムの実践を分析した。サオ・カムのような初期音声コミュニケーションによって成立する第一次間主観性は，乳児が文化的な慣習に参加し，後の文化的に特徴的な間主観性を発達させる基盤となる。つまり，きわめて初期にあらわれる感情表出や感情経験がその子の社会性を構築していくのである。続いて，日本語の「恥ずかしい」という感情語彙を含むフレーズが，養育者－子ども間相互行為を組織化するためにどのような働きを担っているのかを分析した。こうした感情語彙を含むフレーズは，会話のなかで用いられることによって感情を社会的に構築し，その前後の相互行為を組織化している社会的な意味の網の目における結び目として働くことができる。すなわち，社会的な活動が感情を構築し，相互行為を組織化していく。そしてここで論じたような，感情表出や感情経験が社会性を構築することと社会的な活動が感情を構築することの間には，循環的な相互作用がみられる。

第2節　心的カテゴリーの脱構築

　こうした研究は，おもに心理学が伝統的な研究領域として設定してきた心的なカテゴリー（「知」「情」「意」に代表される）が，日常的な相互行為においては文化的に状況づけられたものとしてあらわれることを示している。たとえば，ボディにおける民俗分類やグイ／ガナにおける道探索実践では，歴史的，文化的に形成されてきたさまざまな記号論的資源が環境のなかに偏在しており，そうした記号論的資源を活用することが，文化的に特有な心の働きとされる行為（例：牛の毛色の色彩・模様に関する精緻な分類，膨大な樹木をランドマークとして利用すること）をもたらしていた。

　またグイ／ガナの道案内に関する会話やチンパンジーと飼育員とのやりとりの分

析は，そうした特徴的な行為は，あらかじめ定まった見取り図に従って発現するのではなく，コミュニケーションの過程で引き出され，構築されていくことを示唆する。さらに，そうしたコミュニケーションは，それに参加するメンバーの間の文化的背景や生物学的な基盤が大きく異なっても，そのメンバーたちが相互理解を目指すことによって達成することができる。いいかえれば，相互理解を目指した文化的実践こそが文化的に特有な心の働きを作っていく。

　グイ／ガナにおける養育行動の分析や日本における妊婦を含む会話の分析が明らかにしたように，子どもは文化的実践に巻き込まれるなかで，社会的に適切に振る舞えるようになっていく。そしてそうした文化的実践は，ある意味ではその子の誕生以前から始まっている。サモア，ペルーのマシゲンカ，米国ロサンゼルス（LA）の中産階級における子どもの振る舞いの違いや，日本における「思いやり」に関わる行為の実践についての研究が如実にあらわしているように，子どもの行為は文化的な状況によって大きく異なるかたちで組織化されている。もっともこれは，文化が子どもの行為を規定するということではない。むしろ，子どもを含む私たちが主体性を発揮するためには，参照すべき文化的な枠組みが必要であることを示している。

　感情もまた，そうした文化的な枠組みを構成する重要なアイテムである。グイ／ガナにおけるサオ・カム実践の分析や日本語における「恥ずかしい」という感情語彙を含むフレーズが利用される場面の分析は，私たちの感情経験や感情表出は，心の生物学的な基盤を提供するというよりは，個人と社会をつなぐ結び目として働いていることを示している。

第3節　文化的実践，慣習，社会制度

　さらに私たちがみてきた研究は，日常的な相互行為においては，文化的実践，慣習，社会制度が統合的に組織化されていることを示している。これまでの文化を扱った研究では，これらはしばしば相対的に「ミクロ」から「マクロ」な領域へと分類される，異なったレベルの実体であるかのように扱われてきた。だが，相互行為の分析は，これらをつなぐ主体的な行為の働きを明らかにすることができる。

　福井によるボディの民族誌（1991, 2000）は，牛をはじめとする家畜の毛色の色彩・模様についての認識が，彼ら・彼女らの日常の些細な振る舞いからその世界観までを有機的につなげ，その社会を統合的に構造化していることを鮮やかに示している。またグイ／ガナにおける道探索実践は，人々がカラハリ砂漠における地表の状態，植生，地形といったさまざまなスケールの特徴にその鋭敏な感覚を張り巡ら

せ，自然と文化を融合することによって可能になる。そしてそうした特徴的な認識は，その文化的集団のメンバーの間での相互行為だけではなく，そのメンバーと文化的集団の境界を越えて移動する人々との相互行為によっても活性化される。

　また社会的状況においては，しばしばそれに参与するスタンスがさまざまに異なる参与者たち（例：道に迷った者と道案内をする者，チンパンジーと飼育員）が，相互理解を目指して相互行為をおこなう。それらの行為は相互に関連し合い，特徴的な行為の連鎖を構成する。そしてそれが積み重なることによって，慣習化され，構造化されたさまざまな記号論的資源のパターンを共有するコミュニティができていく。この点で，変化しないコミュニティはないし，どこにでもコミュニティは生まれうる。あるコミュニティに生まれた子ども（時には生まれる前の子ども）やそこを訪れた新参者は，そこで繰り広げられている相互行為（例：グイ／ガナのジムナスティック）に巻き込まれ，他のメンバーと協調的に振る舞うなかで，徐々にそうしたパターンに親しんでいく。すべてのコミュニティは，そうしたダイナミクスによって構成，維持，変容し続けているのである。

　そうした過程では，ローカルな相互行為上の課題を解決しようとすることが，長い間にわたっておこなわれてきた文化的慣習を結果的に再現すること（例：日本における「思いやり」にまつわる行為の実践）もあれば，それを変化させることもある。私たちはそうした文化的慣習の実践者であるとともに批評家でもある。そして，実践と批評の間にはしばしばズレが生じる（例：米国における依存性ジレンマ）。そんなとき，私たちは文化的実践とその背景で働く知識の再編を求められる。多くの社会変容は，子どもや新参者が社会的な規範に背くよりもむしろ，そうしたズレに直面した彼ら・彼女らが社会的に適切に振る舞おうとする，あるいは彼ら・彼女らを社会的に適切に振る舞わせようとするなかで，推進されていくのであろう。

　感情の経験と表出には，そうした再帰性がとりわけよく認められる。それは，文化的実践を機能させる原動力でもある。日常的な相互行為ではしばしば，複数の文化的な文脈が同時に進行したり，相反する論理によって矛盾がもたらされたりする。感情はそうした文脈のズレや論理的な矛盾をしばしば淡く包み込み，私たちの相互理解を推し進める働きを担っている（例：日本における「恥ずかしい」という感情語彙を含むフレーズの利用）。もちろんそれは諸刃の剣であり，特定の感情表出がそうしたズレや矛盾を際立たせ，深刻な社会的コンフリクトを招くこともある。しかしながら，私たちはみな，シンボルの使用に熟達するはるか前から，感情表出や感情経験を通じて相互理解を達成してきた（例：グイ／ガナにおけるサオ・カム実践）ことは強調してよいだろう。

第4節　フィールドワークの魅惑

　日常的な相互行為は，それを実践する人々にとってきわめてあたりまえのリアリティを構成している。それだけに，それを反省的にみつめ直すことは難しい。とくに，現代社会においてそうしたリアリティを生み出す強力な装置として働いている「文化」と「心」は，容易には相対化しにくい。これらに分析的な眼差しを向け，両者の関係をとらえ直すためには，理論的にも，実践的にもフィールドワークに没入する経験が大切である。この点で示唆的なのが，高橋（1999）による「体験選択」に関する議論である。

　高橋（1999）によれば，彼のいう体験選択とは，「魅了される」「心奪われる」といった言語表現によって示されるような一種の感情経験のことを指す。それは，対象に強く惹きつけられ，その結果こちらの心が麻痺したかのようにその対象で充満してしまう，といった類の経験である。具体的な例としては，強い恋愛感情や宗教的な回心がもたらす体験があげられる。高橋（1999）は，体験選択は，理性や知性と並ぶ世界の差異化に関わる個体の性能であり，ときには人を自己利益への関心を超えた地点へと連れ出すという（高橋 1999:36-40,47）。体験選択という言葉を使っていないものを含めれば，こうした経験についての記述をみつけ出すことは，じつはそれほど難しいことではない。それはしばしば青年期に訪れる。もっとも，特定の年代と結びついているというよりは，機が熟したときに突然にやってきて，やむにやまれずそれにとらわれてしまうという方が正確だろう。たとえば，以下は村上春樹によるエッセイ集，『遠い太鼓』の冒頭部分からの抜粋である。

「ある朝目が覚めて，ふと耳を澄ませると，何処か遠くから太鼓の音が聞こえてきた。ずっと遠くの場所から，ずっと遠くの時間から，その太鼓の音はひびいてきた。とても微かに。そしてその音を聞いているうちに，僕はどうしても長い旅に出たくなったのだ。」（村上 1993:19）
「日本にいると，日常にかまけているうちにそしてそうしているうちに何かが失われてしまいそうに思えた。僕は，言うなれば，本当にありありとした，手応えのある生の時間を自分の手の中に欲しかったし，それは日本にいては果たしえないことであるように感じたのだ。」（村上 1993:17）

　当時の村上春樹氏は，新人作家としては脚光を浴びはじめてはいたものの，世間的にはほぼ無名の40歳手前の青年だった。そして，上記の思いを契機として3年間

にわたるイタリアやギリシャでの旅に赴いた。その最中に一心に書き上げた『ノルウェイの森』によって彼の社会的立場は劇的に変化することになる。しかしながら，この本に収められた文章を書いているときの彼には，それは直接には関わりのないことだ。上で引用した文章は，偉大な作家の卵であることを感じさせるというよりは，たくさんのまだ何者でもない青年の心情に響くのではなかろうか？

　もう一度，高橋（1999）による体験選択の特徴づけを参照しよう。それは理性や知性の統制の及ばない地点で生じる不適合の感情に端を発しており，ふだん自分を閉じ込めていてかつ自分もそこに安住したいと願っている枠が，たまたま出会った事物の魅力によって開かれてしまうという経験である。そして，その動機づけは個体の合理的な意思決定では，あるいは社会の個体に対する拘束に着目するだけでは説明できないものであり，通常の意味での選択以前に，非意図的に成立してしまう対象との特別なつながりをもたらす。体験選択の世界への旅を敢行した者は，もといた世界に帰還できるかもしれないし，同じところには戻って来られないかもしれない（Schachtel 1959:53-54; 高橋 1999:36-40,47,68）。

　著者にとって，また著者の知る多くのフィールドワーカーにとって，体験選択の場はアフリカの大地だった。その思いは，我が国のアフリカ研究のパイオニアである伊谷純一郎氏が，半世紀以上も前に記した以下の言葉によくあらわれている。

「だがね，アフリカの毒が一度体の中に入ったら，もうけっしてアフリカを忘れることはできないんだ。あなたがたは，きっとまたアフリカに舞い戻ってくるよ。」（伊谷 1961:77）

　この記述は，いつしか「アフリカの毒」というフレーズとともに，多くのアフリカニストたちに繰り返し参照されるようになった。ただし，体験選択をおこなうために私たちは必ずしも苦難を経て，遠い大地に出かけていく必要はない。以下は，優れた若手フィールドワーカーである田村うらら氏（現在は金沢大学准教授）が，その卒業論文のテーマを導いた光景について記した文章である。

「そのとき，一つの鮮烈な記憶が甦った。いつか早朝，自転車で大学へ向かう折であった。朝もやのなかに，手ぬぐいをかぶり紺地の着物を身にまとい，全長三メートルを超すほどの大八車を曳きゆく人の姿を目にしたことがあった。……こうして私は，『京都の伝統野菜を受け継ぐ営み』を当面のテーマとし，フィールド調査を始めるに至った。」（田村 2006:169-170）

その後，田村うらら氏は「振売(ふりう)り」という，京都に息づく野菜行商の世界に没入していった。彼女が記した以下の文章は，フィールドワークに魅惑される私たちの心情を美しいほど簡潔に伝えている。そうだ。フィールドワークは，自らの身体を触媒にして私の，そしてあなたの認識を変える営みである。そしてそれは，世界に真摯に関わろうとする誰もが経験しうる，体験選択と深く結びついているのである。

「かれらの『あたりまえな世界』に生きようとすることをとおして，私の『あたりまえな世界』が揺さぶられる。あるいは他者への先入観が覆される。こうした経験は，自転車でわずか五分のフィールドでも可能である。」（田村 2006:191）

第5節　おわりに

　冒頭で述べたように，本書は相互行為の人類学の入門書である。相互行為の人類学における分析の記述は，しばしば微に入り細にわたる。これをなるたけスムーズに読み進めていただくため，執筆にあたっては，文章のリズム感を大事にした。このため，専門家に向けた論証の部分は大幅に削らざるをえなかった。それでも，伝えたいメッセージはできる限り，削らないようにした。平易な言葉でメッセージを綴ることは，学問についての理解を促進こそすれ，妨げることはない。これによって本書はむしろ，専門家向けの論文よりも，相互行為の人類学の魅力を先鋭的に表現しているといえるかもしれない。もっとも，これが成功しているかどうかの判断は，読者にお任せすべきことであろう。本書を通じて相互行為の人類学に関心をもつ人が少しでも増えてくれれば，著者としては望外の喜びである。

参考図書
星野道夫（1999）『旅をする木』東京：文藝春秋（文春文庫）．
　＊アラスカで夭逝した著者が，自然の一部として生きた濃密な時間についての記録。

高橋由典（2007）『行為論的思考：体験選択と社会学』京都：ミネルヴァ書房．
　＊体験選択という概念の有効性を社会学における行為論の研究史に位置づけて論じる。

引用文献

Adamson, L. B.（1995）*Communication development during infancy.* Madison, WI : Brown & Benchmark.［ローレン B. アダムソン（著）『乳児のコミュニケーション発達：ことばが獲得されるまで』東京：川島書店，大藪　泰・田中みどり（訳），1999年］

Agliati, A., Vescovo, A., & Anolli, L.（2005）Conversation patterns in Icelandic and Italian people : Similarities and differences in rhythm and accommodation. In L. Anolli, S. Duncan Jr., M. S. Magnusson, & G. Riva（Eds.）, *The hidden structure of interaction : From neurons to culture patterns*（pp.223-235）. Amsterdam : IOS Press.

Aoki, H.（1986）Evidentials in Japanese. In W. Chafe & J. Nichols（Eds.）, *Evidentiality : The linguistic coding of epistemology*（pp.223-238）. Norwood, NJ : Ablex Publishing.

Arnold, M. B.（1960a）*Emotion and personality, Volume 1. Psychological aspects.* New York : Columbia University Press.

Arnold, M. B.（1960b）*Emotion and personality, Volume 2. Neurological and psychological aspects.* New York : Columbia University Press.

有賀喜左衞門（1950）「日本社会構造における階層制の問題」（特集　ルース・ベネディクト『菊と刀』の与えるもの）『民族学研究』**14**(4)，275-284.

麻生　武（1992）『身ぶりからことばへ：赤ちゃんにみる私たちの起源』東京：新曜社．

Austin, J. L.（1975）*How to do things with words*（2nd ed.）. Oxford : Oxford University Press.［J. L. オースティン（著）『言語と行為』東京：大修館書店，坂本百大（訳），1978年］

Averill, J. R.（1980）A constructivist view of emotion. In R. Plutchik & H. Kellerman（Eds.）, *Emotion : Theory, research and experience*（pp.305-339）. New York : Academic Press.

Bakhtin M. M.〔Бахтин, М. М.〕（1963）Проблемы поэтики Достоевского. 2-е изд., перераб. и доп. Москва : Сов. Писатель.［ミハイル・バフチン（著）『ドストエフスキーの詩学』東京：筑摩書房（ちくま学芸文庫，望月哲男・鈴木淳一（訳），1995年］

Bard, K. A., Dunbar, S., Maguire-Herring, V., Veira, Y., Hayes, K. G., & McDonald, K.（2014）Gestures and social-emotional communicative development in chimpanzee infants. *American Journal of Primatology*, **76**(1), 14-29.

Barnard, A.（1992）*Hunters and herders of Southern Africa : A comparative ethnography of the Khoisan peoples.* Cambridge, UK : Cambridge University Press.

Barr, R. G., Konner, M., Bakeman, R., & Adamson, L.（1991）Crying in !Kung San infants : A test of the cultural specificity hypothesis. *Developmental Medicine and Child Neurology*, **33**, 601-610.

Benedict, R.（1934）*Patterns of culture.* Boston, MA : Houghton Mifflin.［R. ベネディクト（著）『文化の型』東京：社会思想社，米山俊直（訳），1973年］

Benedict, R.（1946）*The chrysanthemum and the sword : Patterns of Japanese culture.* Boston, MA : Houghton Mifflin.［ルース・ベネディクト（著）『菊と刀：日本文化の型』東京：社会思想社，長谷川松治（訳），1967年］

Benedict, R.（1970［1934］）*Patterns of culture*（Kindle version）. Retrieved from Amazon.com.［R. ベネディクト（著）『文化の型』東京：社会思想社，米山俊直（訳），1973年］

Berlin, B., & Kay, P.（1969）*Basic color terms : Their universality and evolution.* Berkeley, CA : University of California Press.［ブレント・バーリン，ポール・ケイ（著）『基本の色彩語：普遍性と進化について』東京：法政大学出版局，日高杏子（訳），2016年］

Besnier, N.（1993）Reported speech and affect on Nukulaelae atoll. In J. Hill & J. T. Irvine（Eds.）, *Responsibility and evidence in oral discourse*（pp.161-181）. Cambridge, UK : Cambridge University Press.

Besnier, N. (2013) Language on the edge of the global: Communicative competence, agency, and the complexity of the local. *Language & Communication*, 33, 463-471.

Bird-David, N. (2005) Studying children in "hunter-gatherer" societies: Reflections from a Nayaka perspective. In B. S. Hewlett & M. E. Lamb (Eds.), *Hunter-gatherer childhoods: Evolutionary, developmental, and cultural perspectives* (pp.92-101). New Brunswick, NJ: Transaction Publishers.

Bloch, M. (2005) *Essays on cultural transmission.* Oxford, UK: Berg.

Bly, L. (1994) *Motor skills acquisition in the first year: An illustrated guide to normal development.* Tucson, AZ: Therapy Skill Builders.

Bourdieu, P. (1977[1972]) *Outline of a theory of practice.* R. Nice, transl. New York: Cambridge University Press.

Bril, B., Zack, M., & Nkounkou-Hombessa, E. (1989) Ethnotheories of development and education: A view from different cultures. *European Journal of Psychology of Education*, 4, 307-318.

Brooks, P., Tomasello, M., Lewis, L., & Dodson, K. (1999) Children's overgeneralization of fixed transitivity verbs: The entrenchment hypothesis. *Child Development*, 70, 1325-1337.

Brown, P., & Levinson, S. C. (1987) *Politeness: Some universals in language usage.* Cambridge, UK: Cambridge University Press.［ペネロピ・ブラウン，スティーヴン・C・レヴィンソン（著）『ポライトネス：言語使用における，ある普遍現象』東京：研究社，斉藤早智子ほか（訳），2011年］

Bruner, J. (1983) *Child's talk: Learning to use language.* Oxford, UK: Oxford University Press.［J. S. ブルーナー（著）『乳幼児の話しことば』東京：新曜社，寺田 晃・本郷一夫（訳），1988年］

Bruner, J. (1990) *Acts of meaning.* Cambridge, MA: Harvard University Press.［J・ブルーナー（著）『意味の復権：フォークサイコロジーに向けて』京都：ミネルヴァ書房，岡本夏木・仲渡一美・吉村啓子（訳），1999年］

Burdelski, M. J. (2006) Language socialization of two-year old children in Kansai, Japan: The family and beyond. *Ph. D. thesis, University of California, Los Angeles.*

Butterworth, G., & Jarrett, N. L. M. (1991) What minds have in common is space: Spatial mechanism serving joint visual attention in infancy. *British Journal of Developmental Psychology*, 9, 55-72.

Carpenter, M., Nagell, K., & Tomasello, M. (1998) Social cognition, joint attention, and communicative competence from 9 to 15 months of age. *Monographs of the Society for Research in Child Development*: Vol.255.

Cartmill, E. A., Beilock, S., & Goldin-Meadow, S. (2012) A word in the hand: Action, gesture, and mental representation in human evolution. *Philosophical Transactions of the Royal Society, Series B.* 367, 129-143.

Cartmill, E. A., & Byrne, R. W. (2010) Semantics of primate gesture: Determining intentional meanings. *Animal Cognition*, 13, 793-804.

Chappell, P. F., & Sander, L. W. (1979) Mutual regulation of the neonatal-maternal interactive process: Context for the origins of communication. In M. Bullowa (Ed.), *Before speech* (pp.89-109). Cambridge, UK: Cambridge University Press.

Clancy, P. (1985) The acquisition of Japanese. In D. I. Slobin (Ed.), *The crosslinguistic study of language acquisition: The data, Vol.1.* (pp.373-524). Hillsdale, NJ: Lawrence Erlbaum.

Clancy, P. (1986) The acquisition of communicative style in Japanese. In B. B. Schieffelin & E. Ochs (Eds.), *Language socialization across cultures* (pp.213-250). Cambridge, UK: Cambridge University Press.

Clifford, J. (1986) On ethnographic allegory. In J. Clifford & G. E. Marcus (Eds.), *Writing culture: The poetics and politics of ethnography* (pp.98-121). Berkeley, CA: University of California Press.［ジェイムズ・クリフォード（著）「民族誌におけるアレゴリーについて」ジェイムズ・クリフォード，ジョージ・マーカス（編），『文化を書く』(pp.183-226). 東京：紀伊國屋書店，春日直樹ほか（訳），1996年］

Clifford, J. (1988) *The predicament of culture : Twentieth-century ethnography, literature, and art.* Cambridge, MA : Harvard University Press.［ジェイムズ・クリフォード（著）『文化の窮状：二十世紀の民族誌，文学，芸術』京都：人文書院．太田好信・慶田勝彦・清水 展・浜本 満・古谷嘉章・星埜守之（訳），2003年］

Clifford, J., & Marcus, G. E. (Eds.) (1986) *Writing culture : The poetics and politics of ethnography.* Berkeley, CA : University of California Press.［ジェイムズ・クリフォード，ジョージ・マーカス（編）『文化を書く』東京：紀伊國屋書店，春日直樹ほか（訳），1996年］

Cole, M. (1996) *Cultural psychology : A once and future discipline.* Cambridge, MA : Belknap Press of Harvard University Press.［マイケル・コール（著）『文化心理学：発達・認知・活動への文化‐歴史的アプローチ』東京：新曜社，天野 清（訳），2002年］

Cole, M., & Cole, S. R. (1993) *The development of children* (2nd ed.). New York : Scientific American Books : Distributed by W. H. Freeman.

Cornelius, R. R. (1996) *The science of emotion : Research and tradition in the psychology of emotions.* Upper Saddle River, NJ : Prentice Hall.［ランドルフ・R・コーネリアス（著）『感情の科学：心理学は感情をどこまで理解できたか』東京：誠信書房，齊藤 勇（監訳），1999年］

Darwin, C. (1983［1872］) *The expression of emotions in man and animals.* London ; Dover, N. H. : F. Pinter.［ダーウィン（著）『人及び動物の表情について』東京：岩波書店（岩波文庫），浜中浜太郎（訳），1991年］

de León, L. (2010) 'The j'ik'al is coming!' Triadic directives and emotion in the socialization of Zinacantec Mayan children. In P. Nondédéo & B. Alain (Eds.), *Proceedings of the 13th European Maya conference.* Markt Schwaben : Verlag Anton Saurwein.

DeCasper, A. J., & Fifer, W. P. (1980) Of human bonding : Newborns prefer their mother's voices. *Science,* **208,** 1174-1176.

Defoe, D. (1878［1719］) *The life and adventures of Robinson Crusoe, now first correctly reprinted from the original edition of 1719.* London : F. Warne.［デフォー（著）『ロビンソン・クルーソー』（上・下）東京：岩波書店（岩波文庫），平井正穂（訳），2012年］

Descartes, R. (1995［1637］) *A discourse on method : Meditations on the first philosophy principles of philosophy.* London : Everyman.［デカルト（著）『方法序説』東京：岩波書店（岩波文庫），谷川多佳子（訳），1997年］

Dieckmann, U. (2007) *Hai||om in the Etosha region : A history of colonial settlement, ethnicity and nature conservation.* Basel : BaslerAfrika Bibliographien.

Diener, I. (2001) Ethnicity and nation-building : Towards unity respectful of heterogeneity? In I. Diener & O. Graefe (Eds.), *Contemporary Namibia : The first landmarks of a post-apartheid society* (pp.231-257). Windhoek : Gamsberg Macmillan Publishers.

土居健郎（1971）『「甘え」の構造』東京：弘文堂．

Doi, T. (1974). Some psychological themes in Japanese human relationships. In J. C. Condon & M. Saito (Eds.), *Intercultural encounters with Japan : Communication-contact and conflict* (pp.17-26). Tokyo : Simul Press.

Dostoyevsky, F. M.［Достоевский, Ф. М.］(1868) *Идиот : Роман в 4 ч. Федора Достоевского.* Т. 1-2. Санкт-Петербург : тип. К. Замысловского［ドストエフスキー（著）『白痴』（上・下）東京：新潮社（新潮文庫），木村 浩（訳），1970年］

Draper, P. (1976) Social and economic constraints on child life among the !Kung. In R. B. Lee & I. DeVore (Eds.), *Kalahari hunter-gatherers : Studies of the !Kung San and their neighbors* (pp.199-217). Cambridge, MA : Harvard University Press.

Ducrot, O. (1984) *Le dire et le det.* Paris : Menuit.

Duranti, A. (1997) *Linguistic anthropology.* Cambridge, UK : Cambridge University Press.

Duranti, A., & Goodwin, C. (Eds.) (1992) *Rethinking context : Language as an interactive phenomenon.*

Cambridge, UK: Cambridge University Press.

Duranti, A., Ochs, E., & Schieffelin, B. B. (Eds.) (2012) *The handbook of language socialization*. Oxford, UK: Blackwell.

Earhart, H. B. (2004) *Japanese religion: Unity and diversity* (4th ed.). Belmont, CA: Wadsworth/Thomson Learning.

Ekman, P. (Ed.) (1973) *Darwin and facial expression: A century of research in review*. New York: Academic Press.

Ekman, P. (1984) Expression and the nature of emotion. In K. R. Scherer & P. Ekman (Eds.), *Approaches to emotion* (pp.319-343). Hillsdale, NJ: L. Erlbaum.

Ekman, P. (1992a) An argument for basic emotions. *Cognition and Emotion*, 6(3/4), 169-200.

Ekman, P. (1992b) Are there basic emotions? *Psychological Review*, 99(3), 550-553.

Ekman, P., Friesen, W. V., & Ellsworth, P. (1972) *Emotion in the human face: Guidelines for research and an integration of findings*. New York: Pergamon Press.

Emde, R. N., Biringen, Z., Clyman, R. B., & Oppenheim, D. (1991) The moral self of infancy: Affective core and procedural knowledge. *Developmental Review*, 11, 251-270.

Emde, R. N., & Robinson, J. (1979) The first two months: Recent research in developmental psychobiology and the changing view of the newborn. In J. Noshpitz (Ed.), *Basic handbook of child psychiatry* (pp.72-105). New York: Basic Books.

遠藤利彦 (2000)「思いやりの「ある・なし」とはどういうことか:気持ちと言動の不一致」『児童心理』54(8), 23-28.

Enfield, N. J. (2013) *Relationship thinking: Agency, enchrony, and human sociality*. New York: Oxford University Press.[N. J. エンフィールド(著)『やりとりの言語学:関係性思考がつなぐ記号・認知・文化』東京:大修館書店, 井出祥子(監修);横森大輔・梶丸 岳・木本幸憲・遠藤智子(訳), 2015年]

Ervin-Tripp, S. (1976) 'Is Sybil there?' The structure of some American English directives. *Language in Society*, 5, 25-67.

Evans-Pritchard, E. E. (1951) *Kinship and marriage among the Nuer*. Oxford, UK: Clarendon Press.[エヴァンズ=プリチャード(著)『ヌアー族の親族と結婚』東京:岩波書店, 長島信弘・向井元子(訳), 1985年]

Falsgraf, C., & Majors, D. (1995) Implicit culture in Japanese immersion discourse. *Journal of the Association of Teachers of Japanese*, 29(2), 1-21.

Ferguson, C. A. (1964) Baby talk in six languages. *American Anthropologist*, 66(6) Part 2, Special publication: The ethnography of communication, 103-114.

Fernald, A., & Kuhl, P. K. (1987) Acoustic determinants of infant preference for motherese speech. *Infant Behavior and Development*, 10, 279-293.

Fernald, A., & Simon, T. (1984) Expanded intonation contours in mothers' speech to newborns. *Developmental Psychology*, 20, 104-113.

Fernald, A., Taeschner, T., Dunn, J., Papousek, M., Boysson-Bardies, B., & Fukui, I. (1989) A cross-language study of prosodic modifications in mothers' and fathers' speech to preverbal infants. *Journal of Child Language*, 16, 477-501.

Fiske, S. T., & Taylor, S. E. (2010) *Social cognition: From brains to culture*. Thousand Oaks, CA: Sage Publications.[S. T. フィスク, S. E. テイラー(著)『社会的認知研究:脳から文化まで』京都:北大路書房, 宮本聡介・唐沢 穣・小林知博・原奈津子(訳), 2013年]

Fogel, A., Garvey, A., Hui-Chin, H., & West-Stroming, D. (2006) *Change processes in relationships: A relational-historical research approach*. New York: Cambridge University Press.

Fraser, N. (1997) *Justice interruptus: Critical reflections on the "postsocialist" condition*. New York: Routledge.[ナンシー・フレイザー(著)『中断された正義:「ポスト社会主義的」条件をめぐる批判的

省察』東京：御茶の水書房，ギブソン松井佳子ほか（訳），2003年］
Fujimoto, M. (2008) Does peering behavior in feeding contexts among wild chimpanzees (Pan troglodytes schweinfurthii) at Mahale Mountains National park, Tanzania, lead food transfer? *Final report of a MEXT grant-in-Aid for scientific research* (pp.17-24). (No.1625500, Primary Investigator: Toshisada Nishida) [「マハレのチンパンジーの採食場面での覗き込み行動は食物の移動を促すか」『霊長類研究 Supplement』，2008年．DOI：10. 14907］
藤田和生（1998）『比較認知科学への招待：「こころ」の進化学』京都：ナカニシヤ出版．
福井勝義（1991）『認識と文化：色と模様の民族誌』東京：東京大学出版会．
福井勝義（2000）『東アフリカ・色と模様の世界：無文字社会の豊かな創造力』東京：日本放送出版協会．
Fung, H. (1999) Becoming a moral child: The socialization of shame among young Chinese children. *Ethos*, 27, 180-209.
Fung, H., & Chen, E. C. H. (2001) Across time and beyond skin: Self and transgression in the everyday socialization of shame among Taiwanese preschool children. *Social Development*, 10(3), 419-436.
Geertz, C. (1973) *The interpretation of cultures: Selected essays*. (pp.3-30). New York: Basic Books. ［C.ギアーツ（著）『文化の解釈学1』東京：岩波書店，吉田禎吾ほか（訳），1987年］
Giddens, A. (1990) *The consequences of modernity: Modernity and utopia*. Cambridge, UK: Polity Press. ［アンソニー・ギデンズ（著）『近代とはいかなる時代か？：モダニティの帰結』東京：而立書房，松尾精文・小幡正敏（訳），1993年］
Goffman, E. (1961) *Encounters: Two studies in the sociology of interaction*. Indianapolis, IN: Bobbs-Merrill. ［E・ゴッフマン（著）『出会い：相互行為の社会学』東京：誠信書房，佐藤　毅・折橋徹彦（訳），1985年］
Goffman, E. (1963) *Behavior in public places: Notes on the social organization of gatherings*. New York: Free Press. ［E・ゴッフマン（著）『集まりの構造：新しい日常行動論を求めて』東京：誠信書房，丸木恵祐・本名信行（訳），1980年］
Goffman, E. (1964) The neglected situation. *American Anthropologist*, 66(6), 133-136.
Goffman, E. (1967) *Interaction ritual: Essays on face-to-face behavior*. Garden City, NY: Doubleday. ［アーヴィング・ゴッフマン（著）『儀礼としての相互行為：対面行動の社会学（新訳版）』東京：法政大学出版局，浅野敏夫（訳），2002年］
Goffman, E. (1981) *Forms of talk*. Philadelphia, PA: University of Pennsylvania Press.
Goodall, J. (1986) *The chimpanzees of Gombe: Patterns of behavior*. Cambridge, MA: The Belknap Press of Harvard University Press. ［ジェーン・グドール（著）『野生チンパンジーの世界』京都：ミネルヴァ書房，杉山幸丸・松沢哲郎（監訳）；杉山幸丸ほか（訳），1990年］
Goodenough, W. (1981) *Culture, language and society*. Menlo Park, CA: Benjamin Cummings.
Goodwin, C. (2000) Action and embodiment within situated human interaction. *Journal of Pragmatics*, 32, 1489-1522.
Goodwin, M. H. (1990) *He-said-she-said: Talk as social organization among Black children*. Bloomington, IN: Indiana University Press.
Goodwin, M. H. (2006) *The hidden life of girls: Games of stance, status, and exclusion*. Malden, MA: Blackwell.
Gordon, R. J., & Douglas, S. S. (2000) *The Bushman myth: The making of a Namibian underclass* (2nd ed.). Boulder, CO: Westview Press.
Grice, H. P. (1975) Logic and conversation. In, P. Cole & J. Morgan (Eds.), *Syntax and semantics, volume 3*. (pp.41-58). New York: Academic Press.
Grice, H. P. (1978) Further notes on logic and conversation. In P. Cole (Ed.), *Syntax and semantics, volume 9* (pp.113-127). New York: Academic Press.
Grieser, D. L., & Kuhl, P. K. (1988) Maternal speech to infant in a tonal language: Support for

universal prosodic features in motherese. *Developmental Psychology*, **24**, 14-20.

Gruber, T., Muller, M. N., Strimling, P., Wrangham, R., & Zuberbühler, K. (2009) Wild chimpanzees rely on cultural knowledge to solve an experimental honey acquisition task. *Current Biology*, **19**, 1806-1810.

Gudykunst, W. B., & Nishida, T. (1994) *Bridging Japanese/North American differences*. Thousand Oaks, CA: Sage Publications.

Gumperz, J. (1964) Linguistic and social interaction in two communities. In B. Blount (Ed.), *Language, Culture and Society*, **14**, 283-299.

Hanks, W. F. (1996) *Language and communicative practices*. Boulder, CO: Westview Press.

Hanks, W. F. (2000) *Intertexts: Writings on language, utterance, and context*. Lanham, MD: Rowman & Littlefield.

Harré, R. (Ed.) (1986) *The social construction of emotions*. Oxford, UK: B. Blackwell.

速水奈名子 (2015)「アーヴィング・ゴフマンの社会学：理論内在的分析と現代的展開」中河伸俊・渡辺克典（編）、『触発するゴフマン：やりとりの秩序の社会学』(pp.1-25). 東京：新曜社.

Hayashi, M., Takeshita, H., & Matsuzawa, T. (2006) Cognitive development in apes and humans assessed by object manipulation. In T. Matsuzawa, M. Tomonaga, & M. Tanaka (Eds.), *Cognitive development in chimpanzees* (pp.395-410). Tokyo: Springer-Verlag.

Heath, S. (1983) *Ways with words*. Cambridge, UK: Cambridge University Press.

Heritage, J. (1984) A change of state token and aspects of its sequential placement. In J. M. Atkinson & E. J. Heritage (Eds.), *Structures of social action: Studies in conversation analysis* (pp.299-345). Cambridge, UK: Cambridge University Press.

Heritage, J. (2012) Epistemics in action: Action formation and territories of knowledge. *Research on Language and Social Interaction*, **45**(1), 1-29.

Hewlett, B. S., & Lamb, M. E. (Eds.) (2005) *Hunter-gatherer childhoods: Evolutionary, developmental, and cultural perspectives*. New Brunswick, NJ: Transaction Publishers.

Hirata, S. (2006) Chimpanzee learning and transmission of tool use to fish for honey. In T. Matsuzawa, M. Tomonaga, & M. Tanaka (Eds.), *Cognitive development in chimpanzees* (pp.201-213). Tokyo: Springer-Verlag.

Hitchcock, R. K., Ikeya, K., Biesele, M., & Lee, R. B. (Eds.) (2006) *Senri Ethnological Studies, No.70, Updating the San: Image and reality of an African people in the 21st century*. Osaka: National Museum of Ethnology.

Hohmann, T. (Ed.) (2003) *The San and the state*. Köln: Rüdiger Köppe Verlag.

Hollan, D. W., & Throop, C. J. (2011) The anthropology of empathy: Introduction. In D. W. Hollan & C. J. Throop (Eds.), *The anthropology of empathy: Experiencing the lives of others in Pacific societies* (pp.1-21). New York: Berghahn Books.

Holmes, J. (1993) *John Bowlby and attachment theory*. London: Routledge.［J・ホームズ（著）『ボウルビィとアタッチメント理論』東京：岩崎学術出版社，黒田実郎・黒田聖一（訳），1996年］

Honneth, A. (1992) *Kampf um Anerkennung: Zur moralischen Grammatik sozialer Konflikte*. Frankfurt am Main: Suhrkamp.［アクセル・ホネット（著）『承認をめぐる闘争：社会的コンフリクトの道徳的文法』東京：法政大学出版局，山本 啓・直江清隆（訳），2003年］

袰岩奈々 (2003)「人間関係の中で育つ思いやり」『児童心理』**57**(10), 10-15.

星野道夫 (1999)『旅をする木』東京：文藝春秋（文春文庫）.

Hutchby, I., & Wooffitt, R. (1998) *Conversation analysis: Principles, practices and applications*. Cambridge, UK: Polity Press.

Hymes, D. (1964) Introduction: Toward ethnographies of communication. *American Anthropologist*, **66**(6), 1-34.

Hymes, D. (1972) Models of the interaction of language and social life. In J. Gumperz & D. Hymes

(Eds.), *Directions in sociolinguistics : The ethnography of communication* (pp.35-71). New York : Holt, Rinehart and Winston.
池谷和信（2002）『国家のなかでの狩猟採集民：カラハリ・サンにおける生業活動の歴史民族誌』国立民族学博物館研究叢書 4．大阪：国立民族学博物館．
Ingold, T.（2013）*Making : Anthropology, archaeology, art and architecture*. London : Routledge.
伊勢田哲治（2008）『動物からの倫理学入門』名古屋：名古屋大学出版会．
Itakura, S.（1996）An exploratory study of gaze monitoring in nonhuman primates. *Japanese Psychological Research*, **38**, 174-180.
伊谷純一郎（1961）『ゴリラとピグミーの森』東京：岩波書店（岩波新書）．
Izard, C.（1977）*Human Emotions*. New York : Plenum.
Jakobson, R.（1960）Linguistics and poetics. In A. S. Thomas（Ed.）, *Style in language*（pp.350-377）. Cambridge, MA : MIT Press.
James, A.（2007）Giving voice to children's voices : Practices and problems, pitfalls and potentials. *American Anthropologist*, **109**(2), 261-272.
James, W.（1884）What is an emotion? *Mind*, **19**, 188-205.［ウイリアム・ジェームス（著）「情動とは何か」福田正治（訳），『研究紀要：富山医科薬科大学一般教育』33．27-41．2005年］
James, W.（1976[1912]）*Essays in radical empiricism*. Cambridge, MA : Harvard University Press.［W. ジェイムズ（著）『純粋経験の哲学』東京：岩波書店（岩波文庫），伊藤邦武（編訳），2004年］
James, W.（1977[1904]）A world of pure experience. In J. J. McDermott（Ed.）, *The writings of William James : A comprehensive edition*（pp.194-214）. Chicago, IL : The University of Chicago Press.
Johnson, F. A.（1993）*Dependency and Japanese socialization : Psychoanalytic and anthropological investigations into 'amae'*. New York : New York University Press.［フランク　A．ジョンソン（著）『「甘え」と依存：精神分析学的・人類学的研究』東京：弘文堂，江口重幸・五木田紳（共訳），1997年］
Kahneman D., Slovic P., & Tversky, A.（Eds.）（1982）*Judgment under uncertainty : Heuristics and biases*. New York : Cambridge University Press.
片岡邦好・池田佳子（編）（2013）『コミュニケーション能力の諸相：変移・共創・身体化』東京：ひつじ書房．
川島理恵・高田　明（2016）「家族をなすこと：胎児とのコミュニケーションにおける応答責任」高田明・嶋田容子・川島理恵（編），『子育ての会話分析：おとなと子どもの「責任」はどう育つか』（pp.171-198）．京都：昭和堂．
川島武宜（1950）「評価と批判」（特集　ルース・ベネディクト『菊と刀』の与えるもの）『民族学研究』14(4), 263-270.
Kaye, K.（1977）Toward the origin of dialogue. In H. R. Schaffer（Ed.）, *Studies in mother-infant interaction*（pp.89-117）. New York : Academic Press.
Kaye, K.（1982）*The mental and social life of babies : How parents create persons*. Chicago, IL : University of Chicago Press.［ケネス・ケイ（著）『親はどのようにして赤ちゃんをひとりの人間にするか』京都：ミネルヴァ書房，鯨岡　峻・鯨岡和子（訳），1993年］
Kaye, K., & Wells, A.（1980）Mothers' jiggling and the burst-pause pattern in neonatal feeding. *Infant Behavior and Development*, **3**, 29-46.
Kendon, A.（1992）The negotiation of context in face-to-face interaction. In A. Duranti & C. Goodwin（Eds.）, *Rethinking context : Language as interactive phenomenon*. Cambridge, UK : Cambridge University Press.
木村大治・中村美知夫・高梨克也（編）（2010）『インタラクションの境界と接続：サル・ヒト・会話研究から』京都：昭和堂．
Kitayama, S., & Markus, H. R.（Eds.）（1994）*Emotion and culture : Empirical studies of mutual influence*. Washington, DC : American Psychological Association.
Konner, M. J.（1973）Newborn walking : Additional data. *Science*, **179**, 307.

Konner, M. J.（1976）Maternal care, infant behavior and development among the !Kung. In R. B. Lee & I. DeVore（Eds.）, *Kalahari hunter-gatherers: Studies of the !Kung San and their neighbors*（pp.218-245）. Cambridge, MA: Harvard University Press.

Konner, M. J.（1977）Infancy among the Kalahari Desert San. In P. H. Leiderman, S. R. Tulkin, & A. Rosenfeld（Eds.）, *Culture and infancy: Variations in the human experience*（pp.287-328）. New York: Academic Press.

Konner, M. J., & Worthman, C.（1980）Nursing frequency, gonadal function, and birth spacing among !Kung hunter-gatherers. *Science*, **207**, 788-791.

Korner, A. F., & Thoman, E. B.（1972）The relative efficacy of contact and vestibular-proprioceptive stimulation in soothing neonates. *Child Development*, **43**, 443-453.

小山　亘（2008）『記号の系譜：社会記号論系言語人類学の射程』東京：三元社.

Kristeva, J.（1970）*Le texte du roman: Approche sémiologique d'une structure discursive transformationnelle.* 3. print. The Hague: Mouton.［ジュリア・クリステヴァ（著）『テクストとしての小説』東京：国文社, 谷口　勇（訳），1985年］

Kristeva, J.（1977）*Polylogue*. Paris: Seuil.［ジュリア・クリステヴァ（著）『ポリローグ』東京：白水社, 足立和浩ほか（訳），1999年］

Kuhl, P. K., Williams, K. A., Lacerda, F., Stevens, K. N., & Lindblom, B.（1992）Linguistic experience alters phonetic perception in infants by 6 months of age. *Science*, **255**, 606-608.

Kuserow, A.（2004）*American individualism: Child rearing and social class in three neighborhoods.* New York: Palgrave Macmillan.

串田秀也（2006）『相互行為秩序と会話分析：「話し手」と「共-成員性」をめぐる参加の組織化』京都：世界思想社.

串田秀也・好井裕明（編）（2010）『エスノメソドロジーを学ぶ人のために』京都：世界思想社.

Laird, J. D.（1974）Self-attribution of emotion: The effects of expressive behavior on the quality of emotional experience. *Journal of Personality and Social Psychology*, **29**(4), 475-486.

Laird, J. D.（1984）The real role of facial response in the experience of emotion: A reply to Tourangeau and Ellsworth and others. *Journal of Personality and Social Psychology*, **47**(4), 909-917.

Lazarus, R. S.（1982）Thoughts on the relations between emotion and cognition. *American Psychologist*, **37**(9), 1019-1024.

Lazarus, R. S.（1991）*Emotion and adaptation.* New York: Oxford University Press.

Lee, R. B.（1979）*The !Kung San: Men, women and work in a foraging society.* Cambridge, UK: Cambridge University Press.

Lee, R. B.（1986）!Kung kin terms: The name relationship and the process of discovery. In M. Biesele, R. Gordon, & R. B. Lee（Eds.）, *The past and future of !Kung ethnography: Critical reflections and symbolic perspectives: Essays in honour of Lorna Marshall*（pp.77-102）. Hamburg: Helmut Buske Verlag.

Lee, R. B.（1992）Art, science, or politics? The crisis in hunter-gatherer studies. *American Anthropologist*, **94**, 31-54.

Lee, R. B.（1993）*The Dobe Ju/'hoansi*（2nd ed.）. Fort Worth, TX: Harcourt Brace College Publishers.

Lee, R. B., & DeVore, I.（Eds.）（1968）*Man the hunter.* Chicago, IL: Alfred Publishing Company.

Lee, R. B., & DeVore, I.（Eds.）（1976）*Kalahari hunter-gatherers studies of the !Kung San and their neighbors.* Cambridge, MA: Harvard University Press.

Lee, R. B., & Guenther, M.（1993）Probrems in Kalahari historical ethnography and the tolerance of error. *History in Africa*, **20**, 185-235.

Lee, R. B., & Guenther, M.（1995）Errors corrected or compounded? A reply to Wilmsen. *Current Anthropology*, **36**, 298-305.

Lee, R. B., & Hitchcock, R. K.（2001）African hunter-gatherers: Survival, history, and the politics of identity. *African Study Monographs*, *Supplementary Issue*, **26**, 257-280.

LeVine, R. A. (2007) Ethnographic studies of childhood: A historical overview. *American Anthropologist*, 109(2), 247-260.

Levinson, S. (1983) *Pragmatics*. Cambridge, UK: Cambridge University Press. [S. C. レヴィンソン（著）『英語語用論』東京：研究社出版，安井　稔・奥田夏子（訳），1990年］

Liebal, K., Call, J., & Tomasello, M. (2004) Use of gesture sequences in chimpanzees. *American Journal of Primatology*, 64, 377-396.

Lo, A., & Fung, H. (2012) Language socialization and shaming. In A. Duranti, E. Ochs, & B. B. Schieffelin (Eds.), *The handbook of language socialization* (pp.169-189). Oxford, UK: Blackwell.

Lowie, R. H. (1928) A note on relationship terminologies. *American Anthropologist*, 30, 263-268.

Malinowski, B. (1922) *Argonauts of the Western Pacific: An account of native enterprise and adventure in the archipelagoes of Melanesian New Guinea*. London: G. Routledge. [B・マリノフスキ（著）『西太平洋の遠洋航海者：メラネシアのニュー・ギニア諸島における，住民たちの事業と冒険の報告』東京：講談社（講談社学術文庫，増田義郎（訳），1985年］

Malloch, S. N. (1999) Mothers and infants and communicative musicality. *Musicæ Scientiæ*, Special Issue 1999-2000, 29-57.

Malloch, S., & Trevarthen, C. (Eds.) (2009) *Communicative musicality: Exploring the basis of human companionship*. Oxford, UK: Oxford University Press.

Mantel, G. (2007) *Interpretation: Vom Text zum Klang*. Mainz, u. a.: Schott. [ゲルハルト・マンテル（著）『楽譜を読むチカラ』東京：音楽之友社，久保田慶一（訳），2011年］

Marcus, G., & Fischer, M. (1986) *Anthropology as cultural critique: An experimental moment in the human sciences*. Chicago, IL: University of Chicago Press.

Markman, E. (1989) *Categorization and naming in children*. Cambridge, MA: MIT Press.

Markman, E. (1992) Constraints on word learning: Speculations about their nature, origins, and word specificity. In M. Gunnar & M. Maratsos (Eds.), *Modularity and constraints in language and cognition* (pp.59-102). Hillsdale, NJ: Lawrence Erlbaum Associates.

Markus, H. R., & Kitayama, S. (1991) Culture and the self: Implications for cognition, emotion, and motivation. *Psychological Review*, 98, 224-253.

Markus, H., & Kitayama, S. (2010) Cultures and selves: A cycle of mutual constitution. *Perspectives on Psychological Science*, 5(4), 420-430.

Marshall, L. (1976) *The !Kung of Nyae Nyae*. Cambridge, MA: Harvard University Press.

正高信男（1993）『0歳児がことばを獲得するとき：行動学からのアプローチ』東京：中央公論社（中公新書）．

松沢哲郎（2000）『チンパンジーの心』東京：岩波書店（岩波現代文庫）．

松沢哲郎（2005）『アイとアユム：チンパンジーの子育てと母子関係』東京：講談社（講談社＋α文庫）．

松沢哲郎（2006）『おかあさんになったアイ：チンパンジーの親子と文化』東京：講談社（講談社学術文庫）．

Maynard, S. K. (1996) Multivoicedness in speech and thought representation: The case of self-quotation in Japanese. *Journal of Pragmatics*, 25, 207-226.

Mead, G. H. (1934) *Mind, self, and society: From the standpoint of a social behaviorist*. Chicago, IL: University of Chicago Press. [G. H. ミード（著）『精神・自我・社会』東京：人間の科学社，河村望（訳），1995年］

Mead, M. (1977) *Letters from the field 1925-1975*. New York: Harper & Row. [M. ミード（著）『フィールドからの手紙』東京：岩波書店，畑中幸子（訳），1984年］

Merleau-Ponty, M. (2002) *Phenomenology of perception*. Colin Smith, trans. London: Routledge. [モーリス　メルロ＝ポンティ（著）『知覚の現象学（改装版）』東京：法政大学出版局，中島盛夫（訳），2015年］

南　博（1950）「社会心理学の立場から」（特集　ルース・ベネディクト『菊と刀』の与えるもの）『民

族学研究』**14**(4),271-274.
南　博（1994）『日本人論：明治から今日まで』東京：岩波書店.
箕浦康子（1984）「文化とパーソナリティ論（心理人類学）」綾部恒雄（編），『文化人類学15の理論』（pp.95-114）.東京：中央公論社.
三浦　敦（2009）「ポリフォニー現象の言語分析と社会科学：デュクロのポリフォニー言語学をめぐって」『日本アジア研究』6,63-84.
宮島　喬（1993）「ハビトゥス」森岡清美・塩原　勉・本間康平（編），『新社会学辞典』（p.1192）東京：有斐閣.
Moerk, E. L.（1976）Processes of language teaching and training in the interactions of mother-child dyads. *Child Development*, **47**, 1064-1078.
Morgan, R.（2005）Finding what children say they want : Messages from children. *Representing Children*, **17**(3), 180-189.
村上春樹（1993）『遠い太鼓』東京：講談社（講談社文庫）.
Murdock, G. P.（1949）*Social structure*. New York : MacMillan.［G. P. マードック（著）『社会構造：核家族の社会人類学』（新装版）東京：新泉社, 内藤莞爾（監訳）, 1986年］
明和政子（2006）『心が芽生えるとき：コミュニケーションの誕生と進化』東京：NTT出版.
中江和恵（1983）「胎教思想の歴史的検討」『教育学研究』**50**(4), 343-352.
Nakagawa, H.（1996）An outline of |Gui phonology. *African Study Monographs, Supplementary Issue*, **22**, 101-124.
中川　裕（1996）「言語芸術と民族誌：ダイクエ＝ブッシュマンの詩学」田中二郎・掛谷　誠・市川光雄・太田　至（編著），『続　自然社会の人類学：変貌するアフリカ』（pp.81-116）.京都：アカデミア出版会.
中川　裕（1998）『グイ語－日本語辞書（1998年版）』（未公刊）.
中川　裕（2004）「「詩化」する動物への呼びかけ」田中二郎・菅原和孝・太田　至・佐藤　俊（編著），『遊動民（ノマッド）：アフリカの原野に生きる』（pp.150-169）.京都：昭和堂.
中河伸俊・渡辺克典（編）（2015）『触発するゴフマン：やりとりの秩序の社会学』東京：新曜社.
中村美知夫（2009）『チンパンジー：ことばのない彼らが語ること』東京：中央公論新社（中公新書）.
波平恵美子（1996）『いのちの文化人類学』東京：新潮社.
Ninio, A., & Bruner, J.（1978）The achievement and antecedents of labelling. *Journal of Child Language*, **5**, 1-15.
Nisbett, R. E.（1992）*Rules for reasoning*. Hillsdale, NJ : Lawrence Erlbaum.
Nisbett, R. E., & Ross, L. D.（1980）*Human inference : Strategies and shortcomings of social judgment*. Englewood Cliffs, NJ : Prentice-Hall.
西田利貞・保坂和彦（2001）「霊長類における食物分配」西田利貞（編），『ホミニゼーション』（pp.255-304）.京都：京都大学学術出版会.
西阪　仰（1997）『相互行為分析という視点：文化と心の社会学的記述』東京：金子書房.
西阪　仰（2008）「トランスクリプションのための記号」〈http://www.augnishizaka.com/transsym.htm〉.
野家啓一（2007）「総論　ホモ・ナランスの可能性」野家啓一（編），『ヒトと人のあいだ』（pp.1-33）.東京：岩波書店.
野中健一・高田　明（2004）「砂漠の道標：セントラル・カラハリ・ブッシュマンのナヴィゲーション技術」野中健一（編），『野生のナヴィゲーション：民族誌から空間認知の科学へ』（pp.23-54）.東京：古今書院.
Ochs, E.（1988）*Culture and language development : Language acquisition and language socialization in a Samoan village*. Cambridge, UK : Cambridge University Press.
Ochs, E., & Izquierdo, C.（2009）Responsibility in childhood : Three developmental trajectories. *Ethos*, **37**(4), 391-413.
Ochs, E., Solomon, O., & Sterponi, L.（2005）Limitations and transformations of habitus in child-directed

communication. *Discourse Studies*, **7**(4-5), 547-583.
Ono, H. (1996) An ethnosemantic analysis of |Gui relationship terminology. *African Study Monographs Supplementary Issue*, **22**, 125-144.
Ono, H. (2001) The |Gui honorific plural. In the committee for festschrift for professor Umeda, H. (Ed.), *Korean and Japanese papers in linguistics and literary studies: Festschrift for professor Hiroyuki Umeda* (pp.1055-1076). Seoul: Thaehaksa.
Ono, H. (2010) kinship terminology (reference terms). In J. Tanaka & K. Sugawara (Eds.), *An encyclopedia of |Gui and ||Gana culture and society* (pp.63-65). Kyoto: Laboratory of Cultural Anthropology, Graduate School of Human and Environmental Studies, Kyoto: Kyoto University.
大崎雅一（2001）「セントラル・カラハリ年代記」田中二郎（編），『カラハリ狩猟採集民：過去と現在』（pp.71-114）．京都：京都大学学術出版会．
太田好信（2003）「解説　批判人類学の系譜」J. クリフォード（著），太田好信ほか（訳）『文化の窮状：二十世紀の民族誌，文学，芸術』（pp.515-553）．京都：人文書院．
Papoušek, M. (1992) Early ontogeny of vocal communication in parent-infant interactions. In H. Papoušek, U. Jürgens, & M. Papoušek (Eds.), *Nonverbal vocal communication: Comparative and developmental approaches* (pp.230-261). Cambridge, UK: Cambridge University Press.
Papoušek, M., & Papoušek, H. (1981) Musical elements in infant's vocalization: Their significance for communication, cognition, and creativity. In L. P. Lipsitt & C. K. Rovee-Collier (Eds.), *Advances in infancy research, vol.1* (pp.163-224). Norwood, NJ: Ablex Publishing Corporation.
Parkin, R., & Stone, L. (Eds.) (2004) *Kinship and family: An anthropological reader*. London: Blackwell.
Piaget, J. (1948) *La naissance de l'intelligence chez l'enfant* (2nd ed.). Paris: Delachaux & Niestle. [J. ピアジェ（著）『知能の誕生』京都：ミネルヴァ書房，谷村　覚・浜田寿美男（訳），1978年］
Piaget, J. (1964) *Six études de psychologie*. Paris: Éditions Gonthier. [ジャン・ピアジェ（著）『思考の心理学：発達心理学の6研究』東京：みすず書房，滝沢武久（訳），1968年］
Piaget, J. (1967) *La psychologie de l'intelligence*. Paris: Armand Colin. [ジャン・ピアジェ（著）『知能の心理学（改訂版）』東京：みすず書房，波多野完治・滝沢武久（訳），1989年］
Pizziconi, B., & Kizu, M. (Eds.) (2009) *Japanese modality: Exploring its scope and interpretation*. Basingstoke, UK: Palgrave Macmillan.
Premack, D. (1986) *Gavagai!: Or the future history of the animal language controversy*. Cambridge, MA: MIT Press. [デイヴィッド・プレマック（著）『ギャバガイ！：「動物のことば」の先にあるもの』東京：勁草書房，橋彌和秀（訳），2017年］
Premack, D., & Premack, A. (2003) *Original intelligence: Unlocking the mystery of who we are*. New York: McGraw-Hill. [デイヴィッド・プレマック，アン・プレマック（著）『心の発生と進化：チンパンジー，赤ちゃん，ヒト』東京：新曜社，鈴木光太郎（訳），2005年］
Quine, W. V. O. (1960) *Word and object*. New York: Wiley. [W. V. O. クワイン（著）『ことばと対象』東京：勁草書房，大出　晁・宮館　恵（訳），1984年］
Ratner, N. B., & Pye, C. (1984) Higher pitch in babytalk is not universal: Acoustic evidence from Quiche Mayan. *Journal of Child Language*, **11**(3), 515-522.
Reisenzein, R. (1983) The Schachter theory of emotion: Two decades later. *Psychological Bulletin*, **94**, 239-264.
Rogoff, B. (2003) *The cultural nature of human development*. Oxford, UK: Oxford University Press. [バーバラ・ロゴフ（著）『文化的営みとしての発達：個人，世代，コミュニティ』東京：新曜社，當眞千賀子（訳），2006年］
Ross, L. (1977) The intuitive psychologist and his shortcomings: Distortions in the attribution process. In L. Berkowitz (Ed.), *Advances in experimental social psychology 10* (pp.173-220). New York: Academic Press.
Rossano, F. (2013) Sequence organization and timing of bonobo mother-infant interactions. *Interaction

Studies, 14(2), 160-189.

Ruesch, J., & Bateson, G. (1968) Communication: The social matrix of psychiatry. New York: Norton.［G・ベイトソン, J・ロイシュ（著）『精神のコミュニケーション』東京：新思索社, 佐藤悦子, R・ボスバーグ（訳），1995年］

Ryle, G. (1949) The concept of mind. London: Hutchinson's University Library.［ギルバート・ライル（著）『心の概念』東京：みすず書房, 坂本百大・宮下治子・服部裕幸（共訳），1987年］

Sacks, H., Schegloff, E. A., & Jefferson, G. (1974) A simplest systematics for the organization of turn-taking for conversation. Language, 50(4), 696-735.［H. サックス, E. A. シェグロフ, G. ジェファソン（著）『会話分析基本論集：順番交替と修復の組織』京都：世界思想社, 西阪 仰（訳），2010年］

作田啓一（1967）『恥の文化再考』東京：筑摩書房.

Sander, L. W. (1962) Issues in early mother-child interaction. Journal of the American Academy of Child Psychiatry, 1, 141-166.

Sander, L. W. (1977) The regulation of exchange in the infant-caretaker system and some aspects of the context-content relationship. In M. Lewis & L. A. Rosenblum (Eds.), Interaction, conversation, and the development of language (pp.133-156). New York: Wiley.

Sander, L. W., Stechler, G., Burns, P., & Julia, H. (1970) Early mother-infant interaction and 24-hour patterns of activity and sleep. Journal of the American Academy of Child Psychiatry, 9, 103-123.

沢山美果子（2013）『近代家族と子育て』東京：吉川弘文館.

Scaife, M., & Bruner, J. (1975) The capacity for joint visual attention in the infant. Nature, 253, 265-266.

Schachtel, E. G. (1959) Metamorphosis: On the development of affect, perception, attention, and memory. New York: Basic Books.

Schachter, S. (1964) The interaction of cognitive and physiological determinants of emotional state. In L. Berkowitz (Ed.), Advances in experimental social psychology: Vol.1 (pp.49-80). New York: Academic Press.

Schegloff, E. A. (1987). Between micro and macro: Contexts and other connections. In J. Alexander, B. Giesen, R. Münch, & N. Smelser (Eds), The micro-macro link (pp.207-234). Berkeley, CA: University of California Press.［エマニュエル・A・シェグロフ（著）「ミクロとマクロの間：コンテクスト概念による接続策とその他の接続策」ジェフリー・C・アレグザンダーほか（編），『ミクロ-マクロ・リンクの社会理論』(pp.139-178). 東京：新泉社, 石井幸夫ほか（訳），1998年］

Schegloff, E. A. (2007) Sequence organization in interaction: A primer in conversation analysis: vol.1. Cambridge, UK: Cambridge University Press.

Schieffelin, B. B. (1979) Getting it together: An ethnographic approach to the study of the development of communicative competence. In E. Ochs & B. B. Schieffelin (Eds.), Developmental pragmatics (pp.73-107). New York: Academic Press.

Schieffelin, B. B. (1990) The give and take of everyday life: Language socialization of Kaluli children. Cambridge, UK: Cambridge University Press.

Schneider, B., Trehub, S., & Bull, D. (1980) High frequency sensitivity in infants. Science, 207, 1003-1004.

Searle, J. R. (1969) Speech acts: An essay in the philosophy of language. Cambridge, UK: Cambridge University Press.［J. R. サール（著）『言語行為：言語哲学への試論』東京：勁草書房, 坂本百大・土屋 俊（訳），1986年］

Searle, J. R. (1976) The classification of illocutionary acts. Language in Society, 5(1), 1-23.

Shimizu, H. (2001) Introduction: Japanese cultural psychology and empathic understanding: Implications for academic and cultural psychology. In H. Shimizu & R. A. Levine (Eds.), Japanese frames of mind: Cultural perspectives on human development (pp.1-26). Cambridge, UK: Cambridge University Press.

下田次郎（1913）『胎教』東京：実業之日本社.

下田次郎（1916）『母と子』東京：実業之日本社.

下條信輔（1988）『まなざしの誕生：赤ちゃん学革命』東京：新曜社.
Sidnell, J., & Stivers, T.（Eds.）（2012）*The handbook of conversation analysis*. London： Wiley-Blackwell.
Silberbauer, G.（1965）*Report to the government of Bechuanaland on the Bushman Survey*. Gaberones（Gaborone）： Bechuanaland Government.
Snow, C. E.（1972）Mothers' speech to children learning. *Child Development*, **43**, 549-565.
Snow, C. E.（1977）The development of conversation between mothers and babies. *Journal of Child Language*, **4**, 1-22.
Snow, C. E.（1986）Conversations with children. In P. Fletcher & M. German（Eds.）, *Language acquisition： Studies in first language development*（2nd ed.）（pp.69-89）. Cambridge, UK： Cambridge University Press.
Solway, J., & Lee, R. B.（1990）Foragers, genuine or spurious： Situating the Kalahari San in history. *Current Anthropology*, **31**, 109-146.
Sperber, D.（1982）*Le savoir des anthropologues： Trois essais*. Paris： Hermann.［ダン・スペルベル（著）『人類学とはなにか：その知的枠組を問う』東京：紀伊國屋書店，菅野盾樹（訳），1984年］
Sperber, D.（1996）*Explaining culture： A naturalistic approach*. Oxford, UK； Cambridge, MA： Blackwell.［ダン・スペルベル（著）『表象は感染する：文化への自然主義的アプローチ』東京：新曜社，菅野盾樹（訳），2001年］
Sperber, D., & Wilson, D.（1986）*Relevance： Communication and cognition*. Oxford, UK： Blackwell.［D. スペルベル，D. ウイルソン（著）『関連性理論：伝達と認知』東京：研究社出版，内田聖二ほか（訳），1993年］（原著の2nd ed.（1995）の邦訳は1999年刊）
Stern, D. N.（1974）Mother and infant at play： The dyadic interaction involving facial, vocal and gaze behaviors. In M. Lewis & L. A. Rosenblum（Eds.）, *The effect of the infant on its caregiver*（pp.187-213）. New York： Wiley.
Stern, D. N.（1985）*The interpersonal world of the infant： A view from psychoanalysis and developmental psychology*. New York： Basic Books.［D. N. スターン（著）『乳児の対人世界：理論編』東京：岩崎学術出版社，小此木啓吾・丸田俊彦（監訳）；神庭靖子・神庭重信（訳），1989年］
Strack, F., Stepper, S., & Martin, L. L.（1988）Inhibiting and facilitating conditions of the human smile： A nonobtrusive test of the facial feedback hypothesis. *Journal of Personality and Social Psychology*, **54**(5), 768-777.
Strathern, M.（1992）*Reproducing the future： Essays on anthropology, kinship and the new reproductive technologies*. London： Routledge.
菅原和孝（1997）「記憶装置としての名前：セントラル・サン（|Guiと‖Gana）における個人名の民族誌」『国立民族学博物館研究報告』22(1), 1-92.
菅原和孝（1998）『ブッシュマンの生活世界（Ⅰ）：語る身体の民族誌』京都：京都大学学術出版会.
菅原和孝（2002）『感情の猿＝人（enjin）』東京：弘文堂.
菅原和孝（編）（2006）『フィールドワークへの挑戦：「実践」人類学入門』京都：世界思想社.
菅原和孝（2015）『狩り狩られる経験の現象学：ブッシュマンの感応と変身』京都：京都大学学術出版会.
Super, C. M.（1976）Environmental effects on motor development： The case of African infant precocity. *Developmental Medicine and Child Neurology*, **18**, 561-567.
Super, C. M., & Harkness, S.（1982）The infant's niche in rural Kenya and metropolitan America. In L. L. Adler（Ed.）, *Cross-cultural research at issue*（pp.47-56）. New York： Academic Press.
高田 明（2002a）「サンにおける養育行動とその発達的意義：ジムナスティック・授乳場面の特徴」『発達心理学研究』13(1), 63-77.
高田 明（2002b）「セントラル・カラハリ・サンにおける社会変容：人口動態，生業活動，乳幼児の体重の分析から」『アフリカ研究』60, 85-103.
高田 明（2003a）「子どもの発達と文化：心理学と人類学」吉田直子・片岡基明（編），『子どもの発達

心理学を学ぶ人のために』(pp.208-231) 京都：世界思想社.

高田　明 (2003b)「南部アフリカのサンにおける社会的相互行為の発達に関する研究」京都大学大学院人間・環境学研究科博士論文. 未公刊.

高田　明 (2004)「移動生活と子育て：グイとガナにおけるジムナスティック場面の特徴」田中二郎・佐藤　俊・菅原和孝・太田　至 (編),『遊動民：アフリカの原野に生きる』(pp.228-248). 京都：昭和堂.

Takada, A. (2005a) Early vocal communication and social institution: Appellation and infant verse addressing among the Central Kalahari San. *Crossroads of Language, Interaction, and Culture*, 6, 80-108.

Takada, A. (2005b) Mother-infant interactions among the !Xun: Analysis of gymnastic and breastfeeding behaviors. In B. S. Hewlett & M. E. Lamb (Eds.), *Hunter-gatherer childhoods: Evolutionary, developmental, and cultural perspectives* (pp.289-308). New Brunswick, NJ: Aldine Transaction.

Takada, A. (2006) Explaining pathways in the Central Kalahari. In R. K. Hitchcock, K. Ikeya, M. Biesele, & R. B. Lee (Eds.), *Senri Ethnological Studies, No.70, Updating the San: Image and reality of an African people in the 21st century* (pp.101-127). Osaka: National Museum of Ethnology.

高田　明 (2007)「言葉の向こう側：セントラル・カラハリ・サンにおけるナヴィゲーション実践」河合香吏 (編),『生きる場の人類学：土地と自然の認識・実践・表象過程』(pp.141-183). 京都：京都大学学術出版会.

Takada, A. (2008) Recapturing space: Production of inter-subjectivity among the Central Kalahari San. *Journeys: The International Journal of Travel and Travel Writing*, 9(2), 114-137.

高田　明 (2009)「赤ちゃんのエスノグラフィ：乳児及び乳児ケアに関する民族誌的研究の新機軸」『心理学評論』52(1), 140-151.

Takada, A. (2012) Pre-verbal infant-caregiver interaction. In A. Duranti, E. Ochs, & B. B. Schieffelin (Eds.), *The handbook of language socialization* (pp.56-80). Oxford, UK: Blackwell.

高田　明 (2013)「文化人類学の考え方：文化と発達」日本発達心理学会 (編), 田島信元・南徹弘 (責任編集),『発達科学ハンドブック1：発達心理学と隣接領域の理論・方法論』(pp.238-247) 東京：新曜社.

Takada, A. (2013) Generating morality in directive sequences: Distinctive strategies for developing communicative competence in Japanese caregiver-child interactions. *Language & Communication*, 33, 420-438.

Takada, A. (2014) Mutual coordination of behaviors in human-chimpanzee interactions: A case study in a laboratory setting. *Revue de Primatologie*, 5. URL: http://primatologie.revues.org/1902; DOI:10.4000/primatologie.1902

高田　明 (2015)「ゴフマンのクラフトワーク：その言語人類学における遺産」中河伸俊・渡辺克典 (編),『触発するゴフマン：やりとりの秩序の社会学』(pp.229-255). 東京：新曜社.

Takada, A. (2015) *Narratives on San ethnicity: The cultural and ecological foundations of lifeworld among the !Xun of north-central Namibia*. Kyoto and Melbourne: Kyoto University Press & Trans Pacific Press.

高田　明 (2016)「養育者－子ども間相互行為における「責任」の形成」高田　明・嶋田容子・川島理恵 (編),『子育ての会話分析：おとなと子どもの「責任」はどう育つか』(pp.1-26). 京都：昭和堂.

Takada, A. (2016a) Education and learning during social situations among the Central Kalahari San. In H. Terashima & B. S. Hewlett (Eds.), *Social learning and innovation in contemporary hunter-gatherers: Evolutionary and ethnographic perspectives* (pp.97-111). Tokyo: Springer.

Takada, A. (Ed.) (2016b) Special issue: Natural history of communication among the Central Kalahari San. *African Study Monographs, Supplementary Issue*, 52, 1-187.

Takada, A. (2016c) Unfolding cultural meanings: Wayfinding practices among the San of the Central Kalahari. In W. Lovis & R. Whallon (Eds.), *Marking the land: Hunter-gatherer creation of meaning in their environment* (pp.180-200). New York: Routledge.

Takada, A., & Kawashima, M. (2016) Relating with an unborn baby: Expectant mothers socializing their toddlers in Japanese families. In A. Bateman & A. Church (Eds.), *Children's knowledge-in-interaction: Studies in conversation analysis* (pp.211-229). Singapore: Springer.

高田　明・嶋田容子・川島理恵（編）（2016）『子育ての会話分析：おとなと子どもの「責任」はどう育つか』京都：昭和堂．

高橋由典（1999）『社会学講義：感情論の視点』京都：世界思想社．

高橋由典（2007）『行為論的思考：体験選択と社会学』京都：ミネルヴァ書房．

Takubo, Y. (2009) Conditional modality: Two types of modal auxiliaries in Japanese. In B. Pizziconi & M. Kizu (Eds.), *Japanese modality: Exploring its scope and interpretation* (pp.150-182). London: Palgrave Macmillan.

田村うらら（2006）「〈振売り〉都市に息づく野菜行商」菅原和孝（編），『フィールドワークへの挑戦：〈実践〉人類学入門』（pp.169-191）．京都：世界思想社．

Tanaka, J. (1980) *The San: Hunter-gatherers of the Kalahari, a study in ecological anthropology*. Tokyo: University of Tokyo Press.

Tanaka, J. (1989) Social integration of the San society from the viewpoint of sexual relationships. *African Study Monographs*, **9**(3), 153-165.

田中二郎（1994）『最後の狩猟採集民』東京：どうぶつ社．

Tanaka, J., & Sugawara, K. (2010) *An encyclopedia of |Gui and ||Gana culture and society*. Kyoto: Laboratory of Cultural Anthropology, Graduate School of Human and Environmental Studies, Kyoto University.

田中正之・松沢哲郎（2000）「シンボルの成立」渡辺　茂（編），『心の比較認知科学』（pp.225-268）．京都：ミネルヴァ書房．

Tomasello, M. (1997) The pragmatics of word learning. Japanese *Journal of Cognitive Science*, **4**, 59-74.

Tomasello, M. (1999) *The cultural origins of human cognition*. Cambridge, MA: Harvard University Press. ［マイケル・トマセロ（著）『心とことばの起源を探る：文化と認知』東京：勁草書房，大堀壽夫ほか（訳），2006年］

Tomasello, M. (2000) Do young children have adult syntactic competence? *Cognition*, **74**, 209-253.

Tomasello, M., & Camaioni, L. (1997) A comparison of the gestural communication of apes and human infants. *Human Development*, **40**, 7-24.

Tomasello, M., Kruger, A. C., & Ratner, H. H. (1993) Cultural learning. *Behavioral and Brain Sciences*, **16**, 495-552.

Trevarthen, C. (1979) Communication and cooperation in early infancy: A description of primary intersubjectivity. In M. Bullowa (Ed.), *Before speech* (pp.321-347). Cambridge, UK: Cambridge University Press.

Trevarthen, C. (1990) Signs before speech. In T. A. Sebeok & J. Umiker-Sebeok (Eds.), *The semiotic web 1989* (pp.689-755). Berlin: Mouton de Gruyter.

Trevarthen, C. (1999a) Intersubjectivity. In R. Wilson & F. Keil (Eds.), *The MIT encyclopedia of the cognitive sciences* (pp.413-416). Cambridge, MA: MIT Press. ［『MIT認知科学大事典』東京：共立出版，ウィルソン，ケール（編）：中島秀之（監訳），2012年］

Trevarthen, C. (1999b) Musicality and the intrinsic motive pulse: Evidence from human psychology and infant communication. *Musicæ Scientiæ, Special Issue 1999-2000*, 155-215.

Trevarthen, C. (2001) Intrinsic motives for companioship in understanding: Their origin, development, and significance for infant mental health. *Infant Mental Health Journal*, **22**(1-2), 95-131.

Trevarthen, C., & Hubley, P. (1978) Secondary intersubjectivity: Confidence, confiding and acts of meaning in the first year. In A. Lock (Ed.), *Action, gesture and symbol* (pp.183-229). New York: Academic Press.

Trevarthen, C., & Marwick, H. (1986) Signs of motivation for speech in infants, and the nature of a mother's support for development of language. In B. Lindblom & R. Zetterstrom (Eds.), *Precursors of early speech: Proceedings of an international symposium held at the Wenner-Gren Center, Stockholm, September 19-22, 1984* (pp.279-308). Basingstoke, UK: Macmillan.

Ueno, A. (2006) Food sharing and referencing behavior in chimpanzee mother and infant. In T. Matsuzawa, M. Tomonaga, & M. Tanaka (Eds.), *Cognitive development in chimpanzees* (pp.172-181). Tokyo: Springer-Verlag.

Vygotsky, L. S. (1981[1930]) The genesis of higher mental functions. In J. V. Wertsch (Ed.), *The concept of activity in Soviet psychology* (pp.144-188). Armonk, NY: Sharpe.

Vygotsky, L. S. [Выготский, Л. С.] (1956) *Избранные психологические исследования*. Москва: Изд-во Академии педагогическ их наук РСФСР. [ヴィゴツキー (著)『思考と言語 (新訳版)』東京:新読書社．柴田義松 (訳)．2001年]

綿矢りさ (2003)『蹴りたい背中』東京:河出書房新社.

和辻哲郎 (1950)「科学的価値に対する疑問」(特集 ルース・ベネディクト『菊と刀』の与えるもの)『民族学研究』14(4), 285-289.

Werker, J. F., & McLeod, P. J. (1989) Infant preference for both male and female infant-directed talk: A developmental study of attentional and affective responsiveness. *Canadian Journal of Psychology*, 43, 230-246.

Whiten, A., Goodall, J., McGrew, W. C., Nishida, T., Reynolds, V., Sugiyama, Y., Tutin, C. E. G., Wrangham, R. W., & Boesch, C. (1999) Cultures in chimpanzees. *Nature*, 399, 682-685.

Whiting, B. (1978) The dependency hang-up and experiments in alternative life styles. In M. J. Yinger & S. J. Cutler (Eds.), *Major social issues: A multidisciplinary view* (pp.217-226). New York: Free Press.

Widlok, T. (1999) *Living on mangetti*. Oxford, UK: Oxford University Press.

Wieland, M. (1991) Turn-taking structure as a source of misunderstanding in French-American cross-cultural conversation. *Pragmatics and Language Learning Monograph Series 2*, 101-118.

Wilmsen, E. N. (1989) *Land filled with flies: A political economy of the Kalahari*. Chicago, IL: The University of Chicago Press.

Wilmsen, E. N. (1990) The real bushman is the male one: Labour and power in the creation of Basarwa ethnicity. *Botswana Notes and Records*, 22, 21-35.

Wilmsen, E. N., & Denbow, J. R. (1990) Paradigmatic history of San-speaking peoples and current attempts at revision. *Current Anthropology*, 31, 489-524.

やまだようこ (1987)『ことばの前のことば:ことばが生まれるすじみち1』東京:新曜社.

山極寿一 (2008)『人類進化論:霊長類学からの展開』東京:裳華房.

柳田國男 (1950)「尋常人の人生観」(特集 ルース・ベネディクト『菊と刀』の与えるもの)『民族学研究』14(4), 290-297.

Young, I. M. (1990) *Justice and the politics of difference*. Princeton, NJ: Princeton University Press.

Zajonc, R. B. (1980) Feeling and thinking: Preferences need no inferences. *American Psychologist*, 35, 151-175.

Zajonc, R. B. (1984) On the primacy of affect. *American Psychologist*, 39(2), 117-123.

Zelazo, P. R. (1976) Comments on genetic determinants of infant development: An overstated case. In L. Lipsitt (Ed.), *Developmental psychobiology: The significance of infancy* (pp.80-86). Hillsdale, NJ: Lawrence Erlbaum Associates. [ルイス・P. リプシット (編著)『乳児の可能性:発達の精神生物学』京都:ナカニシヤ出版．内藤 徹・鹿野輝三・白石義夫 (訳)．1982年]

Zukow-Goldring, P. (1996) Sensitive caregivers foster the comprehension of speech: When gestures speak louder than words. *Early Development and Parenting*, 5(4), 195-211.

人名索引

【あ行】
アーノルド，マグダ　166
アダムソン　89
イザード，キャロル　165
イズキエルド　132-134, 159
伊谷純一郎　213
ヴィゴツキー，レフ・セミョノヴィチ　90
ウィルムセン　55
ウォーフ，ベンジャミン・リー　127
ヴント　2
エイヴェリル　167
エクマン，ポール　165, 188, 189
エバンス=プリチャード　34
エムデ　91
オックス，エレノア　17, 20, 97, 132-134, 159

【か行】
カーペンター　94
川島理恵　113
ガンパーツ　88
ギデンズ　3
クール　170
クセロウ　134
グッドイナフ，ワード・H　16
グッドウィン，マージョリー・H　16
クランシー　136-138, 140, 156, 191, 192, 202
グリーサー　170
クリフォード，ジェームズ　13, 129
クワイン，ウィラード・ヴァン・オーマン　25, 46, 54, 129
ケイ，ケネス　32-34, 89-94, 98, 110, 121-123
ケンドン　186
コーネリアス　165-167
コナー　97
ゴフマン，アーヴィング　16, 17, 23, 27, 129-132, 135

【さ行】
ザイアンス　166, 167
サイモン　169
サックス，ハーヴィ　17
サピア，エドワード　126, 127
サンダー，ルイス・W　89, 91, 92, 96, 105
ジェームズ，A　16
ジェームズ，ウィリアム　57, 58, 165, 166

シェグロフ，エマニュエル　17, 18, 26
ジェファーソン，ゲイル　17
下田次郎　111, 120
シルバーバウアー，ジョージ　39
菅原和孝　168, 172, 203
スケイフ　92
スターン　92, 171
スノウ　169

【た行】
ダーウィン，チャールズ　165
高田明　98, 109, 113, 130, 136
高橋由典　212, 213
田村うらら　213, 214
チャペル　91, 105
チョムスキー，ノーム　95
デヴォア，アーヴェン　55
デカルト，ルネ　53, 85
デュルケム，エミール　12
土居健郎　190, 191
ドストエフスキー　163, 164
トマセロ，マイケル　94-96, 122
トレヴァーセン，コルウィン　94, 95, 168, 169, 172, 186

【な行】
中江和恵　111
中川裕　41, 180, 182, 183
ニーチェ　128
野家啓一　57

【は行】
バーデルスキー　137, 147
パーリン　32-34
ハイムズ，デル　17
バターワース，ジョージ　92
バフチン　164
パポウシェク　91, 171
ハレ，ロム　167
ピアジェ，ジャン　93
ファーガソン　169
ファナルド　169, 170
フォーゲル　97
福井勝義　33, 34, 37, 210
ブルーナー，ジェローム　22, 92, 93, 95, 96

231

ブルデュー, ピエール　17
プレマック　57
フロイト, S　190
ブロック　3, 4
フン　191, 192
ベイトソン　128
ベネディクト, ルース　12, 13, 127, 128, 189, 190
ボアズ, フランツ　12, 126, 127
ボウルビィ, ジョン　15

【ま行】
マードック　31
松沢哲郎　66, 68
マリノフスキー, ブロニスロウ　2, 14
マロック　104, 172
ミード, G・H　130
ミード, マーガレット　11, 12, 127, 128
箕浦康子　3

村上春樹　212
モース, マルセル　17

【や行】
ヤング　56

【ら行】
ライル, ギルバート　1
ラザルス　166, 167
リー, リチャード　55
リンネ, カール・フォン　65
レヴィ=ストロース, クロード　4
ロ　191, 192
ローウィ　31

【わ行】
ワースマン　97
綿矢りさ　162

事項索引

【アルファベット】
CCI（Caregiver Child Interaction） 112, 135, 188
CKGR 39
GARI 66, 67
IDS（Infant Directed Speech） 93, 145, 169, 170, 172, 188
　　──の詩化 180

【あ行】
アエギ 34
赤ちゃん研究 89
赤ちゃん語 169
厚い記述 157
『集まりの構造』 130
アドレス逆転 182
アドレッシー 23, 180
甘え 190, 191
『「甘え」の構造』 190
アラーム・コール 153
言い換え 137
依存性ジレンマ 134, 208
一度に一人ルール 21
意図の理解 94-96, 110
イニシエーション 48
意味 85
　　──の振る舞い 22, 88
　　──のやりとり 1, 19, 207
イミテーション 95
韻文的な発話 180
受け手 23
ウシの毛色 34
　　──の色彩・模様 35
歌／ダンス 105
うながし 138
エスニシティ（民族性） 37
応答 115
大型類人猿 65
　　──の研究 56
お腹の赤ちゃん 113
思いやり 135-137, 148, 155, 156, 159, 208
音楽 124
　　──性 124, 186
　　──的対話 172
音声コミュニケーション 169
音声の表記法 29
音素の表記法 29

【か行】
会話の文字起こし 19
会話分析 17, 19, 21, 23
　　──の記号 20
関わり 130, 132
　　対面的な── 131
拡張 22
仮説演繹法 18
語り 172
からかい 198, 202
カラハリ論争 56
関係史的アプローチ 97
観察研究 171
間主観性 168
　　第一次── 94, 186, 169
　　第二次── 94, 169
感情 162
　　──研究 165
　　──語彙 188, 192, 198, 209
　　──コミュニケーション仮説 171
　　──の二要因説 166
　　基本的── 188
　　小説における── 204
『感情の社会的構築性』 167
間身体性 105
間接的な知識の習得 46
顔面フィードバック仮説 166
関与 130
記憶の共有 94
『菊と刀』 127, 128, 189, 190
記号論的資源 83, 86, 97, 206, 209, 211
記号論的フィールド 202
基準フレーズ 173, 182
擬人化発話 137
帰属的行為指示 140
機能主義 12
忌避関係 108, 187
基本的感情 188
基本的帰属の錯誤 52
基本的人権 57
基本連鎖 22, 117
吸てつ 110
共同注意 92

233

共同的音楽性　104, 105, 109, 110, 172, 186
グイ／ガナ　38, 39, 41, 58, 59, 99, 103, 105, 172
　　——における道探索実践　210
グイ語・ガナ語のグロスの略号　44
偶然聞く者　23
クン（!Kung）　55
クン（!Xun）　55, 98
クン・サン　109
形態計測場面　68
『蹴りたい背中』　162
原会話　168
言語：
　　——獲得　95
　　——コミュニティ　189
　　——習得仮説　171
　　——人類学　11-13, 16
　　——相対性仮説　126-128
　　——・文化の翻訳不確定性　46
言語的社会化　208
　　——アプローチ　97, 111, 112, 122, 132
　　——論　17, 20, 191
行為　18, 22, 85
行為指示　44, 69, 72, 94, 135, 136, 143, 149, 154
　　——連鎖　137, 154, 156
　　帰属的——　140
行為主体　149
構造主義　12
行動主義　166
行動生態学　4
心　1, 19, 53, 85, 87, 207
語根的音韻単位（Rt）　178
子どもの研究　15
子どもの体面　118
子どもの日誌研究　15
コミュニケーション　86
　　——能力　155
根本的経験論　58

【さ行】
最近接発達領域　170
差異のポリティクス　56
在来知　37, 59, 208
サオ・カム　173
錯誤帰属の研究　166
作者　23
誘い　138
サピア゠ウォーフ仮説　126
サン　38, 54-56

——研究　55
三者関係の枠組み　118
参与観察　14
参与枠組み　23, 103
ジェームズ説　166, 168
ジェスチャー　66
　　——によるコミュニケーション　65
シェマ　91, 93
ジェンダー　187
　　——関係　188
色彩基本語　33
色彩語彙　32
ジグリング　90, 98, 110, 121
示唆　138
自主性　134
質　172
実験心理学　2, 58
実験動物の福祉　57
指標（インデックス）　72
ジムナスティック　98, 103, 104, 107, 110, 183
社会：
　　——化　17, 132, 156, 192
　　——システム　89, 90, 122, 123
　　——心理学　52
　　——人類学　10, 30
　　——性の構築　204
　　——的構築主義説　167, 168, 189
　　——的状況　16, 211
　　——的リアリティ　207
　　——という概念　12
　　——における自己　132
　　——プラグマティック・アプローチ　96
修復　22
終了が可能な点　21, 109
主観性　139
儒教　191
主人公　23
主体　23
主体性　125
授乳　104, 110
　　——の持続時間　98
ジュホアン　55, 98
狩猟採集民　55, 158
小説における感情　204
冗談関係　108, 182, 187
焦点　131
初期音声コミュニケーション　186, 187, 209
植民地主義　10

知り合い　131
進化　4
心身二元論　1
新生児微笑　123
親族名称　30, 108
　　──の体系　31
心理学　2, 24
人類　56
人類学　1, 2, 4, 10, 126
随伴性検出ゲーム　91
政治性　54
精神分析学　3
声調　106
制度的発言　21
責任の感覚　104
責任の発達　132
接辞的音韻単位（Af）　178
先住民　56
先進国　3, 24, 48
相互依存性　134
相互依存的自己　135
相互行為：
　　──における文脈の働き　25
　　──の「型」　208
　　──の人類学　2, 6, 16, 53, 129
　　──論的アプローチ　132
　　養育者−子ども間──（CCI）　110, 112, 118, 135, 188, 209
　　養育者−乳児間──　109, 121, 208
相互独立性　134
相互独立的自己　135
相互理解　46, 86, 208
　　──の達成　64
素朴独我論　57, 58, 85

【た行】
ダーウィン説　165, 168
ターン・テイキング　90-92, 98, 110
　　──・システム　21
第1成分　22, 69
第2成分　22, 69
第一次間主観性　94, 186, 169
対応バイアス　52
胎教　111
体験選択　212, 213
胎児の能力　112
胎動　114, 117
第二次間主観性　94, 169

対面的な関わり　131
他者　54, 129
「他者」と出会う　14
他者理解　38, 52, 53
立ち聞き者　23
単純化　137
単純接触効果　167
注意喚起仮説　171
中央カラハリ動物保護区（CKGR）　39
直接性スケール　136, 137, 140
チンパンジー　65
ツァンド　105, 106, 109
罪　190
出会い　131
伝統派　55, 56
道徳性　91, 152, 154, 160
動物の権利　57
動物福祉法　56
『遠い太鼓』　212
トライアンギュレーション　145, 146, 148, 155

【な行】
『西太平洋の遠洋航海者』　14
日常会話　21
日本語のグロスの略号　139
日本人論　156
乳児向け発話（Infant Directed Speech : IDS）　93, 145, 169
認可された参与者　23
認識人類学　34, 37, 128
妊娠時のコミュニケーション　118
認知革命　166
認知心理学　58
認知説　166, 168
妊婦　114
　　──の身体感覚　120

【は行】
『白痴』　163
バサルワ　38
恥　189-191
　　──の文化　192
恥ずかしい　191, 192, 198
発声体　23, 145
発達心理学　52
発話共同体　88
発話内行為　94
発話の含意　152

事項索引　235

ハノ　180, 183
ハビトゥス　17, 97, 121
林原類人猿研究センター（GARI）　66
比較認知科学　4
『人および動物の表情について』　165
人－チンパンジー間相互行為　67
評価　22, 44, 69, 115
拍子　172
平等主義　55
開かれた質問　200
フィールドワーク　14, 126, 135, 212, 214
　　——を通じた参与観察　14
フィギュア　23, 147
　　——への発話　140, 155
ブッシュマン（サン）　38, 55, 65
フッティング　23, 113, 143, 145
　　——の変化　199
プラグマティズム　58
フランス社会学派　12
文化　1, 19, 66, 88, 95, 96, 128, 129, 207
　　——学習　95
　　——人類学　10, 12, 13, 24, 30, 37, 54
　　——相対主義　127, 128, 158
　　——的慣習　211
　　——的実践　121, 211
　　——的な枠組み　210
　　——的背景　85
　　——という概念　12, 13
　　——とパーソナリティ論　3, 12, 128
文脈　18, 85
法　143
傍観者　23
報告発話　119, 140, 145, 147, 155
方法論的個人主義　12
歩行反射　103
母子間相互行為　90
ボディ　33, 34
　　——の色彩基本語　34
　　——の民族誌　210

ポライトネス理論　132
ポリティクス　129
ポリフォニー的近代小説　164
翻訳の不確定性　54

【ま行】
マイクロ・ハビタット　121
マザリーズ　93
道探索実践　38, 41, 46, 58
見直し派　55, 56
民族学　10
民族心理学　2
民俗分類　29
結び目　202, 210
無生物　160
　　——の導入　147
命令　138
面目　131, 148
　　——侵害的　136
文字起こし　20
模倣　94
モラレ　35

【や行】
役割　130
　　——距離　130
優先構造　22
養育者－子ども間相互行為（Caregiver Child Interaction：CCI）　110, 112, 118, 135, 188, 209
　　——の発達　111
養育者－乳児間相互行為　109, 121, 208
要求　115, 138
要求－応答－評価　119

【ら行】
ラチェット効果　95
隣接対　21, 69
霊長類学　4
ロビンソン・クルーソー　27

著者紹介

高田　明（たかだ　あきら）
1971年生。
京都大学大学院アジア・アフリカ地域研究研究科 准教授。
専門は人類学，地域研究。

〈略歴〉
京都大学文学部卒，京都大学博士（人間・環境学）。日本学術振興会特別研究員（DC1, PD），京都大学大学院アジア・アフリカ地域研究研究科助教などを経て現職。この間，UCLA 言語・インタラクション・文化研究センター 客員研究員，ボツワナ大学人文学科アフリカ言語・文学専攻 付属研究員，フランス社会科学高等研究院 客員研究員，ケルン大学グローバルサウス研究センター 客員研究員なども務める。

〈おもな著作〉
Takada, A.（ed.）（2018）Reconstructing the paradigm of African Area Studies in a globalizing world. *African Study Monographs, Supplementary Issue*, **54**.
Takada, A.（ed.）（2016）Natural history of communication among the Central Kalahari San. *African Study Monographs, Supplementary Issue*, **52**.
高田 明・嶋田容子・川島理恵（編）（2016）『子育ての会話分析：おとなと子どもの「責任」はどう育つか』京都：昭和堂.
Takada, A.（2015）*Narratives on San ethnicity: The cultural and ecological foundations of lifeworld among the !Xun of north-central Namibia*. Kyoto and Melbourne: Kyoto University Press & Trans Pacific Press.

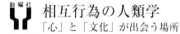

相互行為の人類学
「心」と「文化」が出会う場所

初版第1刷発行　2019年2月1日

　著　者　高田　明
　発行者　塩浦　暲
　発行所　株式会社新曜社
　　　　　〒101-0051　東京都千代田区神田神保町3-9
　　　　　電話(03)3264-4973(代)・Fax(03)3239-2958
　　　　　E-mail: info@shin-yo-sha.co.jp
　　　　　URL https://www.shin-yo-sha.co.jp/
　印刷所　亜細亜印刷
　製本所　積信堂

Ⓒ Akira Takada, 2019　Printed in Japan
ISBN978-4-7885-1607-6　C1030

新曜社の本

ワードマップ 21世紀の文化人類学
世界の新しい捉え方
前川啓治・箭内匡・深川宏樹・浜田明範・里見龍樹・木村周平・根本達・三浦敦
四六判384頁 本体2800円

ワードマップ 会話分析・ディスコース分析
ことばの織りなす世界を読み解く
鈴木聡志
四六判234頁 本体2000円

ワードマップ エスノメソドロジー
人びとの実践から学ぶ
前田泰樹・水川喜文・岡田光弘 編
四六判328頁 本体2400円

ワードマップ 現代エスノグラフィー
新しいフィールドワークの理論と実践
藤田結子・北村文 編
四六判260頁 本体2300円

ワードマップ フィールドワーク 増訂版
書を持って街へ出よう
佐藤郁哉
四六判320頁 本体2200円

文化心理学
発達・認知・活動への文化ー歴史的アプローチ
M・コール
天野清 訳
四六判640頁 本体5500円

文化的営みとしての発達
個人、世代、コミュニティ
B・ロゴフ
當眞千賀子 訳
A5判592頁 本体5700円

触発するゴフマン
やりとりの秩序の社会学
中河伸俊・渡辺克典 編
四六判304頁 本体2800円

＊表示価格は消費税を含みません。